每个人都要懂一点

# 人生心理学

宋心田／编著

陕西师范大学出版总社有限公司

**图书在版编目（CIP）数据**

人生心理学 / 宋心田编著. -- 西安 : 陕西师范大学出版总社有限公司, 2012.5
（每个人都要懂一点）
ISBN 978-7-5613-6143-6

Ⅰ. ①人… Ⅱ. ①宋… Ⅲ. ①人生哲学—通俗读物 Ⅳ. ①B821-49

中国版本图书馆CIP数据核字(2012)第079298号

**图书代号：SK12N0229**

**人生心理学**

**责任编辑：**周宏
**装帧设计：**开言神韵
**出版发行：**陕西师范大学出版总社有限公司
（西安市长安南路199号　邮编 710062）
**印　　刷：**北京飞达印刷有限责任公司
**开　　本：**787mm×1092mm　1/16
**字　　数：**300千字
**印　　张：**20
**版　　次：**2012年9月第1版
**印　　次：**2012年9月第1次印刷
ISBN 978-7-5613-6143-6
**定　　价：**33.80元

# 前言

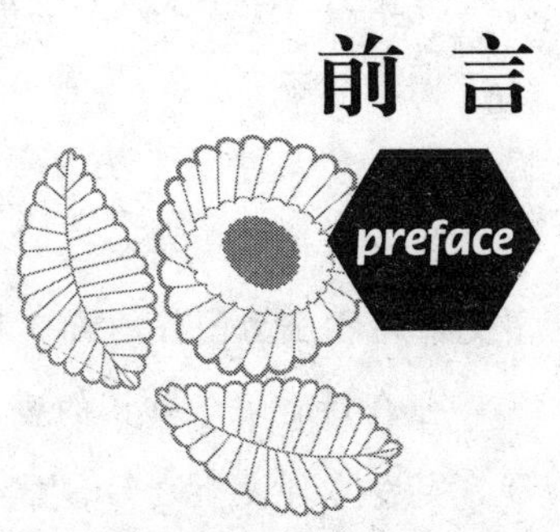


人生心理学是研究人的心理活动规律的科学，对人生的心理进行解释和分析，可以使人们更好地认识自己、理解他人，能科学地运用一些知识和方法，成功地解决实际生活中遇到的各种人生问题，努力探寻人生新意义，提高生活质量，以积极的态度面对人生。它是心理学的一个分支，与成功心理学、教育心理学、人格心理学等有着诸多密切的联系。有人认为，人生心理学只是一门简单的理论，与人们的生活关联不大。其实这是一种误解。人生心理学是日常生活中最普遍的学问，它从现实生活经验出发而总结理论，反过来又通过理论指导人们的生活。在人的一生中，时时处处都有心理学。

心理伴随着我们每个人的一生，拥有良好的人生心理，就能够提升我们的心理素质，塑造我们的完美个性，增加我们的人格魅力。人生心理学研究的目的，就是要告诉我们，拥有健康、成功的人生才是最幸福的，而心理健康则是幸福之本。无论你多么强壮、多么富有、多么渊博、多么伟大，如果受到不良心理的困扰，看待问题及处理问题就会偏颇，人生的幸福感就会受到影响。而许多原本一无所有的人，正是因为拥有健康的心理，却往往能创造幸福的生活，成就人生的辉煌。

在生活中，不良心理的因素对我们产生的负面影响非常大。据世界卫生组织估计，全球每年自杀未遂的高达1000万人以上，造成功能性残缺最严重的前10种疾病中有5种属于精神障碍。由此推算，我国精神疾病至2020年将上升至疾病总数的四分之一。

调查数据显示，目前我国存在心理问题的人数约3亿人，其中约有1.9亿人需要接受专业的心理咨询或心理治疗。另据调查，13亿人口中有各种精神障碍和心理障碍的患者达1600多万人，1.5亿青少年人群中受情绪和压力困扰的青少年就有3000多万人。

公众对心理学知识的需求是非常迫切的，尤其是非典、汶川大地震等突发事件发生之后，社会对心理学的需求显得更为突出。由此可见，人生心理对于我们的个人发展起着多么重要的作用，这不得不引起我们的重视。

从某种程度上来说，良好的人生心理就是一种圆润成熟的处世哲学，一种淡定从容的胸襟与气度。在生活中，你是否一遇到不高兴的事情就垂头丧气？在职场中，你是否一有压力就烦躁不已？在家庭中，你是否一遇到不合自己心意的事就大发雷霆？这都是由心理而滋生的情绪在作怪！心理情绪是个很微妙的东西，好情绪可以成就我们的人生，而坏情绪则可能让我们走向反面。尤其是在这个竞争日益激烈的社会中，心态往往能决定一个人人生的命运。

法国著名作家和哲学家让·保罗·萨特说：人生无法改变，人生的所有意义在于你的赋予。所谓赋予人生某种意义，就是以某种心态和情绪去面对它。人生并非只是一种无奈，而是可以由自身主观努力去把握和调控的，心态就是我们调控人生的控制塔。心态的不同导致人生的不同，而且这种不同会有天壤之别。

如果我们想改变自己的命运，那么就必须善于改变自己的心态。心态不好，会让一个美好的环境变得很糟糕，让自己的生活与工作，陷入黑暗的深渊；而改变心态，可以把恶劣的环境，变成对自己有利的环境。只要心态是正确的，我们的世界也会是光明的。英国著名作家萨克雷有段名言：“播下一种心态，收获一个思想；播下一个思想，收获一种行为；播下一种行为，收获一种习惯；播下一种习惯，收获一种性格；播下一种性格，收获一种命运。”无数事实证明，好的命运背后必然有一个积极、健康的心态。因此，改变心态就等于改变人生。

总之，人生心理学不仅关注人的弱点，同样也关注人的长处；不仅关注如何修复内心的伤痛，也关注如何给人力量。通过对人生心理学的学习和对自己人生心理的总结，能使你在社会交往中把握分寸，洞悉对方，大大提高人际交往能力，并能辨证地看待问题，准确地驾驭自己，从而更好地把握人生。

目 录

## 第四章 恋爱情感的心理自制 / 139



## 第五章 友谊情感的心理感知 / 181

第一章

# 生活模式的心理认知

良好的生活模式是一个人心理健康的表现，也是从容与优雅的展现。它不仅体现了一个人的修养，也直接关系到人的健康。

生活模式反映着一定的生活习惯，而习惯的力量又是惊人的。习惯能载着你走向成功，也能将你导向失败。如何选择，完全取决于自己。所以我们要善于把握良好的心理，建立良好的生活模式，才能游刃有余的谱写美好的生活。

## 第1节 讲卫生是文明优雅的窗口

讲卫生是现代社会文明的一个标志，也是一个人文明优雅的必修课，它作为一种品质，能反映出一个人的素质和修养。

很多人有不讲卫生的习惯。晚上不刷牙、起床不叠被子、衣服到处放、穿着太随便、衣服皱巴巴、不吃早餐、家里乱糟糟，更严重的是这些习惯会影响我们的日常工作，也会影响我们的发展前景。因为一个不懂条理、不讲卫生的人是很难把其他事情做好的，由此也很难让别人喜欢与接受他。

那么我们该如何培养我们良好的卫生习惯呢?

### 1. 认识不讲卫生的危害

不注意个人卫生的心理和不讲卫生的行为，会给自己和别人带来不好的影响，所以我们平时要注意自己的卫生习惯，坚决不做邋遢鬼。

许多人平时很少洗手、洗脸，这样细菌总是容易附着在手上、脸上，从而引起我们肚子疼，引发肠胃病。

一些人不喜欢刷牙、漱口，这样很容易得龋齿病，一旦得了龋齿病，会寝食难安，从而影响日常生活。

有些人不喜欢洗澡、洗脚，不经常换内衣、内裤。也许自己天天如此没有觉得不好，可是你有没有想过，周身散发着一种不良气息，会被别人疏远。

有人不喜欢理发、剪指甲，认为那样没必要。事实上，指甲长了，很容易藏污纳垢，特别不卫生，也容易抓伤皮肤，引发皮肤炎症。

特别在外出旅游中，更可以看到许多人不讲卫生的习惯。在公共场所随处丢垃圾、随地吐痰、擤鼻涕、吐口香糖、上厕所不冲水……

不讲卫生的人并不知道，自己的这副形象以及所谓的自身特点，常常会给他人带来许多不便和尴尬，同时也会使自己的形象遭受到极大的损失。

更可笑的是，有许多人把不讲卫生看成是一种潇洒，这是一种错误的认识，我们所犯的，不仅仅是忽略自身的卫生问题，同时也有对他人的不礼貌问题。

在很多人的眼里，不讲卫生是一个小毛病，是个人习惯不好，不值一提，但事实绝非如此。

就拿许多不讲卫生的人喜欢乱扔垃圾来说吧！如果人人都这样做，那处处都会是垃圾堆，我们自己也无法生活。如果我们将垃圾扔进河里，河水就会被污染，变成臭水，周围的空气就很不好。细菌繁殖，会给我们带来极大的危害。

讲卫生是每个人的责任和义务，也是每个人每天要做的事情。如果每个人都注意一下自己的个人卫生和周围的卫生，不再那么邋遢的话，那么我们每天都能生活在优雅、清洁的环境中。能看到美丽的环境，呼吸到清新空气，心情就会很舒畅。

如果我们长期在这样幽雅、整洁、美丽的环境中工作、生活，工作效率就会提高，生活质量就会好，也不会那么容易生病。我们一定要从小养成讲卫生的好习惯，每个人都做到自觉讲卫生，积极搞好卫生工作，这样我们的生活环境才能变得更美好!

### 2. 注重保持卫生的方法

个人卫生包括能够有助于促进或者保持健康的个人习惯，例如爱干净的习惯。在类似流感的高传染性疾病流行中，个人在公共场所和家庭中的卫生行为应该受到特别的重视。我们平时该如何保持自己的清洁呢？

**（1）双手的卫生**

手在日常生活中与各种各样的东西接触，必然会沾染灰尘、污物，以及有害有毒物，还有细菌、病毒等容易导致人生病的微生物。

手沾染灰尘、污物，我们能够看见，如果沾染微生物，我们的眼睛是无法看见的，必须用显微镜放大几百倍、甚至千倍才能看到。有科学家作过调查，一双不干净的手可能有4至40万个细菌。这是多么可怕的一件事啊！

因此我们应当重视双手的清洁卫生，人人都要养成经常洗手的习惯，饭前便后更应洗手，还要经常剪指甲，防止微生物躲藏在里面。

如果我们是从事饮食行业的人员，那更要养成良好的时时保持双手清洁的卫生习惯了！因为这不仅关系到你自己的健康，更关系着所有你要服务的人的健康。

让我们每一个人都经常洗手，保持双手的清洁卫生吧！

**（2）皮肤的卫生**

人体皮肤的功能很重要，不仅能防御有害物质对人体的侵犯，保护健康，还能参与调节人体的新陈代谢。

但是，由于皮肤不断分泌汗液及皮脂，因此灰尘及微生物等很容易黏附在皮肤上。如果皮肤不能保持清洁卫生，不但影响皮肤正常生理功能，还可能引起皮肤病，如疖肿、皮癣、疥疮等。

因此我们应当注意皮肤的清洁，经常洗澡，换衣服，除去皮肤上的汗垢，尘污和皮屑等不洁之物，以保持皮肤的清洁卫生。

**（3）五官的卫生**

口腔是消化道的入口，与呼吸道关系密切，由于温度、湿度、酸碱度以及残留在口腔的食物残渣，均适宜于微生物的生长繁殖，不仅容易损坏牙齿，还能引起其他疾病，如：扁桃体炎、呼吸道疾病、风湿性心脏病、肾炎等。

我们应当注意口腔的清洁卫生，坚持每天刷牙漱口，养成良好的清洁口腔卫生习惯。

眼、耳、鼻是我们最重要的感觉器官，也是我们人体对外开放的通道，必须注意清洁卫生，纠正不良习惯，预防感染。

总之，我们一定要有良好的个人卫生习惯，做到常洗手、常剪指甲、勤洗头、勤洗澡、勤换内衣。上班要穿工作服，工作服要勤洗、勤换，保持清洁。在工作场所不吸烟，不随地吐痰。只要我们不断坚持，一定能让自己成为一个讲卫生的人。

你也许想不到，清洁卫生的习惯，还会起到意想不到的改善情绪的功效。事实的确如此，现在让我们一起来看看吧！

你是不是曾经看了那杂乱无章的桌子和宿舍，好好的心情也给弄坏了。一直想好好的清理一下，可是就是不见行动。导致东西越积越多，心情也受这样环境的影响。

终于有一天，你狠下心来，把所有的脏衣服洗干净，桌子上也稍微整理了一下，心情一下子感觉好了很多。

环境很容易影响你的心情，所以要注意选择或者改变自己的生活环境，别让环境把你的情绪毁了。

这需要我们改变环境，改变心情，细心去揣摩，为了自己的快乐，我们没有理由不做一个有心人。你说对吗，朋友!

## 第2节 要改变不良的饮食习惯

要改掉不良的饮食习惯，必须要有改正的愿望。一位心理学家曾说："一切行为都源于动机，并且这种动机必须发自内心才能有效。"

在我们的生活中，影响个人健康的因素很多，近年世界卫生组织对影响人类健康的众多因素进行了评估，其中膳食营养对人体健康的影响仅次于遗传因素，大大高于医疗条件因素。

由此不难看出，饮食对我们人体健康是多么重要。

### 1. 了解不良饮食习惯的表现

饮食是我们摄取营养、维持人体生命活动所不可缺少的。但是，饮食不规律，饮食不洁或饮食偏嗜，会大大影响人体的健康运转，让我们的寿命大打折扣，同时还会影响到我们人生的快乐幸福。具体来说，不良的饮食习惯有哪些呢?

**（1）暴饮暴食**

肠胃的活动和消化液的分泌有昼夜变换的规律，所以我们的一日三餐必须定时才能维持消化系统按昼夜规律正常运转。当饮食不规律时，肠胃的运动和分泌便会出现不协调，时间久了就会导致肠胃病。

**（2）狼吞虎咽**

我们应该养成吃饭细嚼慢咽的习惯，尤其是对过硬、过于粗糙的食物更应细细嚼碎。要知道，如果没有细嚼就狼吞虎咽地把食物咽入胃中，会损伤我们的胃黏膜，甚至导致胃溃疡。

(3) 电视佐餐

不少人吃饭时端着饭碗也要跑到电视机前面坐着，眼睛一动不动地盯着屏幕，嘴巴做着机械式的咀嚼，筷子往嘴里塞着食物。长此以往，就会引起肠胃消化道疾病。吃饭看电视还会让一部分人与家庭其他成员的沟通减少，容易造成性格孤僻，使自己成为一个既不健康也不快乐的人。

(4) 电脑佐餐

电脑逐渐成为我们日常生活的一部分，我们接触电脑的时间越来越长，甚至有许多人在吃饭时间也在上网，随之而来的就是身体状况越来越差。用餐时及餐后长时间坐在电脑前，会使肠胃功能消退。另外我们大多数上网的人对饮食没有选择，食物营养摄入严重不足。

(5) 润喉片当糖

润喉片可用来治疗咽喉炎、声音嘶哑、口腔溃疡、口臭等疾病。它有甜味，于是一些人没病时用它当糖解馋。俗话说：是药三分毒。因此润喉片也不能随便服用。如果我们滥用润喉片，可抵制口腔及咽喉内正常菌群的生长，导致疾病的发生。

(6) 严重偏食

偏食是一种因人而异的不良习惯。有的人偏荤，有的人偏素，有的偏食某种食物。这种饮食习惯应当纠正，因为它极容易引起我们营养失调，抗病能力下降，身体发育不良，影响健康。

偏食容易导致我们容易患某些疾病。如偏食糖容易引起胃病、糖尿病、皮肤病；偏食肉容易导致动脉粥样硬化、冠心病；偏食盐则易使血压升高。

偏食还可影响我们的后代健康，因为我们体内的营养不能满足胎儿正常的生长发育，从而导致疾病、畸形、发育不良。

(7) 贪吃零食

如今的零食名目繁多，包装考究，让许多人忍不住诱惑，加上减肥思想作怪，我们很多人更是把零食当正餐。零食过量会影响食欲，妨碍正餐的摄入量，从而影响身体正常功能的发育。

(8) 喜欢色素食品

色素是一种化学品，对食用色素的使用和限量，国家有严格的卫生标准。一些小食品加工厂为扩大销售，降低成本，大量使用色素，甚至使用非食用色素，利用色素来吸引我们购物，长期食用色素超标的食品对我们的身体极为有害。

**(9) 爱街边小吃**

街边小吃摊，特别是一些临时小吃摊，缺乏卫生条件，食品易受灰尘、废气等带菌空气污染，加上有的油炸食品原料来源不明，对我们身体健康危害严重。特别是我们正处于发育阶段的年轻人，如果长期食用不洁净的油炸食品，后果将不堪设想。

**(10) 饮料当水**

许多人喜欢饮料，口渴了喝饮料，出去玩还是喝饮料。甚至都不会喝水了，喝饮料喝得上了瘾，身体也出了毛病，经常无缘无故地流鼻血，弄得一家人都很不安。其实口渴了应该多喝水，饮料适当喝一点是可以的，但不能完全代替水。

**(11) 不喝牛奶**

牛奶对于每个人来说都很重要，它是提供优质蛋白质的食物，具有人体必需的微量元素和氨基酸，但有的人比较偏食，拒绝喝牛奶，以致造成身体营养不良。其实养成每天喝牛奶的习惯后，身体健康程度会大大提高。

**(12) 好吃烧烤**

熏烧的食物是有害健康的，如果经常在饭前摄入大量热量高但没有营养价值的烧烤食品，天长日久会引起胃肠功能失调，而且体内长期摄入熏烧太过的蛋白类食物易诱发癌症。

**(13) 过食刺激性食物**

现代医学表明，长期饮酒或一次性大量摄入酒精，会发生急性胃黏膜炎症。这是因为酒精破坏了胃黏膜的保护层，引起胃黏膜充血、水肿，甚至出血糜烂。

实验研究表明，浓茶与浓咖啡等含咖啡因较多的物质能刺激我们胃的腺体，使胃酸以及胃蛋白酶等消化液分泌增加，直接引起或加重溃疡。

辣椒、生葱、生姜、蒜会导致胃黏膜充血、水肿，甚至出血、糜烂，所以患有胃炎、胃溃疡的病人应少吃或不吃为佳。没有胃病的人吃这些辛辣食物要有度，要逐渐适应。

**(14) 喜食过冷过热食物**

多食生冷寒凉食物，会引起胃及血管收缩，胃的蠕动和分泌会发生紊乱，日久就会导致胃病发生。中医认为，过食生冷寒凉饮食，会损伤脾胃阳气，因而出现胃痛、呕吐等症。进食过热的饮食，会引起胃黏膜充血甚至糜烂而发展为胃病。

(15) **多食难消化的食物**

中医认为，过食肥甘厚味的食品，会影响脾胃的功能。西医认为，脂肪及其消化产物进入十二指肠，会显著地抑制胃液分泌，这样就会造成消化不良，日久则会导致胃病。

(16) **进食变质食物**

不干净的饮食进入胃中，可直接使胃黏膜呈炎症改变，出现充血、水肿。进食不新鲜或霉变食品还会导致胃癌，如经常吃腌制的蔬菜、咸鱼、熏烤的肉类，用烟煤直接烘干的粮食，油炸食品，以及霉变的玉米、花生仁、豆类，则易引发胃癌。

### 2. 做到健康饮食的方法

在解决温饱之后，我们对于各种美味中所隐藏的神奇奥妙愈加关注。为了从日常饮食中获取更多的营养，或是改变自身的健康难题，我们开始对食物越来越挑剔、越来越苛求，因为一分一厘的取舍对于我们来说都至关重要，会直接影响着人类的健康。我们该如何使自己的饮食习惯更健康呢?

(1) **食物多样**

人类的食物应该是多种多样的，各种食物所含的营养成分不完全相同，除母乳外，任何一种天然食物都不能提供人体所需的全部营养素。

平衡膳食必须由多种食物组成，才能满足人体各种营养需要，达到合理营养、促进健康的目的，因而我们要学会广泛食用多种食物。

(2) **谷类为主**

谷类食物是我国传统膳食的主体，但随着经济发展，生活改善，我们更倾向于食用更多的动物性食物。这种“西方化”或“富裕型”的膳食提供的能量和脂肪过高，而膳食纤维过低，对一些慢性病的预防不利。提出谷类为主是为了提醒人们保持我国膳食的良好传统，有效预防发达国家膳食带来的弊端。

(3) **精细搭配**

要注意粗细搭配，经常吃一些粗粮、杂粮等。稻米、小麦不要碾磨太精，否则谷粒表层所含的维生素、矿物质等营养元素和膳食纤维会大部分流失到糠麸之中。

(4) **多吃蔬菜**

要养成多吃蔬菜的习惯，蔬菜含有丰富的维生素、矿物质和膳食纤维。蔬菜的种类繁多，包括植物的叶、茎、花苔、茄果、鲜豆、食用菌、藻类等，不同品种所含营养成分不尽相同，甚至相差悬殊。

红、黄、绿等深色的蔬菜中维生素的含量超过浅色蔬菜和一般水果，它们是胡萝卜素、维生素B2、维生素C、叶酸、钙、磷、钾、镁、铁，膳食纤维和天然抗氧化物的主要和重要来源。

**(5) 多吃水果**

平时要注意多吃水果。水果与蔬菜一样，富含维生素、矿物质和膳食纤维。虽然有些水果中的维生素及一些微量元素的含量不如新鲜蔬菜，但水果含有的葡萄糖、果酸、柠檬酸、苹果酸、果胶等物质又比蔬菜丰富。

红黄色水果如鲜枣、柑橘、柿子和杏等都是维生素 C 和胡萝卜素的丰富来源。

**(6) 多吃薯类**

现在的人吃薯类较少，薯类含有丰富的淀粉、膳食纤维，以及多种维生素和矿物质，我们应当多吃些薯类。

**(7) 常吃奶制品**

奶制品除含丰富的优质蛋白质和维生素外，含钙量较高，且利用率也很高，是天然钙质的极好来源。我国居民膳食提供的钙质普遍偏低，平均只达到推荐供给量的一半左右。

我国婴幼儿佝偻病的患者也较多，这和膳食钙不足可能有一定的联系。大量的研究表明，给儿童、青少年补钙可以提高其骨密度，从而延缓其发生骨质流失的速度。因此，我们平时应适当多摄入一些奶制品。

**(8) 多吃豆制品**

豆类是我国的传统食品，含大量的优质蛋白质、不饱和脂肪酸、钙及维生素B1、维生素B2、烟酸等。为提高农村人口的蛋白质摄入量及防止城市中过多消费肉类带来的不利影响，我们应大力提倡豆类，特别是大豆及其制品的生产和消费。

**(9) 适量吃荤**

鱼、禽、蛋、瘦肉等动物性食物是优质蛋白质、脂溶性维生素和矿物质的良好来源。动物性蛋白质的氨基酸组成更适合人体需要，且赖氨酸含量较高，有利于补充植物蛋白质中赖氨酸的不足。肉类中铁的利用较好，鱼类特别是海产鱼所含不饱和脂肪酸有降低血脂和防止血栓形成的作用。

我国有相当一部分城市居民和绝大多数农村居民平均吃动物性食物的量还

不够，应适当增加摄入量。但部分城市居民食动物性食物过多，吃谷类和蔬菜不足，这对健康都不利。

（10）慎吃内脏

动物肝脏含维生素A极为丰富，还富含维生素B12、叶酸等。但有些脏器如脑、肾等所含胆固醇相当高，对预防心血管系统疾病不利。我们在吃动物内脏时，要注意选择。

（11）减少油脂

肥肉和荤油为高能量和高脂肪食物，摄入过多往往会引起身体肥胖，同时还会导致某些慢性病，所以我们应当少吃。

目前猪肉仍是我们的主要肉食，猪肉脂肪含量高，我们应当少吃。鸡、鱼、兔、牛肉等动物性食物含蛋白质较高，脂肪较低，产生的能量远低于猪肉，我们应该多吃这些肉类。

（12）保持平衡

进食量与体力活动是形成我们体重的两个主要因素。如果进食量过大而活动量不足，多余的能量就会在体内以脂肪的形式积存，造成肥胖；相反若食量不足，劳动或运动量过大，会由于能量不足引起消瘦，造成劳动能力下降。所以我们应该保持身体的收支平衡，形成健康体魄。

（13）清淡少盐

吃清淡膳食有利于我们身体健康。清淡即不要太油腻，不要太咸，不要过多的动物性食物和油炸、烟熏食物。目前，我们许多城市居民油脂摄入量越来越高，这样不利于健康。

我国居民食盐摄入量过多，平均值是世界卫生组织建议值的两倍以上。流行病学调查表明，钠的摄入量与高血压发病呈正相关，因而食盐不宜过多。世界卫生组织建议每人每日食盐用量不超过6克。膳食钠的来源除食盐外还包括酱油、咸菜、味精等食品，及含钠的加工食品等。应从幼年就养成少吃盐的膳食习惯。

（14）饮酒限量

在节假日、喜庆和交际的场合人们往往无节制地饮酒，导致食欲下降，食物摄入减少，以致发生多种营养元素缺乏，严重时还会造成酒精性肝硬化。

过量饮酒会增加患高血压、中风等危险，并可导致事故及暴力的增加，对个人健康和社会安定都是有害的。青少年不应饮酒，应严禁酗酒，若想饮酒可少量饮用低度酒。

**(15) 饮食清洁**

在选购食物时，我们应当选择外观好，没有泥污、杂质，没有变色、变味并符合卫生标准的食物，严防病从口入。进餐要注意卫生条件，包括进餐环境、餐具和供餐者的卫生健康状况。集体用餐要提倡分餐制，减少疾病传染的机会。

你的饮食习惯健康吗？无论环境如何改变，只要你雷打不动地坚持以下15个小习惯，健康就不会离你远去！

1、复合维生素早饭后吃。

研究表明，补充适合自己的复合维生素对身体健康大有裨益。那么，为什么要在早饭后吃呢？一来它可以提供人体一天所需，让你有精力投入工作学习，二来不至于给肾脏造成过大负担。

2、每餐之前喝两杯水。

这样做就能保持身体一直处于“水灵灵”的状态，还能控制食量。荷兰一项研究显示，饭前喝两杯水能减少饥饿感和食物摄入量，从而起到减肥的作用。

3、把咖啡加在牛奶里，而不是把牛奶加在咖啡里。

早起的第一件事，就是在杯子里倒满脱脂奶。然后喝掉1/5，再用咖啡把它填满。这样，你就能摄入人体每天所需的25%的维生素D和30%的钙。

4、吃完快餐喝一大杯水。

快餐里的热量和盐一般都严重超标，虽然我们拿吃进肚里的脂肪没办法，但一大杯水可以帮你稀释体内钠的浓度，让你离高血压远一点。

5、不放弃每一个吃洋葱的机会。

很多人吃菜时会小心翼翼地把洋葱挑出来，唯恐避之不及。这就大错特错了。洋葱含有大量保护心脏的类黄酮，因此，吃洋葱应该成为我们的习惯。尤其在吃烤肉这样不健康的食品时，里面的洋葱就是你的“救命草”。

6、有条件的话，用凉水泡红茶。

最近美国农业部研究发现，与青菜或胡萝卜相比，一份红茶中含有更多的抗氧化物质，它可以有效帮助你抵抗皱纹或癌症的侵扰。凉水可使茶中的有益物质在不被破坏的情况下，慢慢溶出，你所要做的只是多等待一会儿。

7、下午15时，准时加餐。

也许赖床可以成为你不吃早餐的理由，但下午15时的加餐就不能用任何借口推托了。在午餐和晚餐之间补充营养，可以帮你度过一天中最疲劳的时期。酸奶、水果、饼干都是不错的选择。

8、橘子带着“白丝”吃。

很多人吃橘子时都会把橘子上的“白丝”剥掉。其实，这里面含有丰富的黄酮类物质，对身体大有裨益。苦中带甜的口味，仔细品尝其实并不差。

9、每天订个喝水任务量。

忙碌的工作会让你在口干舌燥时，才想起一上午都没喝水。在办公桌上准备一个1.5升的大瓶子，把一天要喝的水倒在里面，给自己规定喝完才能下班。

10、买水果时拿不定主意，就选深色的那种。

虽说水果的外观五花八门，但要衡量健康性，深色水果肯定更胜一筹，因为里面含有更多的抗氧化剂。当你摇摆不定时，选择李子、乌梅这类黑色的水果准没错。

11、用热水漂洗肉块。

在切块的肉上铺一层厚纸巾，可以吸收油脂。如果你想去得更干净，可以把肉块放在漏勺里，用热水漂洗。使用这种方法，可以去掉大约一半的脂肪。

12、把拌凉菜改为蘸凉菜。

不是只有烤肉热量高，酱汁一样会给原本健康的凉拌菜带来不少热量。所以，把调好的酱汁放在一个小碗里，用切好的菜蘸着吃，这样，你需要的酱汁只是原来的1/6。

13、有些素菜要荤着吃。

油吃多了不好，但一点不吃更不好。南瓜、胡萝卜中含有大量的β—胡萝卜素，因此不能吃得太清淡。用油炒或凉拌都可以，如果用南瓜煮粥，那么保证其他菜里有油，让它们到肠胃里会合。

14、晚餐更要打好脂肪保卫战。

有些人早餐、午餐不吃含脂肪食物，认为晚餐要多吃含脂肪食物，这种想法是错误的。研究表明，在一顿饭摄入50克至80克脂肪后的几个小时，血管弹性降低，血液凝血因子急剧上升。所以，即使白天吃得很清淡，也不要试图在晚上补偿自己。

15、睡前吃些高纤维食品。

麻省理工学院博士朱蒂斯·沃特曼说："睡前半小时吃些低热量的碳水化合物零食有助于睡眠。"食用谷类食品是最简单的补充纤维的方法，而大多数人每天摄入的纤维量只有身体需要量的一半，所以，建议抓住睡前的最后时刻补充一下。

## 第3节 被烟与酒诱惑会伤害自身

烟与酒几乎是交际场上不可或缺的东西，平时应酬多的人往往是烟不离手，酒不离口，逐渐形成了烟瘾、酒瘾，长期如此，势必会严重危害我们的健康。在香烟的烟雾中，含大量尼古丁、多环芳香烃、苯并芘及β-萘胺等，这其中已被证实的致癌物质约40余种。

不管是哪种酒，什么纯度的酒，只要摄入的酒精超出标准，都会对我们的肝脏造成严重伤害。

### 1. 拒绝香烟的诱惑

烟民往往都有烟瘾，这主要是尼古丁长期作用的结果。尼古丁就像其他麻醉剂一样，刚开始吸食时并不适应，但如果吸烟时间久了，血液中的尼古丁达到一定浓度，反复刺激大脑并使各器官产生对尼古丁的依赖性，此时烟瘾就缠身了。那么我们该如何才能戒掉自己的烟瘾呢？

**（1）认清危害**

吸烟会导致多种脑部疾病，会减低循环于脑部的氧气及血液，引起脑部血管出血及闭塞，而导致麻痹、智力衰退及中风。中风原因是吸烟导致脑部血管痉挛，使血液比较容易凝结。吸烟者中风几率较非吸烟人士高出两倍。

吸烟可导致患喉癌的几率大大增加，喉癌患者以男性烟民居多。

吸烟会使脂肪积聚、血管闭塞，容易患冠状动脉心脏病。吸烟会令血管收缩，减慢血液及氧分循环，最终导致血管壁变厚，诱发冠心病及中风。吸烟会令手脚血液流通完全受阻，严重时还能造成截肢。

吸烟会导致肺癌的发生，如果一个人每天吸10支烟，其患病率是非吸烟人士的10倍。被吸烟破坏的细胞是不能恢复正常的。由吸烟造成的初期病症往往不易察觉，直至癌性细胞蔓延至血管及其他器官。吸烟也会导致肺气肿的发生，肺部支气管内积聚的有毒物质，会阻碍人体吸入的空气正常呼出，令肺部细胞膨胀或爆裂，导致患病者呼吸困难。

如果患有肠胃性疾病，吸烟足以使肠胃病恶化。如果患有胃溃疡或十二指肠溃疡，溃疡处的愈合会减慢，甚至演变为慢性病。

吸烟能刺激神经系统，加速唾液及胃液的分泌，使胃肠时常出现紧张状态，导致吸烟者食欲不振。另外，尼古丁会使胃肠黏膜的血管收缩，也会令食欲减退。

另外，吸烟还会对骨骼、支气管、肝脏、肠、眼部、生殖系统等产生程度不同的危害，我们一定要认清吸烟的危害，进而克服自己吸烟的不良习惯。

**(2) 消除紧张情绪**

紧张的工作状况是您吸烟的主要起因吗？如果是这样，那么拿走您周围所有的吸烟用具，改变工作环境和工作程序。

可以在工作场所放一些无糖口香糖、水果、果汁和矿泉水，多做几次短时间的休息，到室外运动运动，运动几分钟就行。

**(3) 体重问题**

吸烟的人戒烟后会降低人体新陈代谢的基本速度，并且会吃更多的食物来替代吸烟，因此在戒烟后，体重在短时间内会增加几公斤，但可以通过加强身体的运动量来对付体重增加，因为增加运动量可以加速新陈代谢。所吃的零食最好是无脂肪的食物。另外，可以多喝水，让胃充实。

**(4) 加强戒烟意识**

可以通过改变工作环境及与吸烟有关的老习惯，让自己主动想到不再吸烟的决心。要有这种意识，即戒烟几天后味觉和嗅觉就会好起来。

**(5) 寻找替代办法**

可以做一些技巧游戏，使两只手不闲着，通过刷牙使口腔里产生一种不想吸烟的感觉，或者通过令人兴奋的谈话转移注意力。如果您喜欢每天早晨喝完咖啡后抽一支烟，那么您可以把每天早晨喝咖啡变成喝茶。

**（6）打赌**

可以公开戒烟，并争取得到朋友和同事们的支持，这样再想抽烟的时候，无疑会自觉进行克制。

**（7）少参加聚会**

刚开始戒烟时要避免受到吸烟的引诱，如果有朋友邀请你参加非常好的聚会，而参加聚会的人都吸烟，那么至少在戒烟初期应婉言拒绝参加此类聚会，直到自己觉得没有烟瘾为止。

**（8）参加运动**

经常运动会提高我们的情绪，冲淡烟瘾，体育运动会使紧张不安的神经镇静下来，并且会消耗热量。

**（9）扔掉吸烟用具**

烟灰缸，打火机和香烟都会对戒烟者产生刺激，应该把它们统统扔掉。

**（10）转移注意力**

尤其是在戒烟初期，要多花点钱从事一些会带来乐趣的活动，以便转移吸烟的注意力，晚上不要像通常那样在电视机前度过，可以去按摩，听激光唱片，上因特网冲浪，或与朋友通电话讨论股市行情。

**（11）经受得住重新吸烟的考验**

在戒烟后又吸烟不等于戒烟失败，吸了一口或一支烟后并不是一切都太晚了，但我们要仔细分析重新吸烟的原因，避免以后重犯。

### 2. 拒绝美酒的诱惑

几杯酒下肚，你可能有一些自信满满，飘飘欲仙的感觉。遗憾的是，这些都是幻觉。要彻底戒除酒瘾，关键是当事人必须真正认识到过量饮酒的危害性，决心戒酒。

我们平时该如何克服自己酗酒的毛病呢？

**（1）认清原因**

在生理方面，酒精会改变我们大脑内化学物质的平衡。酒精会影响大脑中枢内的化学物质，如多巴胺，最终导致人体渴望酒精，以恢复愉悦的感觉。

如果我们本来就压力很大，或有自卑及抑郁等心理问题，则更容易酗酒。

社会因素也是导致酗酒的重要原因，如同伴的压力、广告和环境等。年轻人开始喝酒的原因往往是效仿朋友。电视上播放的啤酒和酒精饮料广告，也往往将喝酒表现为迷人、愉快的消遣活动。

酗酒习惯还受民族传统和风俗习惯的影响，许多国家和民族把饮酒当做社交和礼仪需要。如在逢年过节，亲朋好友相聚时，都要举杯畅饮，以增添喜庆气氛。

不知缘于何时，我们有了一个不成文的规定，洽谈生意都要在餐桌上谈，也就离不了烟酒。由于我们长期陪客谈生意，则可能会慢慢养成嗜酒习惯。

另外许多人生活枯燥、精神空虚，或感到前途渺茫，于是常常借酒消愁，以减轻精神上的苦恼，即所谓一醉解千愁。

**（2）认清危害**

酒精进入人体后，会抑制抗利尿激素的产生。身体缺乏该激素后，会抑制肾脏对水分的重新吸收。所以饮酒者会老往厕所跑，身体水分大量流失后，体液的电解质平衡被打破，恶心、眩晕、头痛症状相继出现。

酒精会刺激雌激素分泌，所以爱饮酒的男人乳房逐渐增肥增大。由于喝酒会减弱肝脏功能，而雌激素在肝脏内分解，所以酗酒的男人更易患乳腺癌。男性胸部较平坦，患乳腺癌后扩散速度较快。

酒精能使胃黏膜分泌过量的胃酸。大量饮酒后，胃黏膜上皮细胞受损，诱发黏膜水肿、出血，甚至溃疡、糜烂。程度再严重些就会出现胃出血。

酒精可通过多条途径诱发人体得急性胰腺炎。如酒精刺激胃壁细胞分泌盐酸，继而影响十二指肠内胰泌素和促胰酶素的正常分泌，最终使得胰腺分泌亢进。

酒精会损伤脑细胞。饮酒6分钟后，脑细胞开始受到破坏。长期酗酒者的记忆力会越来越差。

酒精可诱发人体患心肌炎。酗酒的人，心肌细胞会发生肿胀、坏死等一系列炎症反应。在酒精的作用下，心率加快，心脏耗氧量剧增，心肌因疲劳而受损。

酒精和骨质疏松症联系在一起是因为酗酒会导致身体养分的加速流失，这也就意味着身体内的钙质正在流失。

哪怕是只喝最少量的、甚至是工作后有限的几杯都有可能升高你的血压水平。如果你经常性的大量酗酒，那么你的血压水平会一直很高，不会有所好转，直到你戒酒之后才有可能恢复正常。

酒精是酸性的，因此大量饮酒可能会使你的胸部和嗓子有一种很恶心的灼烧的感觉，不好下咽东西，甚至引起反胃或者反酸。你可能快乐逍遥几个小时，但是事实上酒精是一种镇静剂，也就是说刚开始把你带到一种近乎完美的粉红色的至高虚幻境界，然后又一下子把你拽回到现实之中，紧随其后的就是忧郁不振。

酒精肝也被称作肝硬化，当肝细胞死亡后，肝脏组织开始结成硬痂，然后肝脏逐渐硬化，这是长期酗酒的直接后果。

如果年轻人日日豪饮的话，那是该停止了，此时停止还值得庆幸，因为肝脏有自我修复的功能，只要给它充足的时间来养精蓄锐就行了。

另外，酒醉后非常容易发生工伤事故、交通事故，造成严重后果。有时还会出现早逝、突然自杀现象。这还会给我们的家庭和社会带来灾难。

**（3）从现在做起**

如果你对酒精尚未达到依赖的程度，那么从现在开始给自己规定每天最多喝一瓶啤酒。随着酒精摄入量的减少，肝脏极可能自然恢复到正常状态。

同时，尽管无法让死去的脑神经细胞复活，只要没有大量酒精的刺激，大脑的记忆功能就会渐渐恢复。

**（4）认识疗法结合厌恶疗法**

我们必须先在思想深处认识到过量饮酒的危害，并在纸上一一列出，最好再用漫画的形式直观生动地表现出来。

比如我们可以画这么几张画：第一张画一个男人在喝酒，一只手摸着隆起的腹部，旁边写着：过量饮酒，肝要硬化；第二张画一位男子手握酒瓶，和妻子对骂，小孩坐在地上号啕大哭，旁边注明：丈夫酗酒，家庭不和；第三张可画上一个男人醉酒后躺在地上，旁人投来嘲笑和轻蔑的目光，旁边写明：酒鬼无人敬。

当饮酒意识十分强烈时，就把这些画取出来看看，逐渐就会建立起对酒的厌恶情绪。

**（5）系统脱敏法结合奖励强化法**

不要求一下子就改掉酗酒的不良习惯，而是每天逐渐地减少饮酒量。因此它的痛苦性低、成功率高。

在戒酒的过程中，若完成了当天应减少的指标，自己或亲人应给予一些小奖励，以巩固和强化所取得的成果。

为避免心理上若有所失的难熬感觉，戒酒者应积极从事其他一些有兴趣的事情，用新的满足感的获得来抵消旧的满足感的失去。

**(6) 群体心理疗法**

群体心理疗法是充分发挥群体对个人的心理影响和调节的功能来治疗心理疾病的技术和措施。具体措施是让有酒瘾但尚未患病的人与患病之后获愈的组织起来，定期进行戒酒经验的集体交流，探讨戒酒可行的办法。

另外，药物也有一定的作用，但它的作用是一时的，要真正的戒酒很难，所以，只有从主观的心理上改正了，才可以将酗酒改掉。

你是否真的无法戒烟？是否不管怎么做，都无法把烟戒掉？如果是这样，你至少可进行下列的方法，以减少对健康上的危险。

1、选用低焦油牌子的香烟。

2、少吸几支烟。

3、每支烟少抽几口，只抽一半就丢掉。

4、不抽的时候，不要将烟叼在嘴上。

5、尽可能别将烟雾吞入肺里。

如果你觉得自己喝酒过量，这会是一个机会。没人能够强迫你减少酒精摄入，或者让你寻求专业帮助。唯一能对自己负责的是自己，现在让我来教你一个真正有效的小方法吧！

**1、回顾你的生活方式**

找出你最想喝酒是在什么时候、什么地方。周末下班后跟朋友一起去酒吧，如果你能知道自己是被怂恿去的，就该考虑避开了。尝试改变，尽量比平时晚一些去，把喝酒的时间减到最低，或者先喝点饮料，防止自己太过渴望喝酒。

**2、以正当的理由喝酒**

将喝酒与庆祝会，文化或者宗教大事联系在一起，而不是在想要逃避问题或者提高自己信心的时候喝酒。或者把酒精当做是进行其他活动的一部分，而不是仅仅因为想喝酒而喝酒。

**3、减少喝酒**

酗酒是危险的，因为你的身体每小时只能消耗一单位的酒精。你喝的越急，它的影响就会越大。这不是一个很舒服的过程。如果你觉得很难停止喝酒，试着降低喝酒的频率。如果酒不是每时每刻都在你手上，你就没那么想喝了。

面对自己有酗酒问题需要勇气。

### 1、学习新技巧

如果在酒吧里，你的手里有杯酒，试着多说话。让嘴巴尽量少的沾到酒，那么你喝醉的机会可能就会减少。或者找些吃的，也能起到相同的效果。但是要小心一些含盐的点心，因为吃这些会让你觉得口渴。

### 2、了解自己的限度

在开始喝酒之前，一定要知道什么时候停止。这是很困难的，因为别人都在喝酒，但是，多试几次就会好了。这也可以防止喝醉。

### 3、短时间停酒

如果你很担心喝酒问题，但是又不想完全戒酒，那么可以在短时间内不喝酒。可能在一周或者一个月里面有一天，即使是暂时的不接触酒精也可以防止你脑海里面的想法出现，最终，你越来越多的运用这个方法，那么你陷入问题的可能性就越来越小了。

### 4、寻求帮助

面对自己的酗酒问题是需要勇气的。最需要勇气的一步可能是你能够重新主宰自己的生活。帮助就在身边，从保密的电话支持到面对面的咨询或者其他，但是都需要你去主动求助。

## 第4节　培养科学的减肥心理

减肥是一种以减少人体过度的脂肪、超标的体重为目的的日常行为方式。减肥也可以说是一场心理攻坚战。

的确，在越来越多的人感叹“衣服都是为瘦人做的”的今天，身材苗条，会使你变得更加轻盈美丽，还可以使你穿上合身时髦的衣服。并且减肥还有益于身体健康等许多重要的理由。

减肥除了服用药物、控制饮食、加强运动外，从心理方面进行治疗也是十分必要的。

### 1. 消除不科学的减肥心理

减肥是个过程，需要克服一些不正确的心理障碍，这样我们才能真正让自己找回健康快乐。要克服哪些不科学的减肥心理呢?

**（1）被动心理**

有一部分肥胖者常常是在被动的心态下参加减肥，往往会形成对医生、药物的单纯依赖性，甚至有些人对药物也马马虎虎，缺乏主动配合的心理状态，这样减肥很难取得成功。

**（2）消沉心理**

当肥胖者减肥受挫，尤其是在采取了各种常用方法后，体重不下降甚至反而增长。特别是自制力比较弱的病人，会因减肥无望而丧失信心，继而会产生自责心态，甚至自暴自弃。

**（3）疑虑心理**

有的肥胖者总觉得别人另眼看自己，见别人在说话时就怀疑别人在议论自己，鄙视自己。

**（4）贪吃心理**

要认识贪吃的危害性，制订合理的饮食计划，安排好具体的作息时间与活动内容，分散自己对吃的注意力。

**（5）惰性心理**

许多肥胖者不喜欢运动，这些情况尤其常见于重度肥胖病人。

**（6）速效心理**

我们不少肥胖者希望能快速减肥，早日达到理想目标，因此在减肥过程中如果没有及时瘦下来，往往就会终止治疗，半途而废。往往是开头几天体重下降明显，兴趣颇高。可当机体对此逐渐适应之后，体重下降变化不明显时，便误认为治疗失效。

**（7）不反弹心理**

减肥后出现的反弹现象较为常见，特别是当减肥取得明显效果，体重已恢复到接近正常水平时。所以在减肥成功时，还要继续坚持自己的减肥计划。

**（8）单纯运动心理**

就消耗能量而言，运动减肥对所有的人都有效。但我们要知道，单纯运动并不能完全解决问题，既坚持体育锻炼又要适当节食，才是真正的减肥之路。

**（9）单纯节食心理**

目前各种减肥食品、饮品、药物、器械的广告铺天盖地，某些宣传给我们的印象是不运动也能减肥，这显然是一种误解。

**（10）劳动替代心理**

体力劳动虽然同样可以消耗掉热量，但往往不是全身协调运动，很多部位得不到锻炼。有计划的体育锻炼不仅可以消耗多余的热量，更重要的是可以使全身各部位平衡协调地得到锻炼与发展。

**（11）先天遗传心理**

肥胖与遗传是有关系的，但遗传只是一种促发因素，并不能决定我们是否肥胖。据统计，90%以上的胖人是因为饮食的过量与运动不足引起的。但有些肥胖的人往往不愿意承认。与其强调自己肥胖的特殊性，不如实行减肥行动为好。

**（12）过分减肥心理**

有资料证明，女性特别是少女如果过分瘦弱，会直接影响身体发育，甚至还会影响妇女的生育能力。因此，减肥不能过度，应适可而止。

(13) 迷信广告心理

时至今日，减肥是一个世界性的难题，对大多数人来说，减肥是一个艰苦的过程，没有捷径可走。必须要有诚心、信心、决心、耐心和恒心。坚持科学减肥方法，才能达到减肥的目的。

## 2. 树立科学的减肥心理

减肥过程中心理的平衡与否往往是我们减肥能否成功的关键。在减肥中还可以采用一定的心理疗法对减肥起一定的辅助作用。所谓心理疗法，是根据条件反射的原理，纠正肥胖者由异常饮食习惯所造成的过食行为，有助于培养减肥的饮食习惯。

(1) 自控法

自控法即自我监督、观察、认识自己的饮食行动，以便自我控制。根据肥胖者的膳食特点，可依据具体方法进行约束。只在一定时间、一定地点进餐，决不边看电视边进食，进食时细嚼慢咽，而不要狼吞虎咽。

(2) 厌恶法

厌恶法是运用外界因素不断提醒自己减肥的方法。例如在经常进食的场所，写上某些警句，如“肥胖使我体弱多病，肥胖使我远离社会，我的减肥目的是……”等，当您面对美味佳肴忘乎所以时，这些警示句能起到警诫作用，促进您保持克制，不至于暴饮暴食。

(3) 想象法

当食欲旺盛无法控制时，试着想象一下自己因肥胖而可能发生的心脏病、高血压、糖尿病等疾病，为了让自己远离疾病，也要将减肥坚持下去。

(4) 转移法

当减肥者无法摆脱强烈的食欲诱惑时，运用心理转移法，即把注意力转移到另一个具有吸引力的东西或某一项活动上去。

比如，在产生食欲之际外出游玩、打球、看电影，或咀嚼一些低热量的食品如橄榄、胡萝卜、口香糖之类。

应根据自己的兴趣和爱好选择转移对象本身，吸引力越大，兴趣转移得越快，节制进食的效果也会越好。

如果你已经确定减肥，那么现在我们就开始吧！按照这个小方法，你一定会收到意想不到的效果！

首先把“我要减肥×公斤”这个信息输入到潜意识当中。这样，在以后的日子里，每当你想乱吃东西的时候，潜意识里的信息就会立即发出抵抗指令将这种念头抹杀掉。

然后，你可以找一张身段迷人的偶像照片，把相片中的头剪下来，接上你的头部照片。若能用电脑合成，效果会更好。接下来，把合成好的照片贴在冰箱、床头、钱包、书桌等比较容易看到的地方，以便时时可以看到它。

做完这项工作后，接下来就开始用“我要减肥×公斤”的意念疗法进行训练。

早上起来，打开窗户，坐在椅子上，双手放于膝盖，背挺直，做“瘦身深呼吸”：用鼻子慢慢地、深深地吸口气，吸到不能再吸的时候，闭气约3秒钟至5秒钟，之后再把气缓缓吐出，不要中断，一口气吐完为止。

在练习过程中，要配合想象。当你用鼻子吸气的时候，想象你吸入的是一股白色的能量。闭气的时候，想象这股白色的能量传到了身体的各个部位，并且杀死了体内引发肥胖的种种因素。吐气的时候，想象一股黑色的气流从嘴巴吐出，同时体内的毒素、秽气、引发肥胖的因素化为这股黑气排出体外。

练习结束后，你一定会感到全身充满能量，而且心情愉快、神清气爽。这时候，你再想象合成照片中你瘦身后的样子，想一分钟。

做完“瘦身深呼吸”练习之后，对着一面镜子，在眉心部位涂一个小红点，约黄豆般大小。然后两眼盯着“镜子里眉心的红点”，微笑着大声念：“我要减肥×公斤，我会完全配合饮食计划。”或者是其他你想实现的事情，大声念3分钟。念完后再想象你合成照片瘦下来的样子，想一分钟。

整个过程不超过10分钟，如果你想做长一点也可以。

只要条件允许，就不断在心里默念你想实现的事情，并幻想你瘦下来以后穿上心爱衣服的样子，大家羡慕你美好身段的情形等。

可以利用坐车上班、上学的时候念，在家煮饭、打扫卫生、洗澡、上厕所时也可以念。在逛街看到漂亮衣服的时候，立即幻想你瘦下来以后穿上这衣服的样子。

晚上睡觉之前，再重复做上面的步骤。然后躺在床上，把双脚双手分开，呈“大”字形，尽量放松自己，同时幻想你瘦下来以后，变得魅力四射、追求者众多等。

以上练习，每天坚持去做，再配以合理的饮食计划，直到你瘦下来为止。

## 第5节 运动能促进个体的身心健康

生命在于运动，运动能塑造强健的身体，增强抵抗疾病的能力。然而，对人体而言，运动也是有极限的，一旦超过了这个限度，对人可能非但无益，反而会有害了。心理状态对运动活动的进行也是有很大影响的。

### 1. 认识运动对心理的益处

治疗心理不健康有很多方法，体育运动是其中的一种。体育运动是一种积极的主动活动过程，可以有效塑造人的行为方式，因此也能促进个体的心理健康。

**（1）改善情绪**

体育运动能为郁闷的消极情绪提供一个发泄口，心情郁闷时去运动一下能有效宣泄坏心情。尤其遭受挫折后产生的冲动能被升华或转移。

**（2）培养意志**

艰苦、疲劳、激烈、竞争是体育运动的特点，在参加体育运动时，我们总会体验到强烈的情绪和明显的意志努力。

因此，体育运动有助于培养人勇敢顽强、坚持不懈的作风，团结友爱的集体主义精神与机智灵活、沉着果断的品质，还能使我们保持积极向上的心态。

**（3）和谐关系**

体育运动能让群体中的成员产生情感上的相互感染、沟通，从而增进了解。由于体育运动的集体性和公开性，在体育运动中的人际交往，能促进良好人际关系的发展，融洽关系，团结协作。

**（4）认识自我**

我们在运动中如果对自己的身体感到满意可以增强自信，提高自尊；竞争又使自己的社会价值被认可。体育运动暴露了自身的优点与缺点，从而让我们不断修正自己的认识和行为，发挥潜能与长处，克服缺点，改正不足，正确对待成功与失败。

**（5）促进协调**

行为协调是指行为是一贯的，统一的，反应适度指既不异常敏感，也不异常迟钝，刺激的强度与反应的强度之间有着相对稳定的关系。体育运动大多在规则的规范要求下进行，所有参与者都会受到规则约束，因此体育运动对培养我们良好的行为规范有着重要而积极的作用。

**（6）培养竞争意识**

体育运动是在规则的要求下，使双方在对等的条件下进行体能和心理等方面的较量。这种竞争追求卓越成绩的努力，证明自己或本队比对手更强、更出色。因此，体育运动可以有效地培养我们的竞争意识。

**（7）培养合作意识**

同时，体育运动又是包括个人的集体项目。在一个集体中，每个成员的一切行为都要有整体意识，要从全局出发，要抛弃个人的私心杂念，为加强和发挥整体力量而努力。

当然，这种合作不局限于同一集体内，还应包括与对手、观众、裁判等方面的合作。不尊重对手、观众，不服从裁判的判罚，比赛将无法进行。因此，体育运动可以有效地培养我们的合作与竞争意识。

**（8）使人更聪明**

如果能经常进行有规律的、适量的运动，也能让大脑中的海马体长出更多的细胞，让人的思维、感觉和反应都能更灵敏，从而让人变得更聪明起来。

久坐少动、缺乏锻炼的生活方式已经成为全球引起死亡和残疾的十大主要原因之一。心脑血管病、Ⅱ型糖尿病、骨质疏松症及某些癌症的发生都与我们的体力活动没有达到有益于自身健康的要求有关。

### 2. 拥有正确的运动心理

正确的运动能够缓解我们的沮丧情绪、减轻压力和忧虑，还能够更大地满足日常生活对体力方面的需求，因而，整体生命质量都会随之得到神奇的改善。我们该如何树立正确的运动心理呢？

（1）**坚持锻炼**

应把锻炼作为自己日常生活的一部分，就像吃饭、喝水一样必不可少。锻炼需要精力充沛地进行，否则很难从中受益。

（2）**有氧运动**

有氧运动指的是运动时体内的代谢是以有氧代谢为主的耐力性运动。其特点是强度不大、有节奏、不中断和持续时间较长。

有氧运动能使我们吸收比平时多几倍至几十倍的氧，明显提高机体的摄氧量，并且有氧运动过程中产生的中间代谢产物是水和二氧化碳，可以通过呼吸很容易排出体外，对人体无害。

（3）**经常步行**

世界卫生组织经过充分研究，尤其是从中老年身体健康安全和保健防病的角度考虑，于1992年向全球发出建议，最好的运动是步行。

要坚持每天步行3000米，时间在30分钟以上，每周运动5次以上。运动后每分钟的心跳次数加年龄为170左右，这样的运动强度属中轻度，又比较安全。

（4）**不宜晨练**

一天中，人体最危险的时刻是清晨。人的生理生化功能有生物钟效应，清晨时，绝大部分人的体内生物钟处在最低潮。

世界卫生组织有过统计，全世界清晨死亡者占一天总死亡者人数的60%。清晨不仅是心脏病发作的高峰时段，也是心脏猝死发生的最多时段。

气象研究资料表明：清晨给人以空气清新的感觉是一种错觉，清晨空气中的二氧化碳量和二氧化硫量比下午、晚上都高，清晨的空气质量是一天中最差的，而且也是一天中气温最低的时刻。所以对老年人或体弱有病者来说，清晨不是最佳锻炼身体的时间。

（5）**宜晚不宜早**

有人认为，下午或傍晚是锻炼的最佳时间，原因有三：一是下午人体生物钟处于高潮，生理功能处在最佳状态；二是下午空气质量最好；三是下午运动最有利于晚上睡眠。有些老人习惯于早上锻炼，那也最好在上午9时以后。

（6）**了解自身状况**

自己的身体状况，对于选择锻炼方式和运动量，对于观察锻炼效果都是很重要的。我们最好能去做一次较全面的体格检查，了解自己的血压、血脂、血糖、心脏功能、颈椎、脑供血、关节肌肉等情况。

**（7）运动前热身及喝水**

运动前舒展舒展身体、活络活络筋骨，促进肌肉及全身血液循环，有利于身体的锻炼。运动医学专家提醒我们，运动前半小时喝些水以备冲抵体内水的消耗。

**（8）雾天锻炼易伤身**

雾天会加剧大气污染，大雾时气压高、空气湿度大，不利于皮肤的散热和肺泡的气体交换，容易使人感到闷热，甚至胸闷、憋气等供氧不足的症状。所以，雾天时最好不要到户外锻炼。

**（9）把握运动量**

运动是否适量，标准主要看心率，一般应该是最大心率的60%至85%。

但由于每一个人的实际情况千差万别，与安静心率相比，应相差15%至30%，甚至更多，所以选择最佳运动量应根据自己的年龄、性别、职业特点、体力状况、健康水平、体育基础、生活环境、目的任务等不同情况来决定。

检验运动量是否合适还可以看运动后人体的相对反应。比如可以参照运动状态下人的汗流量和轻松度。还可以留意自己的食欲、睡眠以及次日是否还有参加运动的欲望。

相对而言，老年人在有氧运动的前提下可多进行手部的单项锻炼，增强人体的协调能力。小孩则要多做一些机械运动，如摆放积木等，看似简单，其实能大大促进孩子的大脑发育及手眼协调能力。

关键要把握好运动强度，除了心率保持在适当范围，还要有强烈的时间概念，一般而言，有氧状态下每次的运动时间在30分钟到60分钟为宜，一旦过量，不仅无益，反倒可能损害身体机能。

你可能非常喜欢体育运动，但你不一定知道，运动一定要适量啊！过分的运动，只会让你的健康受损。

有研究显示，短期的高强度运动会使大脑皮层活动减少，长时间高强度运动则会使广泛的脑组织兴奋性降低。

生活中人们常常觉得剧烈运动后不仅身体的反应迟钝了，而且脑子也有短暂的跟不上的现象。

过量运动时，由于人体消耗了大量的能量，为防止能量进一步消耗而出现机能抑制，这时人们会感觉极度疲劳，浑身无力，大脑反应减慢。

如果长期进行过量运动，机体的保护性抑制机能敏感性下降，就会使大脑机能受损，其表现的症状主要有：注意力不集中、失眠、健忘等。长此以往将会对人体的健康造成极大的伤害。

## 第6节 睡眠是人生最基本的生理需要

人的一生有1/3的时间是在睡眠中度过的。好的睡眠对恢复体力、保证健康十分重要。科学证明：睡眠还是提高身体免疫力的一个重要因素。

日出而作，日落而息，这是长期以来适应环境的结果。可是现在许多人由于各种原因养成了熬夜的习惯，长期如此，就会对我们的健康产生不良影响。所以我们要尽量避免熬夜，养成良好的睡眠意识，做到作息正常。

### 1. 了解不良睡眠的表现

睡眠与我们的生活息息相关，它既能使人精神焕发，但不良的睡眠习惯会像杀手一般，让人醒后感到身体不适。许多人有不良的睡眠习惯，具体来说有哪些呢？

**（1）强迫熬夜**

很多人晚上一回家，困倦感就变成了亢奋，开始上网，或者看小说、看电影、看连续剧，再或者和朋友吃饭、唱歌，一玩就到了凌晨。然后天亮了还要按时起床上班，这样一般都是带着布满血丝的眼睛，哈欠连天地走进办公室，然后不断喝咖啡、浓茶或者抽烟提神。

**（2）饭后立即睡觉**

吃完饭后，大量食物在胃里，为了更好地消化吸收，人体就会增加胃、肠的血流量。而身体里的血量却是相对固定的，所以大脑的血容量就会减少，血压也会随之下降，如在这时睡觉，很容易因大脑供血不足而发生意外。所以吃完饭后应先活动活动再睡觉，以免发生意外。

**（3）强迫入睡**

每个人有每个人的睡眠生物钟，很多人迷信如果睡不到8小时，就会影响身体健康，而强迫自己躺下入睡。殊不知躺得越久，睡得越差。

**（4）睡前做计划**

我们有时喜欢利用睡前想事情，兼做明天的“行动计划”。在床上想得出神，自然就难成眠。

**（5）过分担心**

一旦有失眠经历，往往就不相信自己可以睡得好，一到天黑，就开始担心害怕。其实睡眠是正常的生理要求，该睡还是要睡。越担心只会越睡不着。

**（6）坐着睡觉**

坐着睡会使心率减慢，血管扩张，流到各脏器的血液减少。再加上胃部消化需要血液供应，从而加重了脑缺氧，导致头晕。尤其是老年人，心肌功能较差，就更应该注意别坐着睡。

**（7）醒后马上起床**

刚刚睡醒心跳比较慢，全身的供血量也比较少，心脑血管就会相对收缩。如果马上起床，使得心脑血管迅速扩张，大脑兴奋性也加强，这样很容易出现不适。所以，醒后应在床上养神三五分钟再起床。老人及有心脑血管疾病的人更应注意这点。

### 2. 认识不良睡眠的危害

不良的睡眠会严重损害我们的身体健康，因为，人体肾上腺皮质激素和生长激素都是在夜间睡眠时才分泌的。而不良的睡眠，会大大影响身体的正常运转。具体来说，不良的睡眠对我们有哪些危害呢？

**（1）不良性格**

患有晚睡强迫症的人性格中容易有拖拉的一面，不自觉地在工作、学习中形成拖拖拉拉的风气，不到最后一刻不完成任务，面对压力形成拖拉的解决办法。此外我们还有过于执著、敏感的心理，还会导致失眠、健忘、易怒、焦虑不安等神经精神症状，如果这些长期存在就会构成亚健康的人格特征。

**（2）免疫力下降**

经常熬夜造成的后遗症，最严重的就是疲劳、精神不振；人体的免疫力也会跟着下降，感冒、胃肠感染、过敏等自律神经失调症状都会出现。

**（3）头痛**

熬夜的隔天，上班或上课时经常会头昏脑涨、注意力无法集中，长期熬夜、失眠对我们的记忆力也有无形的损伤。

**（4）熊猫眼**

夜晚是人体的生理休息时间，该休息而没有休息，就会因为过度疲劳，造成眼睛周围的血液循环不良，引起黑眼圈、眼袋或是白眼球布满血丝。

**（5）皮肤老化**

晚上11点到第二天凌晨3点是美容时间，也是人体的经脉运行到胆、肝的时段。这两个器官如果没有获得充分的休息，就会表现在皮肤上，容易出现粗糙、脸色偏黄、长黑斑和青春痘等问题。

**（6）影响生育能力**

正值育龄的男女，若经常熬夜，会影响男性精虫的活动力与数量，也会影响女性荷尔蒙的分泌及卵子的品质，也容易影响月经周期。

**（7）慢性病**

熬夜族的肾上腺素等激素分泌量也比一般人高，经常熬夜使新陈代谢的压力增加，进而产生慢性疾病，如高血压，糖尿病等。

**（8）视力下降**

熬夜对于视力危害最大，建议每熬夜1小时，做一次眼保健操，否则后果严重，一定要注意。

### 3. 养成良好的睡眠习惯

既然不良睡眠对身心有如此多的不良影响，那我们一定要认真克服，养成良好睡眠的习惯。平时该如何才能养成良好的睡眠习惯呢？

**（1）准时作息**

如果你想有健康的睡眠习惯，这是最重要的。身体会因为规律的生活而倍感舒适，并且，一个保持不变的睡眠习惯对于生物钟的增强是再好不过的了。每天在同一个时间醒来或睡去就有利于保持一个不变的睡眠节奏，同时提醒大脑在特定的时间释放睡眠或清醒荷尔蒙。

**（2）学会小憩**

如果小憩是绝对必须的，那么你就要确定一天只能一次并且要在下午16时之前。通常，短时间的休息不会影响工作。实际上，午饭后，或半小时，或20分钟的午休，只要在16时之前，于大多数人还是有益的。

**（3）充分准备**

晚上23时过后，就别坐在电脑屏幕前了，关掉所有的电器。这些东西对大脑的刺激很大，能让你在很长的一段时间里保持清醒。

在你入睡前的一个小时，先把电灯的亮度调暗，洗个热水澡，听一些令人安静的音乐，做一些恢复性的瑜伽或放松的动作。让你的身体与心理都准备入睡是很有必要的。把一切阻止你睡眠的、让你分心的东西统统拿走。

**（4）关闭光源**

发着红光的闹钟显示，你手机或个人数字助理设备的充电器上的红色指示灯，电脑显示屏，无绳电话的指示灯，都要关闭。要知道，即便是最微弱的一点亮光，也会影响松果腺分泌睡眠激素并因此影响了你的睡眠。

隐藏或移去闹钟，遮盖所有电子设备的亮光，如果窗户对着亮光，就使用暗色或不透光的布帘。如果以上这些做不到，那就带个眼罩吧！如果你在半夜醒来，去卫生间的时候也尽量保持灯是熄灭的。也可以用手电筒或夜晚的星光。

**（5）不吃东西**

睡前尽量不吃最好，尤其是高蛋白的进食不仅会阻止睡眠，而且可能提供色氨酸——制造褪黑激素所必需的氨基酸。

**（6）拒绝安眠药**

安眠药掩盖了睡眠的问题，但事实上并没有解决失眠的深层次问题。无论是处方的还是非处方的，在长期看来都是有害的。它们都有高度的易上瘾性，并且有潜在的危险。

短期使用安眠药，也许有一定效果，但是一段时间后，它们只会让失眠的状况更糟，而不是更好。如果你服用过安眠药一段时间，那么请求医生帮你制定一套养生的方法，以摆脱对它们的依赖。

**（7）学会放松**

抛开身体的因素，压力应该是致使睡眠紊乱的头号杀手。暂时性的压力会导致慢性的失眠和睡眠节奏的紊乱。

现在让我们做些呼吸练习吧！恢复性的瑜伽或冥想一些恬静的事情都是有帮助的。这些都有助于使你的大脑宁静，减轻惊恐与担忧带来的压力。

**（8）拒绝酒精**

酒精对于最初的入睡是有些许帮助的，但是随着身体的分解，它往往会在后半夜损害睡眠质量，使睡眠的整体时间减少。经常性的在睡前喝酒会削弱它的促进入睡的功效，相反，破坏性的效用却会保持甚至增加。

总之，正常作息是一个好习惯，是需要长期坚持才能形成的，现在让我们一起安排好自己的作息，做快乐健康的自己吧！

在现实生活中，很多时候，熬夜是不能避免的，如有时我们必须上夜班，那怎么办？现在让我来教你一些熬夜的技巧吧，这会让你受到的危害减到最小的！

早饭一定要吃饱，一定不要吃凉的食物。

晚饭不能吃太饱，熬夜时要吃热的东西。不要吃泡面来填饱肚子，以免火气太大。最好尽量以水果、土司、面包、清粥小菜来充饥。一定要有足够多的白开水。

若困乏可喝咖啡或茶水之类的刺激性饮品来提神，但要注意应饮热的，浓度不要太高，以免伤胃。提神饮料，最好以绿茶为主，可以提神，又可以消除体内多余的自由基，让您神清气爽。但是胃肠不好的人，最好改喝枸杞子泡的茶，可以解压，还可以明目呢！

开始熬夜前，吃一颗维生素B营养丸。维生素B能够解除疲劳，增强人体抗压力。熬夜前千万记得卸妆，或是先把脸洗干净，以免厚厚的粉层或油渍，在熬夜的煎熬下，引发满脸痘痘。熬夜时，应不时做深长呼吸。注意保暖，不要冻着肚子。

熬夜之后，第二天中午千万记得打个小盹。

# 第7节 得体的穿着是无言的介绍信

服装不只是一种人体的遮羞布，它不仅是布料、花色和缝线的组合，更是一种社会工具，它能向社会中其他的成员传达出信息，像是在向他人宣布说：“我是什么个性的人？我是不是有能力？我是不是重视工作？我是否合群？”

总之，得体的穿着是无言的介绍信，是一种信号、一种语言，它和你的人际关系息息相关。特别是从事公关、营业员、会计、秘书等直接与人接触的职业的人，更要注意自己的穿着。

## 1. 认识穿着的心理作用

每个人都有自己的着衣习惯和风格，有人甚至认为穿什么风格的衣服，就能有助于变成什么类型的人。这绝不是以衣取人，从心理学的角度看，服装对于人来说不仅会给别人留下好印象，同时也会对自己产生一定的心理暗示作用。

整齐清洁的服装是无言的介绍信，这是英格兰的一则古老谚语。在这里并没有说服装要特别华丽，但至少在与他人会面或在其他社交场合时，不要给别人一种邋遢的感觉，这是最基本的。

如果与自己会面的客人是重要的，这时必须穿着适宜的服装，或是正式一点的服装。一个人的仪容修饰、服装穿着，对于其外观仪容及别人对你的印象有着极大的影响。

穿着整齐洁净的服装，站在他人面前，不会感到自卑，可以自由自在地进行交谈，反之，则很难实现自己的社交目的。尤其是在以大众为演讲对象的场合，更要留心自己的服装穿着。

我们都有经验，当自己容光焕发时，别人对我们的态度就比较好；如果对自己的仪容未加注意，所受到的待遇一定比较差。

我们应该如何利用穿着来表达自己独一无二的风格，如何用服饰来掩盖自己的缺点和短处，发扬自己的特点，这是每一个现代人应该掌握的最起码的知识。

但是，如何穿着得体的服装，还真是一门大学问。像时间、地点、场合、身份地位、从事的职业这些种种不同的因素，都是我们穿着时必须考虑在内的。

一个懂得穿着艺术的人，会根据不同的场合，换上适合自己身份的服装，使之与整个环境气氛相协调，并表现出自己独特的魅力。如果不论何时何地，都穿着正式的服装，反而会使人觉得毫无变化而且呆板。

有些时候，衣服会成为认识我们个性的唯一的线索，比如在我们不说话，也没有动作的时候，或是在被人批评的时候，身上的衣服仍在发表着意见。

不管公平与否，我们给别人的第一印象必须是主观而情绪化的，是直接从我们的外在形象获知的，而对我们的内在品质的理性欣赏要在以后慢慢地培养。所以，“对一个人的评价，90%以上是来自他的态度、表情和服装”。每个人都应用这句话来提醒自己。

**2. 穿出效果的重要方法**

你的服装是怎样的呢？是不是适当得体？是否成为你成功途中的一个障碍物？如果你是女性，是否衬托出你秀美、华贵、端庄的容貌？如果你是男士，是否更显示出你的英俊潇洒、风流倜傥？我们该如何实现自己想要的着装效果呢？

**（1）注意色调**

一般来说，红色热烈，绿色清新，橙色兴奋，黄色光明，黑色沉静，白色纯洁，紫色神秘，蓝色庄重。以红色为底色的，容易引起人们兴奋、热烈情绪的色彩称为“积极的色彩”；以蓝色为底色的，给人以沉着、平静感觉的色彩称为“消极的色彩”。

如果单从色彩本身而言，同类色相配或近似色相配使人看着顺眼、舒适、平和；而大胆、创新的搭配则是强烈色相配或对比色相配，使人看上去醒目、活泼，与众不同。不同的色彩搭配所产生的效果也会截然不同。因此，你必须根据不同的场合需要，来选择适当的色彩搭配方式。

**（2）注意款式**

一个懂得穿着艺术的人，在选择服装时，对款式的要求也是很讲究的，款式既要适合自己的体型，又要与自己所追求的风格统一。要想使衣着体现沉稳、高雅的风度，那么款式一定要简洁大方，线条流畅，再配以高级的质料，定能达到满意的效果。

**（3）适合角色**

俗话说："穿衣戴帽，各有所好。"这话在日常生活里没错。但当以某特定身份参加社交活动，与人交往时，你就不能单单考虑个人所好了，而应考虑自己所扮角色的需要，尽量做到衣着与角色相协调、相适应。否则，当别人对你产生误会，带来不必要烦恼时，就后悔莫及了。

**（4）适合环境**

特定环境对衣着有特定的要求，这时，衣着服饰就应服从交际环境，甚至不惜牺牲个性风格，进行独具匠心的选择。合适的衣着将使我们更加美丽多姿；不合适的衣着，不仅有可能更加突出我们的缺点，还会造成不必要的麻烦和难解的尴尬。所以，着装一定要适应自己的社会角色需要，也一定要服从特定交际环境和场合的特殊性需要。

**（5）彰显个性**

在符合角色的要求下，可以适当提倡衣着的个性化。除了警察、军人等统一着装的职业外，其他人在衣着上有广泛的选择余地。可以根据自己的爱好、气质修养、审美情趣进行选择，以展现自己与众不同的风采。

你也许想不到，适当地选择着装，还能起到意想不到的改善情绪的功效。

**首先，衣服的材质会对情绪有影响。**情绪欠佳时，不妨尝试穿一件新衣服，或者自我感觉效果最好的衣服。还有，尽量不要穿容易起皱的衣服，因为这种衣服会使心情复杂和纷乱；也不宜穿质地硬的服装，以免增加心理上的僵硬、死板和不快感。此时，最好穿质地柔软的如棉、毛质地的衣料或针织成的服装。

有些女生喜欢穿紧身的牛仔裤，其实情绪欠佳时是不宜穿着这些紧束身体狭窄的衣服的，因为它会产生压迫感，而宽松柔软的衣服则会使人呼吸轻松、血流通畅，有助于缓解不良情绪。

**其次，衣服的色彩也会对心理有影响。**有些人对颜色有偏好，比如经常穿同一种颜色的衣服，其实，每个人在不损美观的情况下，应该尝试一些其他颜色的服装，改变心境。

当你烦躁时，那些有强烈刺激色彩的衣服，比如大红、大绿、耀眼的橙黄等，都会使人精神不安，如果变成温和的色调，如天蓝、粉红、淡青、淡红、淡黄等色彩的衣服，情绪会容易稳定下来。精神忧郁、沮丧时，若穿冷色、重色面料的衣服，会加重不良精神症状，如灰色、黑色、藏蓝等，但如改穿红、橙、黄等暖色调的衣服，则能改善精神忧郁症状。

“人靠衣装马靠鞍”，穿衣服也是体现个性，体现美感的一种方法，好的衣服能够有效的改善心情，穿出健康来。

## 第8节 树立正确的消费心理

消费心理就是人们在生活消费过程中、在日常购买行为中的心理活动规律及个性心理特征，它指导人们的消费行为和消费方式。

许多人都可能有这样的感受，在不知不觉中我们花了许多钱，而且事后我们才发现有很大一部分是没有必要的，这就是缺乏正确的消费观念。

### 1. 了解常见的消费心理

在收入水平和生活质量不断得到提高的社会里，越来越多的人投入到了疯狂购物的行列。一般人有哪些常见的消费心理呢？

**（1）从俗心理**

即入乡随俗，属于消费行为上的趋同心理。

**（2）同步心理**

即我们通常所说的攀比心理，相同的社会阶层，在消费行为上有相互学习的倾向。

**（3）求美心理**

指人们在消费活动中追求美好事物的心理倾向。

**（4）求名心理**

指某些消费者希望借助名牌商品提高自己的社会地位的心理倾向。

**（5）求异心理**

这是与从俗心理相反的一种心理现象，追求一种与社会流行不同的消费倾向。

**（6）好奇心理**

指某些消费者对市场上不常见的产品的追求。

**（7）偏好心理**

指某些消费者对某些特殊消费活动的执著追求。

**（8）便利心理**

指消费者主要从功能便利的角度选择商品的心理现象。

**（9）选价心理**

指顾客在选择商品时，对价格的特殊关注。这些心理类型并不分属于不同的人，而是不同程度地存在于每一个消费者的心中。当一种产品满足了顾客某一类心理需求时，就会诱发他的购买动机。

**（10）孤独心理**

每逢佳节倍思亲，特别对于在外打拼的孤独人群来说，过年往往会让他们的孤单感倍增，这个时候，购物能够让他们产生满足感，解除孤独感。因为购物就是一种享受，既有人头攒动的热闹氛围，又有营业员的热情服务，上帝之感油然而生，孤独感自然不驱自散。

**（11）发泄心理**

这类情况往往以在事业或者家庭生活不如意的女性人群中多见。通过购物来发泄心中的不满，严格地讲是一种报复行为。

**（12）从众心理**

节假日逛商场已经成为很多人在假期的重要活动内容，尤其在过年期间往往是各大商场打折促销活动必争的时间段。这样的情况下，我们往往会受从众心理的影响而盲目购物。

同时，长期节假日购物的习惯已经造成了一种情绪渲染。当身处争抢打折商品的情况下时，往往会受到情绪传染。由于情绪传染是种集体行为，个体很难控制自己的情绪不受群体影响，从而导致不理性消费的产生。

**（13）购物癖心理**

“购物癖”是一种精神疾病，当不购物时，人会感到很没劲儿，高兴不起来，总有一种说不明白的不满足感。当购物癖发作时，人还会变得焦躁不安，不知所从。但是，一旦步入商场，或走进能够进行购买活动的地方，这些人就会变得兴奋起来，对周围一件件的商品表示出很大热情，甚至会不顾及自己的经济承受能力，买下新发现的猎物。

2. 拥有正确的消费观

在科学地认识自己的消费心理的同时，我们要有意识地避免盲目的错误消费，建立正确的消费心理。具体来说，我们应该树立什么样的消费观呢？

**（1）适度消费**

消费支出应该与自己的收入相适应，自己的收入既包括当前的收入水平，也包括对未来收入的预期，也就是要考虑收入能力这个动态因素。因为，信贷消费与人们对未来收入的预期有直接的关系。在自己经济承受能力之内，应该提倡积极、合理的消费而不能抑制消费，否则，一方面会影响个人生活质量，另一方面，也会影响社会生产的发展，特别是，当前我们国家已经形成买方市场，应该充分发挥消费对生产的带动作用。

**（2）理性消费**

首先，在消费中注意避免盲目从众。盲目从众是消费中常见的一种消费心理现象，也是对普通消费者影响最大的一种消费心理现象。因为，人们的消费行为始终受到消费心理的影响，例如：从众心理、攀比心理等，并且这些心理往往相互联系，共同影响人们的消费。因此，在消费中我们要尽量避免一些不健康的消费心理的影响，坚持从个人实际需要出发，理性消费。

其次，要尽量避免情绪化消费。它是个人消费受到情绪的影响，而做出不理智的消费选择的现象。往往是心血来潮、一时头脑不冷静，事后发现这种消费选择并不适合自己的需要。因此，在消费时，要注意保持冷静。

最后，要避免重物质消费，忽视精神消费的倾向。因为，随着生活水平的提高，人们的消费结构是不断变化与改善的，我们的选择也要有利于人的全面发展。

**（3）绿色消费**

绿色消费就是指以保护消费者健康和节约资源为主旨，符合人的健康和环境保护标准的各种消费行为的总称，其核心是可持续性消费。

因为，随着经济的发展，带来了严重的环境污染和资源的严重短缺，我们国家提出了实施“可持续发展”和“科学发展观”，大家也应该从自身出发，保持人与自然的和谐发展，去从事绿色消费，即：节约资源，减少污染；绿色生活，环保选购；重复使用，多次利用；分类回收，循环再生；保护自然，万物共存。希望大家能真正把所学理论运用到实践中，做个绿色消费者。

**（4）勤俭节约**

勤俭节约是我国的传统美德，是一种民族精神，而不是一种具体的消费行为。作为精神，它是永远不过时的。

从个人思想品德的修养角度讲，勤俭节约有利于个人优秀品德的形成和情操的陶冶，是有志者应该具备的精神状态。

当然，不能把勤俭节约与合理消费对立起来，勤俭节约不是抑制消费而是说不要浪费。

总之，以上四个原则，是科学消费观的具体要求，我们要理解和掌握这些原则，并用它们指导自己的消费行为，这样既有益于个人，也有益于社会，最终将促进个人的健康发展和社会的可持续发展。

你是不是还在为管不住自己的钱袋发愁？你是不是又在不知不觉中成为月光族？现在让我来教你一些有用的心理调和方法吧！

1.当发现自己有孤独、郁闷等心理问题时，应及早疏通，不要通过购物来解决。专家认为，消费只能短暂地消除内心深处的不满，往往在事后会更加焦虑和郁闷。

2.将节假日消费和平时的消费一视同仁。事实上，节假日消费并不是最好的时机，日常生活缺少什么就及时补充，不要积攒到节假日解决。

3.消费前做一个消费计划。按照消费计划购物，这样可以减少很多不必要的盲目消费。

4.有意识地克制消费欲望，尽量少去商场。即使逛商场也要控制购物时间，避免长时间滞留。

5.不刷卡，改用现金支付，这样就会有钱被掏出去的感觉。

6、让自己远离诱惑。如果你没有钱可以花，那么就不要总是呆在那些经常购物或者浪费金钱的人周围，因为这对你而言可能是个陷阱。另外，在你去购物之前，列一个清单，写明哪些东西是你真正需要的，关键要有意志力，只购买你清单上有的东西。

7、**在购买之前先问问自己“为什么”要买。**

8、**不要冲动购物。**如果你发现了自己喜欢的东西，不要当天就决定购买。把问题留到第二天。如果第二天你仍然觉得需要它，那么再返回去买下来。

9、**谨慎地讨价还价。**你可能在促销中把钱省下来，但是也有一些人会在促销中花更多钱去买那些不需要的商品。结果是花了很多钱在不需要的东西上，而不是省钱。

10、**清理你的房屋。**减少没有节制的消费的一个最好的动机，是让你自己意识到你的存货中已经有了什么东西。只有当你发现你已经拥有一件东西的时候，你才没必要再去买。另外，遵循下面这个“两年规则”：如果你在未来两年之内不会使用这一商品或货物，那么在它堆满灰尘之前，将其捐献给慈善团体。

11、**学会对你的孩子、伴侣、朋友和买主说“不”。**不要让其他人帮你花钱。将他们与你的金钱划清界限，并且声明这一界限。

## 第9节 要保持一颗年轻的心态

阿基米德说：给我一个支点，我能撬起整个地球！其实生活也是一样，你快乐还是不快乐，就是你找没找到生活的支点的问题！

就现实来看，有些年龄稍大的人看着自己的后代不断出生、长大，心里就会感觉自己老了。其实，只要我们内心不老，善于保持一颗年轻的心，我们就能永葆青春活力。

如果自己都认为自己已经老了，那又怎么可能看起来年轻呢？

### 1. 了解年轻心态的重要性

在祝福别人的时候，我们常常会说：青春永驻，永远年轻。然而，从年轻到衰老，是无法抗拒的自然规律。所以归根结底，我们希望的只能是延缓衰老，让自己多拥有一些年轻时光。

然而当我们追寻各种养生秘方、保健品、保健器械、化妆品、医疗美容时，却忽略了保持青春的另一个重要方面：保持一颗年轻的心。

年轻与否，一方面取决于自己的生理年龄和外表，而更重要的是取决于自己的心理年龄，即是否拥有年轻的心态。

心理年龄远大于实际年龄的人，会显得城府过深，很难与同年龄的人有相互的理解和共同的语言。

心理年龄远低于实际年龄的人，则会显得过于天真，不利于个人的社会化生存与成长。

保持年轻的心态并不意味着我们要放弃做一个成年人，回归到孩童的幼稚状态，而是要求我们对待现实的心态更自在一些，轻松一些。

年轻是心态，并非由我们的年龄和容貌来决定的。有的人年过半百，仍有着年轻的心理和年轻的体魄，敢与朝花相媲美；有的人正值韶华，却一身疲惫，未老先衰，恰似劲风吹落的败叶。

岁月可以催生我们的根根白发，却不能毁灭我们头脑中的创造潜力；时间可以刻出我们满脸的皱纹和寿斑，却无法为心灵刻上一丝痕迹。

对于注重健康，热爱生命，永远向前看的人来说，年龄只是一个数字。你若认为自己已衰老，果然就老气横秋；你若认为自己年轻，果然就生机勃勃。

岁月只能在人的皮肤上留下皱纹，失去对生活的热情才能使人的心灵起皱。我们的一生必然从青年走向老年，只要珍惜和把握，无论在哪一个年龄阶段，都可以创造人生美景。

年轻的心态可以将我们的潜能加倍地挖掘出来，使我们意气风发，全面制胜，从晦暗中看到光明，从失望中看到希望，创造神话般的奇迹，铸造一个美好的未来。

谁能说年轻如流星，转瞬即逝，我们可以营造无数个人间春天。谁又能说花一般的笑影早已跌进时光的河流，年轻的心态，让头顶多一方明净的蓝天，让脚下多一行坚实的足迹。纷纭历史中，没有比年轻的心态更惬意、更逍遥的了；浩瀚人群里，没有比年轻的心态更快乐、更重要的了。

### 2. 保持年轻心态的方法

一个人的生命从年轻到衰老，是无法抗拒的自然规律。我们要学会如何能延缓衰老？保持年轻的心态。我们平时该如何保持一颗年轻的心呢？

**（1）积极心态**

积极的精神状态，主要是指进取心、希望、理想等，对防止心理衰老、保持心理健康具有重大意义。只要有了进取心、理想，并充满希望而奋发向上，就能老而不衰，充满活力。

无论处于何种状态下，最好能正视现实，向往未来，少回顾过去，并可以多看一些喜剧性的节目，多参加一些愉快的聚会，保持沉静乐观，愉快知足，莫说人非，避免老气横秋。

**（2）向人倾诉**

当我们心情不悦的时候，不妨借访亲探友散散心。有人说，朋友是最好的药，找同事、老乡、老战友互相谈谈心，说说心里话，诚挚的友情可以治疗精神上的创伤，消除寂寞和惆怅，冲淡和消除不良情绪。

**（3）忘年交**

所谓忘年交，就是忘记年龄、职业、辈分、性别的一种平等的社交活动。要多和年轻人结为推心置腹、无话不谈的挚友，并保持不断的往来。

青年人具有接受新鲜事物快、朝气蓬勃、奋发向上、进取心强的特点，是老年人所缺少的。青年人身上的那种活力，对我们起着潜移默化的作用，可以让我们达到忘老的境界，甚至能让我们有“青春重返”的感觉。

**（4）回忆童年**

不妨经常回忆童年时代捉迷藏、拍蝴蝶、捉蟋蟀、放风筝，跟随父母外出踏青，在外婆家撒娇讨吃，或学唱一段戏曲的旧时光。这样脑子里会经常想到昨天我还是个活泼的小孩，现在还不算老嘛！从精神上保持鹤发童颜。

**（5）拜访故人**

青少年时代是我们的黄金时代，如果童年时代的同学、朋友离自己不远，不妨经常上门拜访，聊天时多谈一些当年在小学、中学中的学习和生活，找一些相处中有趣的事聊聊。

如果身体条件许可，不妨回到童年时代居住过的旧居，或去拜访少年时代读过书的母校，故地重游，可以触景生情，童心又可再度萌发，仿佛自己又回到童年，回到学生时代。

**(6) 培养兴趣**

有益的兴趣和爱好，会使我们的晚年生活过得光明和美好，使我们变得积极和开朗。像郑板桥拿起画笔、陈景润钻研数学、福楼拜写起小说那样，彼时彼刻，一切无聊和空虚，一切心理压力都与他们无缘了。

**(7) 参加娱乐**

娱乐既可以舒畅胸怀，乐而忘忧，又可作为疾病康复治疗的一种手段。如果心中不愉快，不如去看看电视、电影，听听音乐或戏曲，通过这些活动可减轻你的痛苦，甚至使自己变为同情艺术角色中的不幸遭遇。

**(8) 外出旅游**

我国山河秀丽，名胜古迹遍布各地，在条件允许的情况下，走出家庭小天地，来到大千世界，心胸可为之一振，那巍峨的高山、莽莽的草原、滔滔的江河、辽阔的平原、浩瀚的沙漠、宝石般的湖泊和星罗棋布的岛屿，如能涉足其中，可使我们心旷神怡。

**(9) 学会微笑**

生活就像一面镜子，你对它笑，它也对你笑，你对它哭，它也对你哭。如果你的笑容少了，那么停下来问问自己，是否对某些发生的事情看得过重了。我们都有这样的经验，过一段时间再去回忆曾经发生的不愉快的往事，似乎没有多少是值得我们铭记不忘的。所以，对过去和现在，有一笑了之的心态很重要。

心理衰退除了是由自己机体衰老引起外，还因为缺少脑力和身体的锻炼，所以加强锻炼也是延缓心理衰老的一个秘诀啊！现在我们就来看看思考和锻炼的好处吧！

大脑是主宰人体各器官的司令部，大脑的衰老，必然导致各个脏器的衰老，并且大脑对人类的知识、智慧和思维具有重大影响。因此，**老年人更要多用脑，勤思考，使脑细胞和组织器官不萎缩。**

其实，只要有强烈的求知欲，即使高龄老人，仍能掌握新知识。因为老年人的理解力与判断力不容易降低，容易降低的是记忆、计算能力。

当然，在提倡用脑的同时，必须强调要合理地、科学地用脑，而平时起居有常，生活作息有规律，对保护大脑的健康是十分重要的。

体育锻炼不仅可以改善和加强老年人的生理功能，增强体质，增加抵抗疾病的能力，而且还可丰富晚年生活，增添生活乐趣，使精神振奋，心情愉快，提高信心，增加主动积极地安排好晚年生活的勇气和兴趣，从而增强老年人的心理功能。

我们现在已经知道思考与锻炼的好处了吧！如果你不信，现在就试试吧！你肯定会变得越来越年轻！

## 第10节 不要在心理上垒砌恐老的城墙

曾经有一个哲人说过："忘老则老不到，好乐则乐常来。"这句话说得很有道理，现在科学研究表明，人的心理机能对人体的各个器官都有着极其微妙的作用。

调查发现，随着年龄的递增，到中年时，有很多人都会出现"恐老"的心理。例如，有不少人才四十出头，刚刚步入中年，就陡然觉得自己"老了"，青年时代的一些兴趣和爱好逐渐淡漠，社交活动明显减少，进取精神大大减弱，这势必会严重影响我们的身心健康。

那么，如何才能克服恐老心理呢？

### 1. 认识恐老症的危害

恐老症是心理老化的表现，有的人不想做艰苦的拼搏和探索，没有了进取精神；有的人则把业余时间全消耗在搓麻将、打扑克或看电视、玩电子游戏上；还有的人过早地把一切"希望"都寄托在下一代，对自己完全丧失了信心。

这些人的一个共同心态就是觉得人老了，这辈子没指望了，把自己列入了老年人队伍里，使本应辉煌壮丽的中年变得暗淡无光，精神世界变得空虚与恐惧，加速了生理上的衰老，这是恐老症带来的不良后果。

女性的恐老感更加严重，我们在结束了抚育幼年子女的一段艰辛岁月之后，悄悄步入中年圈，潜藏在内心深处的希望和美感要求刚刚得以萌发。

可是，当我们一旦照镜子，却发现自己的青春、光泽都已悄然逝去，目视着已爬上额头、眼角的细微皱纹和潜滋暗长的三五根白发，便不由得感叹：老矣!

这种心理老化现象虽不像脸上的皱纹、头上的白发，能看得见、摸得着，但在心理上却已筑起了一道城墙，宁可把自己列入老年人的行列，也不愿与青年人为伍了。这种心理状态，使我们本应辉煌壮丽的中年时代变得暗淡无光，精神世界的空虚与恐惧，进一步加速了生理上的衰老。

我们要知道，人总是要老的，这是一条不可改变的规律。

专家认为，用生物学的眼光看，人的年龄大小不能仅仅以度过多少个生日来计算。生物时间与钟表时间是不相同的。岁月越增，生物时间过得越慢，一个人年龄越大，老得就越慢。

一般来说，在45岁至50岁之间的变化，远不如15岁至20岁或者25岁至30岁之间的变化大。50岁的人，视力、听力开始下降，但是心智还正年轻，且正在继续发展。人的脑力活动达到60岁达顶峰，此后才缓慢衰退，直至80岁。

例如冰心，90多岁仍笔耕不辍。可见，中年人自称老了是没有道理的，也是十分有害的。得了这种恐老症，无疑是自我折磨，磨损了意志，磨蚀了肌体，也磨掉了自强能力。

总之，我们要克服恐老心理，就要注意学习新的东西，千万不可安于现状。在当前充满生气、竞争激烈的时代，每一个心理健康的人都应关心周围的事物。

只要人到中年后继续努力学习，拼搏向前，始终保持内心的明朗与活跃，青春就会像松柏常青那样，让人永远年轻。

反之，如果人到中年，怕老、恐老，抱着自己“老了，不会有什么大作为了”的想法，每天无所事事，无精打采，这必然会加速衰老的进程。

### 2. 消除恐老的方法

恐老怕老的心理是许多人的一种心态，这会大大影响我们的身心健康。那么平时该如何消除恐老心理呢?

#### （1）社会支持

社会、家庭要重视老年人的生活，关心老年人的健康，不仅让每一个人老有所养，更要老有所乐。关心老人的心理健康，及时帮助老年人走出惧老心理则是精神赡养不可忽视的问题。所谓老有所乐，就是在制造、提供良好的物质生存条件的同时向老年人提供、创造积极的精神生存环境。

**（2）积极心态**

积极心态要求我们及时调整心态，树立积极的生存意识，辩证地看待衰老，变衰老为紧迫感，促进对生命的珍惜和人生意义的追求。

**（3）科学心态**

我们要能够正确对待人生，科学看待生命。通过对人生和自我价值的合理认定提高对生命意义的领悟。由此，结合自身条件继续服务社会，以激发生活热情、体验生活情趣，消除身心衰老对自我的不良暗示。

**（4）及时就医**

如果觉得自己的身体不舒服，可让亲属或朋友陪同你去医院就诊，或找专业人士咨询，不要过分地关注自己生理上的细微变化，更不能片面地强调他人对自己的态度。

**（5）融入社会**

我们要通过情绪转移加强人际交往，以消除与社会的疏远，避免自我孤立。独乐不如与众同乐，如能加入到多数人的活动中去，加强人际交往，缩短与他人的距离，避免自我孤立，就可以克服或远离这些不健康的心理。否则，这些不良的情绪会使你的身体每况愈下，后患无穷。

**（6）发挥余热**

如果想继续服务于社会，老年人可根据自己的实际情况寻找适合自己的岗位，要相信自己的能力，相信自己存在的价值。

有人说，我们走出花季便是老。照此说法，我们的一生中竟有一半的时间都是老年！这是多么可怕的一件事啊！

不过，只要你能够做个有年轻心态的人，就一直会青春永驻的！下面我来教你几个永远年轻的方法。

在即将跨出年轻的门槛时，你要消除对年长的心理恐慌，克服停滞感，不可朝后看，妄图唤回已逝的青春，而必须朝前看，学会集中精力关注现实和将来。

你应该及时为自己设置人生的新目标：事业的、家庭的、业余爱好的、社会活动等，制定自己的短期计划和长期计划。

只有相信自己的明天一定会更好，自己的生活会有更好更新的希望和变化，你的心灵才会永葆青春，你的人生才会永远保持年轻的创造力和激情！

## 第11节 培养良好的做事心态

事物都是一分为二的矛盾体，是阴阳同存的，良好的心态看到的永远是事物好的一面，而消极的心态，只能看到不好的一面。良好的心态能把坏的事情变好，消极的心态往往会把好的事情变坏。

可以说，在人的一生中，能够立足社会的事不外乎两件：一件是做人，一件是做事。的确，做人之难，难于从浮躁的情绪和膨胀的欲望中稳定心态；成事之难，难于从纷乱的矛盾和利益的交织中理出头绪。而最能促进自己、发展自己和成就自己的人生之道便是：低调做人，高调做事。

### 1. 学会做事的方法

学会做事跟学会说话一样，都是要学乃至要学会，不同点在于一个是说，一个是做；一个是动口，一个是动手。

也有人说，做事除了婴儿不会，少年在学，但凡成年人哪个不会？只不过敲锣卖糖各做一行，性格相异做事的原则及方法相异罢了。

其实不然，学会做事比学会说话学问大得多且复杂得多，会说不一定会做，而会做大都会说。无论小事与大事，关键在于如何做事。这个如何体现了一个人品性的优劣，心态的好坏，学识的深浅和智慧的高低。

学会做事，我们要有从小事做起的精神。古人告诉我们，要成就“扫天下”的大事，就得从“扫一屋”的小事做起。人要有善于做小事的精神，不要轻视、忽视小事。小事是大事的基础，大事是小事的累积。

轻视一棵树，就不能拥有茂密的森林；忽视一滴水，就不会有浩瀚的海洋；藐视一砖一瓦，就盖不好高楼大厦。

小处见精神，一个人良好的素养往往体现在细节上。不要弄成大事做不来，小事做不了的难堪局面。

我们要做成大事，必须要“起于垒土”、“始于足下”。我们知道，集腋可成裘，聚沙可成塔，纳川可成海，积善可成德。从点滴做起，一步一个脚印，我们才能做成大事，从而走向成功。

学会做事，要具有区分善恶的能力。只要是恶，即使是小恶也不做；只要是善，即使是小善也要做。

不要因为好事影响小就不去做，也不要因为坏事影响小就去做。要知道，下雨时，给没伞的同学撑上一把伞；买东西、上车排队；人走关灯；与人打交道时，送上善语和微笑；在公交车上让个座；拾起一颗螺丝钉；见到师长问个好等，这都是“小善”，只要你为之，就会心情舒畅，精神愉悦，得到别人的赞赏与尊重，显示自我的素质与高雅。

我们也要知道，让公共财物和设施失去原有的美丽，把花草树木弄伤，在墙壁上“舞文弄墨”，用语不文明等，这些都是恶，如果为之，你就会失去自己的人格和尊严。

坏事虽小，但它能腐蚀一个人的灵魂，日积月累，就会酿成大祸而自毁前程。俗话说“从小偷针，长大偷金”，就说明了这个道理。学会做事，我们既要有包涵天地的胸襟，又要有细心做微小事情的意识和行动。

### 2. 把握正确的做事心态

在日常工作中，有些人进取精神不强，缺乏克服困难的勇气，自我要求不高，安于现状，不思进取，工作中不走在人前，也不落于人后，随大流；有干好工作的热情，但自身综合能力缺乏，办法少、点子少、找不准切入点，往往会事倍功半，甚至好心办成坏事。

有些人说起来头头是道，自以为是，这也行，那也行，但工作起来这也不行，那也不行，结果一事无成。如何学会正确做事，如何正确把握自己的做事心态呢?

#### （1）积极心态

事物永远是阴阳同存，积极的心态看到的永远是事物好的一面，而消极的心态只看到不好的一面，积极的心态能把坏的事情变好，消极的心态会把好的事情变坏。

当今时代是悟性的赛跑，积极的心态像太阳，照到哪里哪里亮，消极的心态像月亮，初一、十五不一样。不是没有阳光，是因为你总低着头，不是没有绿洲，是因为你心中驻扎着一片沙漠。成功吸引成功，平庸拉拢平庸。

**(2) 学习心态**

学习是给自己补充能量，先有输入，才能输出。成功是学习的过程。尤其在知识经济时代，知识更新的周期越来越短，过时的知识等于废料，只有不断地学习，才能不断地摄取能量，才能适应社会的发展，才能生存下来。

要善于思考，善于分析，善于整合，只有这样才能创新。学习是积累财富的过程，当今学习就是创收，学习就是创业。有人说：学习是留意你身边的事，读万卷书不如行万里路，行万里路不如阅人无数，阅人无数不如名师指路。

**(3) 付出的心态**

这是一种因果关系。舍就是付出，舍同时也是得，小舍小得，大舍大得，不舍不得。做任何事情都不要认为是给别人做，这些都是和自己有关的。有句话说，人人为我，我为人人，这是天意，不愿意付出的人，总想省钱、省事和省力的，最后连成功也省了，落得个一无所有。

**(4) 坚持的心态**

要坚持提升自己。坚持的心态是在遇到坎坷的时候反映出来的心态，而不是顺利的坚持。遇到瓶颈的时候还要坚持，直到冲出瓶颈，达到高峰。要坚持到底，不能输给自己。时间总是耐心等待那些坚持到成功的人。

**(5) 合作心态**

合作是一种境界，我们如果学会合作，就可以包打天下。 成功不是打工，是合作，成功就是把积极的人组织在一起做事情。

**(6) 谦虚心态**

虚心使人进步，骄傲使人落后。谦虚是人类最大的成就，谦虚让你得到尊重，越饱满的谷穗越弯腰。

**(7) 感恩心态**

感恩周围的一切，包括坎坷，困难和我们的敌人。任何事物都不是孤立存在的，没有周围的一切就没有你的存在。

**(8) 归零心态**

第一次成功相对比较容易，但第二次却不容易，原因是不能归零。往往一个企业的失败是因为他曾经的成功。事物发展的波浪是前进，螺旋上升，周期性变化的。

用中国的古话说叫“风水轮流转”，不归零就不能进入新的资产重组，就不会持续性发展。追求更高的人生境界，是我们每个人终生奋斗的目标。

设法去简单地改善自己的生活，遇到的一个最大的问题就是你好像总是没有开始去做。你总是对自己说：“还没有到时间。”

有时候可能确实没到时间，但是有时候这只是你拖延的一个理由。因为在你打算开始做一件事情的时候，总是会有来自内部和外部的阻力。如果你在开始做事情时有一些困难，可以试试下面的这些方法，希望能对你有所帮助：

1、选择你确实想做的事情

一直说在做某件事情，不过看起来好像总没开始做。其中一个原因是你没有把心思投入进去。

如果你设置了一个目标，但这个目标并不是你自己的目标，那么这个目标就很难达到，甚至很难开始去做。

如果你意识到这个目标是你周围的人给你设定的，那么你可以在合适的时候，消除这个目标，然后给自己设定一些自己想去做的目标。

或者，你可以找出让自己实现这个目标的动力和理由，这不仅会让你从别的视角看待你的这个目标，而且会使你觉得很有动力去实现它。

2、研究相关事项并制定一个计划

在开始做一件事情前，所有的不利因素和可能出现的问题都停留在我们的头脑里。这些因素和意见可能是建立在你听到的一些人或一些事情上的。不管什么事情，只有自己做了才真正能成为自己的经验。

为了开始做你想做的事，你应该自己做一些研究，通过看书、上网或者问一些做过和你想做的事情类似的人。通过做一些研究，你也可以减少来自自身的阻力和焦虑，同时也会发现一些积极的方面。

在你对你所要做的事情有了一些研究，并知道一些如何实现它的方法后，你就可以制定一个计划了。把开始时间，要做什么，怎么做，花费多长时间清晰地理出来，写下来。这样你的那些没必要的担心和消极的情绪就不会再拖延你的开始了。

3、问自己最坏的情况可能是什么？

在你做了一些研究并制定了计划后，你可能已经少了很多无谓的担心和焦虑。如果你仍然觉得你还是不能开始做事，那么问问自己：最坏的情况会是什么？

在开始做一件事情前，很大一部分恐惧来自于你对所要发生的事情的不切实际的幻想。但是如果你真正地想象一下最坏可能会发生的情况，并对这种情况制定一个应对的计划。你将会意识到，不论你担心、害怕的是什么，你大不了重新回到平常的生活中而已。

4、选择容易实现的方式

你没有必要把事情想得过于复杂。用适合自己的容易的办法将会让事情更容易开始。例如：与其在健身馆买一张会员卡，花20分钟去那里锻炼，倒不如在看电视，打游戏或者看书的时候就顺便锻炼。

5、给自己打气

如果之前从未尝试过你要做的事情，你可能需要给自己打打气，以便调整好自己的精神状态。例如，你第一次进健身馆，可能有些紧张。这时你可以听一些音乐，放松自己。有些时候，可以试着改变自己的生理习惯，看看自己的感觉有什么变化。

6、从别人那里得到鼓励和帮助

例如，你也许在健身馆里找到和你一样想开始锻炼的伙伴。那么你们可以互相激励来坚持锻炼。

不过，如果没有其他朋友和你一起做这件事，也不要苦恼，不要让这成为你开始做事情的障碍。

你可以通过阅读一些励志类的博客，论坛，或者把自己的事情写在博客里，这样也会得到别人给你的支持和帮助。

7、只要你开始做

如果你只是坐着想，一天天过去了却还没有开始。那你就应该停止你的这种“过虑”，让你的脑子歇一会，不用考虑那么多了。去整理整理衣服，给别人打电话，或者做其他任何你想做的事情都可以，只要你开始做。当你的想法和感受让你觉得踌躇不前的时候，我觉得你应该停止理会你的想法，关键是开始行动。

8、学会时间管理

如果你开始做事情后，由于时间的原因，遇到了一些麻烦。那么推荐你学习一下时间管理方法，把对时间管理养成一种习惯。

## 第12节 摒弃虚无的完美主义心理

所谓完美主义，实际上是虚幻的另一个代名词。世界上本来就没有完美的东西，就连科学赖以发展的公理，也总是有着某某假设，某某前提。你越是争取绝对完美，就越会陷入失望。

所以我们不要总是以挑剔的眼光来看待世界，看待他人，如果这样，往往会弄得自己身心俱疲，也会让别人十分厌烦。对此，我们要摒弃可望而不可即的完美主义心理。

1. 了解完美主义的表现

完美主义者不管对人还是对事，都高标准、严要求，力争尽善尽美，即便做得非常出色，也仍然不能满意。完美主义者有哪些主要特点呢?

(1) 对自己苛刻

完美主义者往往要求自己是英雄，在工作上，要求自己“更多、更快、更好”。结果，只能被累得精疲力竭。

(2) 对他人挑剔

如果完美主义者是一个老板的话，绝对是一个难伺候的老板。挑剔自己的同时，也会让周围的下属感到有压力，因为他对下属的要求必定也十分严格。

(3) 自惭形秽

因为内向和高标准，一件做得很出色的事情，也不能令我们满意，且常归咎于自己，因而我们常常自惭形秽。我们虽然聪明，有历练，但是一旦被提拔，反而毫无自信，觉得自己不能胜任。

此外，我们没有往上爬的野心，总觉得自己的职位已经太高，或许低一两级可能还比较适合。

**（4）顽固片面**

我们相信，一切事物都应该像有标准答案的考试一样，客观地评定优劣。总是觉得自己在捍卫信念，坚持原则。但是，有些原则，别人可能完全不以为意。结果，我们总是孤军奋战，常打败仗。

**（5）喜欢受人关注**

我们为了某种理想，奋斗不懈。在稳定的社会或企业中，我们总是很快表明立场，觉得妥协就是屈辱，如果没有人注意，我们会变本加厉，直至有人注意为止。

**（6）过度自信**

不切实际，找工作时，不是龙头企业则免谈，否则就自立门户。进入大企业工作，我们大多自告奋勇，要求负责超过自己能力的工作。结果任务未达成，仍不会停止挥棒，反而想用更高的功绩来弥补之前的承诺，结果成了常败将军。

**（7）吹毛求疵**

完美主义者更容易注意到一些小的细节的问题，并力求改进。喜欢寻根问底，不会只满足于看到事物的表象，能发现别人发现不了的问题，并能找到根本的解决办法。

总之，完美主义者总是希望事情都能按我们所设想的那样走下去，达到自己的目的，并因此常常感到焦虑、紧张和不满。

**2. 认识完美主义的危害**

完美主义心理，对于我们的生活有很多不良的影响，也会给自己身边的人带来危害。具体来说，完美主义有哪些危害呢？

**（1）影响心理状态**

完美往往是可望不可即的，目标越高，压力越大，而完美的目标往往不能达到，这时就会有一种挫败感，压力和挫败感导致自我否定等消极思想的产生，这样就削弱了一个人自信乐观的精神。

完美主义者具有强迫型人格，总是强迫自己达到完美的目标，这点有些像洁癖，洁癖就是一种对卫生过分要求完美的自我强迫性行为，完美主义者的自我强迫的范围更广。

**（2）影响思维方式**

完美主义者总是喜欢说："我要么不做，要么就做最好。"我们看问题往往只有完美或不完美，成功或失败两个点，这是一种容易走极端的思维方式。

我们一味追求完美，将思维局限于自己的完美计划，忽略别人的建议。这就导致我们容易固执，钻牛角尖。

完美主义者总是喜欢说："这件事情我本应该做得更好。"我们对自己的要求过高，在很多时候不能达到完美标准的客观情况下，总是喜欢强调"应该如何"而不是强调"事实如何"。

**(3) 影响行为方式**

完美主义者喜欢制订繁多周密的计划以做到万无一失，而在执行计划时却往往半途而废。这是由于我们只知道追求完美，不善于选择取舍，从而导致了计划的实施总是不能达到预想的完美标准。所以说一个完美主义的计划并不是一个完美的计划，过度计划会导致行为瘫痪。

**(4) 影响人际关系**

完美主义者往往对别人的能力不够信任，认为别人无法达到自己所要求的完美标准。

而且完美主义者在对个人严格要求的同时往往也会严格要求别人，以强迫性人格影响自己的同时也以强迫性人格影响别人。对别人的苛求导致了别人的反感，对个人的人际关系产生了消极影响。

### 3. 消除完美主义的方法

具有完美主义性格的人，通常在思考时会有许多不合理的想法。有时，完美主义的性格倾向是我们从小在家庭中培养出来的，如我们的父母过于严苛地要求自己，渐渐的我们常常也会不由自主地以同样的高标准来要求自己。平时该如何克服或减轻自己的完美主义倾向呢？

**(1) 认清完美主义**

现在可以在一张纸上列出试图变得完美的好处和坏处，当你列出代价和好处时，你可能发现代价太高了。人际关系复杂、过分沉迷于工作、食物和物质至上等问题事实上超过了你所坚持的完美主义带来的益处。

**(2) 学会放松**

我们要努力学习各项放松技术，当心中追求完美的念头再次出现时，告诉自己要放松，来个深呼吸，暗示自己已经做到很好了，即使有缺陷那也是在所难免的，谁还没有缺陷呢？

**（3）确定短期目标**

寻找一件自己完全有能力做好的事，然后努力去把它做好。这样你的心情就会轻松自然，办事也会较有信心，感到自己富有创造力和成就感。事实上，你不追求出类拔萃，而只是希望表现良好时，你会出乎意料地取得最佳的成绩。

**（4）接受不完美的现实**

我们一定要清楚，世上没有十全十美的人，没有十全十美的事，这就是客观现实，不要逃避，要接受。

**（5）埋头做事**

你很希望能够证明你的能力，只要尽心尽力地去做就够了。如果开始任何事之前，你都需要一个完美的计划才行动，你就会一事无成，因为很多事情都没有完美的答案，或者是当你开始干了之后，才知道什么是最合适的。相反，尽心尽力地去行动，你将获得成功的机会。

**（6）改变认知**

你要改变认知态度，不要总是指出别人的错误，让别人反感或紧张。也不要因为别人做事不合你的要求而大包大揽，尤其是对你的孩子或者亲人。你喜欢干净整洁，但小心不要让家人和朋友在你的家里感到呆在哪儿都不合适。

**（7）严格限制时间**

当到时间时，继续前进，参加另一个活动。这个技巧尤其会减少导致完美主义的拖沓。

**（8）学会接受批评**

完美主义者经常把批评当做人身攻击，并过激回应。要客观地看待批评和你自己。如果别人批评你犯的错误，那就承认错误并声明你有犯错误的权利。

你是不是很想判定自己是否是一个完美主义者，现在让我来教你一些有用的方法吧！

当你在工作的时候，别人说话或打岔时，你的注意力是否会被破坏，并且由此你感到愠怒?

当你在计划购物时，你是否不想理睬对你促销的人，而是去找一些你需要的信息然后再作定夺?

你是否对那些随随便便的人感到非常厌恶，并且暗自批评他们对自己的生活太不负责?

你是否不停地想，某件事如果换另一种方式，也许更加理想?

你是否经常对自己或他人感到不满，因而经常挑剔自己所做的任何事或他人所做的任何事?

你是否经常顾及别人的需求，而放弃你自己的需求和机会?

你是否经常认为干任何事都是全力以赴的，却又常常希望你自己能够再轻松些?

你是否常常心里计划今天该做什么，明天该做什么?

你是否经常对自己的服装或居室布置感到不满意而时常变动它们?

你是否不断地为别人没能一次就把事情做好，而亲自去重做这项工作?

这些问题，若你都回答是。无疑你与完美主义者相去不远。

第二章

# 健康情绪的心理调适

健康是我们的生命之基，健康是我们的事业之本，健康是我们的幸福之源。失去了健康，我们的人生就会了无生趣，效率锐减。健康虽然不能代替一切，但是没有健康我们也就没有了一切。

健康不单单是指没有疾病或虚弱，而是指身体、心理和包括社会适应在内的健全状态。也就是说，健康模式应该包括躯体健康、心理健康、心灵健康、社会健康、智力健康、道德健康和环境健康等。拥有健康的身心是人生最宝贵的财富之一，它是我们快乐幸福地度过一生的前提条件。

# 第1节 克服不健康的病态性格

所谓病态性格，简单地说，就是一种不正常的情绪或秉性，这样的人认识问题和处理问题的方式比较离奇和怪异。许多人具有病态性格而不自知，这样的性格不仅会伤及他人，对自身健康也极为不利。

如果能够认识到这是一种病态的、不健康的性格，并随时加以自我心理调节和矫正，不断提高自身的思想文化素养，培养良好的处世心态，自我完善，对提高身心健康水平利莫大焉。

## 1. 了解常见的病态性格

许多人有病态的心理性格，这种心理性格对自己和别人都带来了不同程度的影响。具体来说我们的病态心理性格有哪些呢？

### （1）癔病性格

癔病性格也称情绪不稳定性格。具有这种性格的人，即使在非常轻度紧张的情况下，也可能有较严重的情绪冲突表现，待人接物凭感情用事，“爱之欲其生，恨之欲其死”，动作、言语都有点夸张，爱表现自己，喜欢博得别人的同情和赞扬。感情和内心体验并不深刻，很容易转变。平时常想入非非，稍不如意就可能暴跳如雷，在遭遇意外事故时，往往惊慌失措，缺乏自制力和解决问题的能力。

### （2）忧郁性格

忧郁是诸多异常性格中最常见的一种，忧郁性格的人表现为情绪低沉、心胸不开阔，常把一些事实或意见加以夸大，为之烦恼，不能自拔；少言寡语、不愿与他人多来往、好生疑、常孤独；对一切事物缺乏兴趣、食欲不振、精神萎靡、自怨自艾；对事过于敏感、多愁善感；常常认为自己是世界上最不幸的人，严重的甚至会出现轻生念头。

（3）躁狂性格

具有躁狂性格的人，会周期性地出现双向情绪变化，一段时间(数天到数月)情绪持续高涨或持续低落。高涨时，心情愉快、遇事乐观、兴趣广泛、藐视困难、口齿伶俐、自视颇高、脾气暴躁，甚至会有攻击和破坏性行为。情绪低落时，消极悲观、少言懒动、思想迟钝、自怨自艾，对一切都没兴趣，睡眠、食欲、性欲都有减少，容易感到疲乏无力。

（4）分裂性格

具有分裂性格的人最显著的特征是冷漠、孤僻、害羞、胆怯、缺乏进取心。这种人一般不愿意直接与现实接触，喜欢苦思冥想，对他人有一种莫名其妙的敌对情绪或攻击性。

这种性格的人懦弱，从小怕黑暗、雷电、昆虫等，甚至有时会产生幻觉，仿佛听到有人在强迫他们做事。工作不安心，办事缺乏信心，总感到不如他人，对前途感到渺茫。很难合群，比如客人来了，会躲进屋内，不主动与别人打招呼。他们中的许多人不爱清洁，生活懒散，不修边幅，料理自己的能力较差，活动均以自我为中心。

（5）偏执性格

有偏执性格的人常常很自负，往往自我评价过高。固执己见、独断独行，很轻易地否定别人的言行。因此免不了和别人经常发生争吵，且并不肯承认自己的过错，即使在事实非常明显的情况下，也要强词夺理或推诿于客观原因。

这种性格的人又喜欢嫉妒，喜欢挑人家的小毛病，不承认别人的成绩。有时不定期地表现为过分敏感，多疑又多心，总以为别人和自己过不去。因此，经常造成误会，人际关系紧张。

### 2. 消除病态心理的方法

病态心理往往影响了我们的身心健康和人生发展，对于人际关系以及生活中的许多方面都带来了不利影响。我们该如何克服自己的病态心理呢?

（1）克服癔病性格

具有这种性格的人，仅靠意志控制是不够的，还需有一个痛苦磨炼的过程。最好的方法是待平静下来后，冷静地进行自我反思，充分认识这种不良性格的危害，同时要努力控制自己的情绪，遇事要冷静，不可任感情随意发泄。

**（2）克服忧郁性格**

有忧郁性格倾向的人，应着重培养乐观主义精神，不要用放大镜看自己的缺点和困难。要更多地参加户外活动，敢于对人阐明自己的观点，倾吐自己的抑郁，让别人理解自己的心情，要学会分享别人的欢乐，也让别人分享自己的欢乐。

**（3）克服躁狂性格**

有躁狂性格的人应当积极调动自己的意志，调节自我心理。情绪高涨时，适当控制自己，或多做一些有益的工作。

情绪低落时，要鼓励自己，不要自暴自弃，可以相应做一些难度系数低的或者持续性稍短的工作。另外，平时应注意提高文化修养。

**（4）克服分裂性格**

有分裂性格的人无法充分展示自己的能力，所以也难以享受到人间丰富的情感欢乐。有这种性格的人应当鼓励自己多活动、多表现、多交往，消除一切多余的顾虑，杜绝毫无根据的惧怕，即使在与人的交往中受到怠慢、冷落，也不要灰心，自己要坦诚待人。

**（5）克服偏执性格**

具有偏执性格的人，要有勇气正视自己的弱点，必须加强自我修养，对人通达谦逊，对己严格要求。

同时，在思想上建立相互尊重、相互信任的观念，一切从事实出发，待人接物随和一些，不强加自己的个性、情绪于人。

你是不是感觉自己在社交中总交不到朋友，或者是交了朋友没多久，朋友又离你而去，且平时和同事的关系也不融洽？

究其原因，是你在社交中心理状态不佳，阻碍了人际关系的正常发展，而这种心理状态，实际上就是社交中的病态心理。现在让我来帮你分析一下吧！

1、自卑心理

有些人容易产生自卑感，甚至自己瞧不起自己，缺乏自信，办事无胆量，畏首畏尾，随声附和，没有自己的主见。这种心理如不克服，就会磨损人的独特个性。

### 2、怯懦心理

主要见于涉世不深、阅历较浅、性格内向、不善言词的人，由于怯懦，在社交中即使自己认为正确的事，经过深思熟虑之后，却不敢表达出来。这种心理别人也能观察出来，结果使别人对自己产生看法，不愿成为好朋友。

### 3、猜疑心理

有些人在社交中或是托朋友办事，往往爱用不信任的目光审视对方，无端猜疑，捕风捉影，说三道四，如有些人托朋友办事，却又向其他人打听朋友办事时说了些什么，结果影响了朋友之间的关系。

### 4、逆反心理

有些人总爱与别人抬杠，以说明自己标新立异，对任何事情，不管是非曲直，你说好，我就认为坏；你说对，我就说它错，使别人对自己产生反感。

### 5、作戏心理

有的人把交朋友当做逢场作戏，朝秦暮楚，见异思迁，处处应付，爱吹牛，爱说漂亮话，与某人见过一面，就会说与某人交往有多深。这种人与人交往只是做表面文章，因而没有感情深厚的友谊。

### 6、贪财心理

有的人认为交朋友的目的就是为了“互相利用”，见到对自己有用，能给自己带来好处的朋友才交往，而且常是“过河拆桥”。这种贪图财利，沾光别人的不良心理，会使自己的人格受到损害。

### 7、冷漠心理

有些人对各种事情只要与己无关，就冷漠看待，不闻不问，或者错误地认为言语尖刻、态度孤傲、高视阔步，就是“人格”，致使别人不敢接近自己，从而失去一些朋友。

如果你有这些病态心理的话，那就从现在开始努力改变吧！

## 第2节 变态心理是一种性格扭曲

变态心理又称病态心理或异常心理，它是指人们的心理活动，包括思想、情感、行为、态度、个性心理特征等方面产生变态或接近变态，从而出现各种各样异常的心理活动。

### 1. 了解变态心理的表现

变态心理有多种表现形式，可根据不同的标准或其严重程度分类。按心理过程或症状，可分为感觉障碍、知觉障碍、注意障碍、记忆障碍、人格障碍等。

#### （1）神经病

又称神经官能症或精神神经症，是一组精神障碍的总称。主要表现为持久的心理冲突，病人觉察到或体验到这种冲突并因之而深感痛苦，妨碍心理或社会功能，但没有任何可证实的器质性病理基础。

常见的类型有神经衰弱、焦虑性神经症、恐怖性神经症、强迫性神经症、抑郁性神经症、疑病性神经症、癔症等。

#### （2）人格障碍

这是以人格结构和人格特征偏离正常为特征的精神障碍。患者对环境适应不良，明显影响社交和职业功能，患者自己感到痛苦，但对自己的人格缺陷缺乏正确的判断。人格障碍开始于童年、青少年或成年早期，并一直持续至成年或终生。

常见类型有反社会型人格障碍、偏执型人格障碍、分裂型人格障碍、强迫型人格障碍、癔症型人格障碍等。

#### （3）性行为障碍

是对常人不引起性兴奋的某些物体或情境有强烈的性兴奋作用，或者采用与常人不同的异常性行为方式满足性欲，或有变换自身性别的强烈欲望。性行为障碍主要有性身份障碍、性偏好障碍和性指向障碍三种情况。

性指向障碍指性行为选择异常对象，如异种生物（恋兽癖）与无生物（恋物癖）及违反社会规范的恋童癖等。

性偏好障碍即以异常的性行为方式来满足性欲，如露阴癖、窥阴癖、摩擦癖。

性身份障碍在心理上对自身性别的认定与解剖生理上的性别特征恰好相反，有持续而强烈的变换自身性别的愿望。

**（4）精神分裂症**

是一种常见的病因未明的精神病，多起病于青壮年时期，常有认知、情感、意志行为等多方面的障碍和精神活动的不协调，脱离现实，病程迁延。

**（5）情感性精神障碍**

又称心境障碍，是以心境或情感显著而持久的改变，高扬或低落为主要特征的一组疾病，伴有相应认识和行为的改变，有反复发作的倾向，间歇期精神状态基本正常。发作症状较轻者达不到精神病的程度。情感性精神障碍包括双相情感性精神障碍、抑郁症和躁狂症等几个类型。

**（6）心理生理障碍**

是指一组与心理社会因素密切相关，但以躯体症状表现为主的一组疾病。把有无形态学变化作为区分这两者的标准，把有形态学变化者均列入心身疾病中。

心理生理障碍包括进食障碍，如神经性贪食症、神经性呕吐等；睡眠与觉醒障碍，如失眠症、嗜睡症、夜惊、梦魇等；性功能障碍，如性欲减退、阳痿、早泄、性高潮缺乏等。

### 2. 治疗变态心理的方法

变态心理对于人生健康和幸福会造成很大的影响，有的心理变态者甚至会走向自残自燃的道路。我们该如何预防和治疗心理变态呢？

**（1）消除病因**

这依赖于社会和家庭之间的共同合作参与，要控制生物、心理、社会病因，需要防患于未然，避免心理问题产生。

在家庭预防方面，要创造和睦的家庭环境，加强亲人间的情感交流和相互理解，及时满足心理需要，丰富家庭文化生活，提供合理的膳食与营养，通过家长、学校的相互联系，提高家长的心理素质水平。

在社区预防方面，开展广泛的宣传教育，加强心理问题防治的宣传，逐步建立城市的市、区、街道或农村的县、乡、村三级防治网络，培训各类心理保健人员。

**(2) 及时发现**

对心理行为问题发现越早，干预治疗越及时，效果就越好。我们要制订学生心理行为筛查制度，对智力、心理状态、行为表现、发育史和家庭环境定期监测，建立心理行为档案，发现问题，就要及时请专家诊治。

**(3) 心理治疗**

心理治疗是矫正变态心理的基本方法。由于各学派的理论观点不同，施治方法也各有所异。言语和非言语的心理疗法目前均已被广泛用于各类变态心理患者。催眠疗法、暗示疗法、行为疗法等则各有其相应的适应症，只有选择恰当，才能获得显著的疗效。

**(4) 躯体治疗**

躯体治疗包括精神药物治疗、物理治疗、生理治疗和外科治疗。此外，包括心理治疗、躯体治疗、工作治疗、文娱治疗的综合性疗法，效果显著，被越来越多的医务工作者所重视和采用。

性变态心理是变态心理中比较常见的一类疾病，你是不是有这些心理倾向呢？现在做一下对照吧！

1、同性恋倾向

男女各自都会发生这种行为。有这类表现的通常被称为同性恋者。同性恋者是当前艾滋病传染发病的高危人群。同性恋表现多种多样，如有的是单一同性恋，即同一性别之间长期发生性行为的;有的是精神性同性恋，即同性之间只有性爱的欲望，而没有具体的性行为；有的是两类同性恋同时并存的。

2、异性癖

尤其是女性的乳罩、内衣、短裤等，并通过对这些物品的亲吻、玩弄等方式来满足自己畸形的兴趣和性欲望。

3、暴露癖

以向异性显示、暴露自己的生殖器来获得性快感和性满足的行为，但并不追求与异性发生真实的性关系。

4、施虐癖

向性对象施加肉体或精神折磨，从而获得性情感和性需求。

5、偷窥癖

想方设法偷看女性小便、洗澡、更衣等，但并不谋求与对方发生性关系，只是用窥视的行为来满足自己的性欲望。

6、受虐癖

从施虐待的一方的性虐待和加害中，以及自己的精神和肉体的痛苦中得到性快感和性满足的。如要求对方抽打、咬自己身体的某些部位。受虐和施虐可能同时出现在一个人身上。

7、异装癖

模仿异性行为并以异性自居，从而获取性满足和性快感。

评定自己心理是否异常，有赖于制订明确的客观标准。然而，心理的正常与异常之间的界限往往只是相对而言，不一定十分清楚，所以即使你有上述的心理倾向，也不要急于下结论，而是应该到正规心理机构进行咨询。

## 第3节 正确地消除意识障碍

意识障碍是指人对周围环境以及自身状态的识别和觉察能力出现障碍。它有两种情形：一种是以兴奋性降低为特点，表现为嗜睡、意识模糊、昏睡直至昏迷；另一种是以兴奋性增高为特点，表现为高级中枢急性活动失调的状态，包括意识模糊、定向力丧失、感觉错乱、躁动不安、言语杂乱等。

### 1. 了解意识障碍的表现

意识障碍是由多种原因引起的一种严重的脑功能紊乱，为临床常见症状之一。具体来说意识障碍有哪些表现呢？

(1) 嗜睡

这是程度最浅的一种意识障碍，患者经常处于睡眠状态，给予较轻微的刺激即可被唤醒，醒后意识活动接近正常，但对周围环境的鉴别能力较差，反应迟钝，刺激停止又复入睡。

**(2) 昏睡**

较嗜睡更深的意识障碍，表现为意识范围明显缩小，精神活动极迟钝，对较强刺激有反应。不易唤醒，醒时睁眼，但缺乏表情，对反复问话难作简单回答，回答时含混不清，常答非所问，各种反射活动存在。

**(3) 昏迷**

意识活动丧失，对外界各种刺激或自身内部的需要不能感知。可有无意识的活动，任何刺激均不能被唤醒。

浅昏迷时，随意活动消失，但是对疼痛刺激有反应，各种生理反射存在，体温、脉搏、呼吸多无明显改变，可伴谵妄或躁动。

深昏迷时，随意活动完全消失，对各种刺激皆无反应，各种生理反射消失，可能伴有呼吸不规则、血压下降、大小便失禁、全身肌肉松弛、大脑强直等反应。

极度昏迷又称脑死亡，这时病人处于濒死状态，无自主呼吸，各种反射消失，脑电图呈病理性电静息，脑功能丧失持续在24小时以上，排除了药物因素的影响。

**(4) 大脑皮质状态**

为一种特殊类型的意识障碍，它与昏迷不同，是大脑皮质受到严重的广泛的损害，功能丧失，而大脑皮质下及脑干功能仍然保存在一种特殊状态。

有觉醒和睡眠周期，觉醒时睁开眼睛，出现各种生理反射异常，如瞳孔对光反射、角膜反射、吞咽反射、咳嗽反射，喂之能吃，貌似清醒，但缺乏意识活动，故有“瞪目昏迷”、“醒状昏迷”之称。患者常可较长期存活。常见于各种急性缺氧、缺血性脑病、癫痫大发作持续状态、各种脑炎、严重颅脑外伤后等。

**(5) 谵妄**

一种特殊类型的意识障碍，在意识模糊的同时，伴有明显的精神运动兴奋，如躁动不安、喃喃自语、抗拒喊叫等，有丰富的视幻觉和错觉。夜间较重，多持续数日。见于感染中毒性脑病、颅脑外伤等。事后可部分回忆而有的如梦境，或完全不能回忆。

### 2. 治疗意识障碍的方法

意识障碍通常会降低或失去各种自我保护反射和对外环境变动的适应能力，极易出现各种各样的继发性损害，会直接威胁病人的生命。我们该如何治疗意识障碍呢?

#### （1）保持气道通畅

应立即检查口腔、喉部和气管有无梗阻，并用吸引器吸走分泌物，用鼻管或面罩吸氧。必要时需插入气管套管，用麻醉机给氧，但气管套管最多只能维持72小时，超过72小时会造成喉头水肿。因此72小时后要作气管切开术，用人工呼吸器维持呼吸。

#### （2）维持循环血量

我们应立即输液以保证入量和给药途径。如果血压下降，要及时给多巴胺和阿拉明类药物，平均血压应当维持在10.67千帕或以上。

#### （3）给葡萄糖

在给葡萄糖之前一定要先取血查血糖和其他血液化学检查。葡萄糖以高渗为主，一方面可减轻脑水肿，另一方面可纠正低血糖状态，保证病人的能量供应。但对疑为高渗性非酮症糖尿病昏迷的病人，需要等血糖结果回报后再给葡萄糖。

#### （4）保持平衡

这里指保持电解质、酸碱和渗透压平衡，这三种不平衡状态对脏器都会产生进一步损害，特别是对心和脑，因此必须根据化验结果予以适度的纠正。

#### （5）脱水疗法

意识障碍和昏迷病人多伴有继发脑水肿，脱水疗法很重要。目前最常用的是20%甘露醇，静脉快速滴注。有心功能不全的病人，也可用速尿。外伤引起的脑水肿，可酌情考虑短期静滴或氢化可的松。

#### （6）控制抽搐

不少代谢性脑病或中枢神经系统疾病都会引起抽搐发作，癫痫连续状态，由于呼吸暂停而缺氧，会加重脑损害，因此必须及时处理。

#### （7）预防继发性感染

应勤翻身、勤擦澡，必要时留置尿管，以预防吸入性肺炎、泌尿系统感染和褥疮。

**(8) 治疗感染和控制高热**

应作咽拭子、血、尿、伤口培养，选择广谱抗生素。高热会影响脑功能，可采用物理降温方法，如睡冰毯、戴冰帽，或使用人工冬眠。

**(9) 控制兴奋状态**

意识障碍病人有时会出现冲动伤人或自伤行为，此时应适当给予安定类药物或抗精神病药物，以使病人安静，然后才能进行常规诊治。

**(10) 注意营养**

除了静脉输液和葡萄糖外，能吞咽的可少量多次喂易消化的食物。如吞咽困难或不能吞咽的，则可用鼻饲管喂鼻饲牛奶、豆浆或混合奶，也可喂食菜汤、肉汤等。

**(11) 促进脑细胞代谢**

应用能量合剂，常用药物有三磷酸腺苷、辅酶A、细胞色素C和适量维生素C等。

对于意识障碍，我们应及早做好预防。

病人应有意识地把生活安排得丰富多彩，多参加文体活动，做些有兴趣的工作，尽量避免从事单调的活动。

保持乐观的情绪，树立战胜疾病的信心，避免忧郁、悲伤，但也不宜过于兴奋，因为兴奋失度可诱发猝倒症发作。

最好不要独自远行，不要从事高空、水下作业，更不能驾驶车辆，管理各种信号及责任重大的工作，以免发生意外事故。

发作性嗜睡患者应尽量避免服用有镇静类的药物，以免增加发病几率。

# 第4节 有效地克服记忆障碍

记忆障碍指我们个人处于一种不能记住或回忆信息的状态，有可能是由于病理生理性的或情境性的原因引起的永久性或暂时性的记忆障碍。

一般把记忆障碍分为两类，即顺行性遗忘症和逆行性遗忘症。凡不能保留新近获得的信息称为顺行性遗忘症；凡正常脑功能发生障碍之前的一段时间内的记忆均已丧失的，称为逆行性遗忘症。

## 1. 了解记忆障碍的表现

记忆障碍会造成经常性的遗忘或者过分记忆，产生许多生活上的不便，同时也会给家庭和别人带来许多不良影响。记忆障碍主要有哪些表现呢？

### （1）记忆增强

临床常见的有轻躁狂患者联想加速、“过目不忘”，而且对平时不能回忆的往事细节也能回忆起来。抑郁障碍患者也存在类似情况，主要表现为对既往细小过错记忆犹新，病情缓解后以上现象消失。

### （2）记忆减弱

记忆减弱是指记忆过程全面的功能减退。最常见于脑器质性精神障碍，如痴呆患者，也可见于正常老年人。

### （3）经常遗忘

遗忘是对某一事件或某段经历不能回忆，称为回忆空白，可保留再认功能。分为顺行性遗忘、逆行性遗忘、进行性遗忘、心因性遗忘。

前两类多见于脑损伤，进行性遗忘主要见于痴呆。心因性遗忘具有选择性遗忘的特点，即所遗忘的事情选择性地限于痛苦经历或可能引起心理痛苦的事情，多在重大心理应激后发生，常见于分离性障碍、急性应激障碍等。

(4) 惯于错构

错构是一种记忆错误，患者在回忆自己亲身经历的事件时，对地点尤其是时间的记忆出现错误或混淆，如将此时间段内发生的事情回忆成在另外时间里发生的。

(5) 善于虚构

虚构也是一种记忆错误。患者对某段亲身经历感到遗忘，而用完全虚构的故事来填补和代替之，随之坚信。有些患者所谈内容大部分为既往记忆的残余，在提问者的诱导下串联在一起，丰富生动又显得荒诞不经，但转瞬即忘，临床上称为虚谈症。

多见于脑器质性精神障碍，如痴呆患者和慢性酒中毒性精神病人。

(6) 潜隐记忆

潜隐记忆又称歪曲记忆。患者将别人的经历以及自己曾经的所见所闻回忆成自己的亲身经历，或者将本人的真实经历回忆成自己所见所闻的别人经历。

### 2. 消除记忆障碍的方法

记忆恢复决定于病变性质、部位、严重和广泛程度，目前尚无有效的方法治疗记忆障碍，记忆功能的训练对此有一定帮助。

(1) 注意力集中

记忆时只要聚精会神、专心致志、排除杂念和外界干扰，大脑皮层就会留下深刻的记忆痕迹而不易遗忘。如果精神涣散，一心二用，就会大大降低记忆效率。

(2) 兴趣浓厚

如果对学习材料、知识对象索然无味，即使花再多时间，也难以记住。

(3) 理解记忆

理解是记忆的基础。只有理解的东西才能记得牢、记得久。仅靠死记硬背，则不容易记住。对于重要的学习内容，如能做到理解与背诵相结合，记忆效果会更好。

(4) 过度学习

即对学习材料在记住的基础上，多记几遍，达到熟记、牢记的程度。过度学习的最佳程度是150%。

(5) 及时复习

遗忘的速度是先快后慢。对刚学过的知识，趁热打铁，及时温习巩固是强化记忆痕迹、防止遗忘的有效手段。

**（6）经常回忆**

学习时，不断尝试回忆，可使记忆错误得到纠正，遗漏得到弥补，使学习内容难点记得更牢。闲暇时经常回忆过去识记的对象，也能避免遗忘。

**（7）读想视听结合**

可以同时利用语言功能和视觉、听觉器官的功能，来强化记忆，提高记忆效率，这比单一默读效果好得多。

**（8）运用多种手段**

根据情况，灵活运用分类记忆、特点记忆、谐音记忆、争论记忆、联想记忆、趣味记忆、图表记忆、缩短记忆及编提纲、做笔记、卡片等记忆方法，这些均能增强记忆力。

**（9）掌握最佳时间**

一般来说，上午9时至11时，下午15时至16时，晚上19时至22时，为最佳记忆时间。利用上述时间记忆难记的学习材料，效果较好。

**（10）科学用脑**

在保证营养、积极休息、进行体育锻炼等保养大脑的基础上，科学用脑，防止过度疲劳，保持积极乐观的情绪，这样能大大提高大脑的工作效率。这是提高记忆力的关键。

你是不是常常抱怨："哎呀，瞧我这记性，怎么又忘了啊！"现在让我来给你一些强化记忆的技巧吧！

**善于学习，有规律、不间断地用脑。**保证足够的睡眠，让大脑得到充分的休息。用脑时，应安排短暂休息和户外活动。

**尽量避免过度紧张、焦虑和激动。**防止不良情绪对脑细胞造成强烈刺激，同时要加强思想修养，提高心理素质，妥善处理各种关系，以和睦、宽松、愉快的心情对待周边的人和事，才有利于预防智力和记忆力的衰退。

**养成良好的生活习惯。**物品放在相对固定的位置，使用后放回原位，对于一些重要的事情可以采取用笔记录的方式。

**增加脑的营养。**多吃一些富含维生素B、C的食物，如新鲜蔬菜，以及富含矿物质、胆碱的食物，如杏、香蕉、葡萄、橙、海藻、鱼、蛋黄和卷心菜等。玉米、糙大米、全小麦、黄豆、蒜头、蘑菇、酵母、奶、动物肝脏、沙丁鱼、瘦肉类等也有益于脑。

## 第5节 科学地战胜情感障碍

所谓情感障碍，是指情感活动的规律受到破坏，人在认识客观事物的过程中所表现出的某种态度上的紊乱。通常，正常人的情感活动与其他心理活动是协调一致的。一旦情感活动发生故障，会引起其他心理活动过程的障碍，反之，其他心理活动过程发生故障，也会导致情感障碍。

### 1. 了解情感障碍的表现

情感障碍主要表现为情感高涨时的躁狂或情绪低落时的抑郁，或两者交替出现。情感障碍具体有哪些表现呢？

**(1) 情感高涨**

情感活动显著增强，表情生动欢喜、兴奋、乐观、易激怒，易与周围环境发生冲突。这类人是以过度欢乐轻松的状态对周围环境给予反应，心理活动仍然保持完整，属病理现象，多见于躁狂症。

**(2) 情感欣慰**

表现为异常轻松、诙谐、滑稽，讲话时眉飞色舞，取乐于人，这类人从外表上看与情感高涨者颇有类似之处。

**(3) 时常焦虑**

表现为惶然、不安，如大祸临头，坐立不安。难以专心工作，并常伴有心慌，出汗或躯体不适感。在这类人中，有的与青年时期心理发展中形成的性格缺陷有关，有的属于更年期忧郁症。

**（4）情感爆发**

表现为哭笑无常，叫喊吵骂，打人毁物，常伴有矫作、幼稚和戏剧性动作，多见于癔病。

**（5）恐怖性情感**

对某种境遇所产生的特殊畏惧和恐慌，常见的有死亡恐怖、广场恐怖、触物恐怖、对人恐怖等。多见于强迫性神经官能症和精神分裂症早期。

**（6）病理性激情**

表现为有短暂的情感爆发，自己难以控制，常伴有不同程度的意识障碍和暴虐行为。

**（7）易激怒**

表现为遇到轻微刺激即可引起强烈的情感反应，易怒，甚至怒不可遏。

**（8）情感淡漠**

表现为对外界的任何刺激都无动于衷，对悲、欢、离、合、爱、憎均漠然视之，如亲人亡故无任何表示。

**（9）情感低落**

表现为对任何事物都悲观失望、抑郁愁苦，与情绪高涨相反，常有寻思自杀或自我惩罚行为。

**（10）情感衰退**

表现为患者对周围环境发生的任何事物都没有情绪反应，丧失自己相应的态度和内心体验、呆滞、行动缓慢、生活不能自理。

**（11）情感脆弱**

表现为常为小事而伤感，严重时情感失禁，其情感活动的自制能力完全丧失。

**（12）情感倒错**

表现为情感反应与内心体验不一致，这是由于认识过程与情感过程的协调丧失而引起的脱节现象，如对亲人死亡不仅不悲哀，反而表现出喜悦的情感，多见于精神分裂症。

**（13）矛盾情绪。**

表现为对同一事物同时产生两种相反的感情，如既爱又恨，多见于精神分裂症。

(14) 表现倒错

表现为在不感到悲伤时而号啕痛哭，这是内心体验与表情动作之间不相协调的原因。多见于精神分裂症。

2. 治疗情感障碍的方法

情感障碍必然会导致一个人社会行为的异常，使他人无法接受，难以理解，甚至使人感到难堪厌烦，无法接近，就会导致难以处理好人际关系。我们该如何治疗自己的情感障碍呢?

(1) 忧郁性情感障碍治疗

对于急性忧郁期有所缓解的病例，要采用短程个别心理治疗，可有助于改进患者的应付技巧。夫妇治疗可有助于解决双方的矛盾冲突。长期的心理治疗似乎并不合适，除非有明显的人格障碍。

药物上可以用阿米替林、本甲替林、丙咪嗪等抗抑郁药。必要时辅以抗精神病药物。

(2) 躁狂性情感障碍治疗

躁狂性精神障碍往往是一种急诊情况，最好住院处理;而轻躁狂则可门诊治疗。可口服碳酸锂，有时需要同时肌注氟哌啶醇或并用其他抗精神病药物，直至躁狂症状得到控制为止。

(3) 混合性情感障碍治疗

对于躁狂抑郁症的混合状态，用抗精神病药与锂盐合并治疗，并停用抗精神病药物。

另外，中医治疗情感情障碍，也有很好的疗效。

一般性的情感障碍，可以经过自我心理保健来实现。现在让我来教你一些有用的自我心理保健方法吧!

1、**确定正确的人生观和世界观。**人生观和世界观的确定是防止心理异常的根本条件，正确的人生观和世界观可以保证你心理反应的适度。

2、**了解自我，接受自我。**不能正确认识自我往往是形成心理障碍的重要原因之一。要保持心理健康，不仅要了解自己的长处、兴趣、能力、性格，更要了解自己的不足和缺陷，并要正视它们。

3、**认识现实，正视逆境。**人生活在现实中，而客观现实又不以人的主观意志为转移，这就要求我们充分认识和了解现实，适应和改造现实。此外，身处逆境也是在所难免的，对此，我们应鼓起勇气，培养自己遇事不乱、应付自如的心理素质。

4、**建立良好的人际关系。**良好的人际关系既是心理健康的条件，又是心理健康的表现。良好人际关系的建立，不是靠逢迎谄媚，而是靠诚实友善，严于律己，乐于助人等高尚的品格。

5、**劳逸结合，科学用脑。**我们不仅要勤于用脑，而且要科学用脑，做到劳逸结合。所谓科学用脑是指让大脑的各种神经细胞依次轮替活动，使大脑的兴奋和抑制过程平衡协调。

6、**保持健康的情绪。**情绪是影响身心健康的重要因素，因此要使身心健康就要保持健康的情绪，学做情绪的主人，不做情绪的奴隶，要用理智的力量去抑制情绪的冲动。

## 第6节 意志障碍是一种心理疾病

意志障碍指人类在确定方向、执行决定、实现目标的过程中，阻碍着人生自我能力开发的各种非专注性、非持恒性、非自制性等不正常的意志心理状态，它是一种较严重的心理疾病。

### 1. 了解意志障碍的表现

意志是人类特有的，有意识、有目的、有计划地调节和支配自己的行动的心理现象。而意志障碍影响了我们意志的正常运转，意志障碍有哪些表现呢？

**（1）意志增强**

意志增强是指一般意志活动的增强。多见于躁狂症和偏执型精神分裂症以及偏执性精神病人。

**(2) 意志减退**

意志减退是指病人的意志活动减少。多见于抑郁症、精神分裂症、各种活性物质中毒性精神病患者。

**(3) 意志缺乏**

意志缺乏指病人对任何活动都缺乏明显的动机，没有什么确切的企图和要求，不关心事业，也不要求工作和学习，无积极性和主动性，不讲卫生，不洗澡，不理发，甚至吃饭也要他人督促。主要见于精神分裂症，也见于脑器质性精神病的痴呆状态。

**(4) 意向倒错**

意向倒错指病人的意向与一般常情相违背或为常人所不允许，以致病人的某些活动和行为使人难以理解和接受。如病人伤害自己的身体，吃一些人不能吃的东西，如肥皂、泥土、大便、草木等。多见于精神分裂症。

**(5) 矛盾意志**

矛盾意志指病人对同一事物同时产生对立的相互矛盾的意志活动。但病人对此毫无知觉，是精神分裂症的特征性症状。

**(6) 兴奋状态**

兴奋状态是精神科临床上很重要、很常见的一类症状，它是整个精神活动的增强。表现为思维联想加快，情感高涨，意志活动增强，行为紊乱等。兴奋状态分为躁狂性兴奋、青春性兴奋、紧张性兴奋、器质性兴奋。

**(7) 木僵状态**

木僵状态是运动抑制的表现。轻者言语、动作、行为迟缓，笨拙，重者缄默不语，不吃不喝，完全不动，能保持一个固定的、较不舒适的姿势长时间不动。根据引起木僵的原因，木僵状态分为心因性木僵、抑郁性木僵、紧张性木僵和器质性木僵。

**(8) 违拗症**

违拗症指病人对于他人的要求，不仅不作出任何反应，甚至加以抗拒，包括主动性违拗和被动性违拗。主动性违拗指做出与对方要求完全相反的动作，被动性违拗指对他人的要求一律拒绝，多见于精神分裂症。

**(9) 被动性服从**

被动性服从指病人被动地服从他人的命令和要求，甚至一些令病人不愉快的、违背病人意愿的命令和要求，使病人很不舒适的事和动作，病人也无条件地服从和执行。多见于精神分裂症。

（10）刻板动作

刻板动作指病人持续地、单调而重复地做某一个动作。有时与刻板言语同时出现。多见于精神分裂症。

（11）模仿动作

模仿动作指病人毫无目的、毫无意义地模仿周围人的动作。多见于精神分裂症。

（12）作态

作态指病人做些愚蠢而幼稚的动作和姿势，这并不离奇，但使人感到好像是病人装出来似的，如病人怪声怪气的与他人交谈等。

（13）怪异行为

怪异行为指病人的行为，离奇古怪，不可理解，常挤眉弄眼、装怪样、做鬼脸等动作。多见于精神分裂症。

（14）持续动作

当周围人向病人提出别的要求后，病人仍要重复做刚才所做的动作，并经常和持续言语同时出现。主要见于精神分裂症。

（15）强制性动作

强制性动作指病人做不符合自己意愿且又不受自己控制、支配而带有强制性性质的动作。对此，病人往往没有明显摆脱的愿望，同时也不感到明显的痛苦。多见于精神分裂症。

（16）强迫动作

强迫动作是一种违背病人本人意愿，反复出现的动作，病人能意识到没有必要做，努力摆脱，但又无法摆脱。多见于强迫症和精神分裂症，也可见于抑郁症。

### 2. 治疗意志障碍的方法

意志障碍是一种比较严重的心理疾病，要早发现，早治疗，这样才能让自己重新回到健康幸福的自我。我们该如何治疗自己的意志障碍心理呢？

（1）恢复意志对大脑的支配

精神失常的例子需要进行专门治疗。如果是白日梦、狂喜等，可以通过保持健康、充实生活、积极行动来治疗。而对于那些意志处于僵化停滞状态的人，只有规划好具体的日常生活，有意识地去实现每个计划才是唯一的治疗方案。

**（2）克服优柔寡断**

有的时候遇到需要作决定的紧急时刻，虽然知道自己的决策不是十全十美的，自己心中也存在种种疑虑，但是必须明白一点：决定是一定要作出的。

尤其需要记住的是，请别人帮助自己作决定不仅完全没有用处，往往还会使情形更糟。我们最好养成在紧急时刻凭借自己的勇气化险为夷的习惯。永远要直面现实的问题，培养果断的品格。

**（3）克服意志动摇**

要相信自己一定能做到，这种精神状态应该一直保持在自己的意识中，时时省察，把自己意志力的薄弱看做是培养坚定意志的首要敌人，要全力以赴地克服它。

**（4）避免三心二意**

在决定开始做一件事时要谨慎，但一旦决定，就要把自己选定的事业坚持下去，一直做到最后。当我们想放弃时，要努力把放弃当前事情的每一条理由，坚决地转变成把它坚持下去的理由。

**（5）学会坚持不懈**

一定要有意识地克服暂时的、间断性的厌倦感，随时保持警惕，要不厌其烦地耐心对待大脑目前的疲惫怠惰状态，积极激发自己的动力和兴趣，比如求助于一些转移注意力的活动，来缓减对工作的暂时厌烦。

你要尽可能地搜寻所有能够使你重新满怀热忱地投入工作的新动机，激励你的意志力重新发挥作用。这个治疗办法屡试不爽，但是并不能轻而易举地就能被人掌握。

**（6）避免意志突然爆发**

树立健康的个人主义观点，养成镇定自若的气度，培养自制力，尤其在一触即发的时候，把自己的感情发泄到其他的地方，回想以前的经验，令人记忆犹新的后果自然会阻止自己重蹈覆辙。

**（7）不要顽固不化**

我们要千方百计地寻找支持或反对的理由，寻找最宽宏大量的理由，更多地重视别人的意见，有意识地养成适当让步的习惯，克服自己的骄傲情绪，向真正的智慧和事实的真相低头认输。

**(8) 避免一意孤行**

我们要养成谦恭的习惯，经常回想过去的经验，一定要注意听取别人的劝告，深入地思考自己内心深处的信念，长期缓慢而细致入微地注意分析反对意见和反对的理由。

**(9) 避免刚愎自用**

我们一定要记住过去的经验，还要设想将来可能发生的事情，一定要研究已经发生过的严重后果并从中吸取教训，一定要强迫自己注意听取别人的意见，毫不隐瞒地坚持解剖自己的个性，并深入研究人类行为的一般准则。

心胸要开阔，在思想成型之前要经过多方验证。所有的事情一定要逐步考虑，如果只是异想天开的念头，要尽可能地把它置之脑后。一旦认定某件事情是错误的，就要毫不犹豫地放弃它。

另外，我们的头脑应该随时准备改变自己的观点，进入新的生活环境，使身体达到新的健康状态。要培养理智的想法，形成合理的行为习惯，不要迁就病态的虚荣心。

你的意志力究竟怎么样呢，现在让我们一起来做一个检测吧！

下列各题中，每题有5个答案，根据你的实际情况，选择一个最适合你的答案：

A 很符合自己的情况，　　B 比较符合自己的情况，

C 介于符合与不符合之间，　D 不大符合自己的情况，

E 很不符合自己的情况。

1. 我很喜爱长跑、远足、爬山等体育运动，但并不是因为我的身体条件适应这些项目，而是因为这些运动能够锻炼我的体质和毅力。
2. 我给自己订的计划，常常因为主观原因不能如期完成。
3. 如没有特殊原因，我每天都按时起床，从不睡懒觉。
4. 我的作息没有什么规律性，经常随自己的情绪和兴致而变化。
5. 我信奉“凡事不干则已，干则必成”的信条，并身体力行。

6. 我认为做事情不必太认真，做得成就做，做不成便罢。
7. 我做一件事情的积极性，主要取决于这件事情的重要性，即该不该做；而不在于对这件事情的兴趣，也不在于想不想做。
8. 有时我躺在床上，下决心第二天要干一件重要事情，但到第二天这种劲头又消失了。
9. 在学习和娱乐发生冲突的时候，即使这种娱乐很有吸引力，我也会马上决定去学习。
10. 我常因读一本引人入胜的小说或看一出精彩的电视节目而忘记时间。
11. 我下决心办成的事情（如练长跑），不论遇到什么困难（如腰酸腿疼），都会坚持下去。
12. 我在学习和工作中遇到了困难，首先想到的就是问问别人有什么办法。
13. 我能长时间做一件事情，即使它枯燥无味。
14. 我的兴趣多变，做事时常常是这山望见那山高。
15. 我决定做一件事时，常常说干就干，决不拖延或让它落空。
16. 我办事喜欢挑容易的先做，难做的能拖则拖，实在不能拖时，就赶时间做完，所以别人不大放心让我干难度大的工作。
17. 对于别人的意见，我从不盲从，总喜欢分析、鉴别一下。
18. 凡是比我能干的人，我都不大怀疑他们的看法。
19. 我喜欢遇事自己拿主意，当然也不排斥听取别人的建议。
20. 生活中遇到复杂情况时，我常常举棋不定，拿不定主意。
21. 我不怕做我从来没有做过的事情，也不怕一个人独立负责重要的工作，我认为这是对自己很好的锻炼。
22. 我生来胆怯，没有十二分把握的事情，我从来不敢去做。
23. 我和同事、朋友、家人相处时，很有克制能力，从不无缘无故发脾气。
24. 在和别人争吵时，我有时虽明知自己不对，却忍不住要说一些过头的话，甚至骂对方几句。
25. 我希望做一个坚强的、有毅力的人，因为我深信“有志者事竟成”。
26. 我相信机遇，很多事实证明，机遇的作用有时大大超过个人的努力。

现在开始统计你的得分：

单数题号：A记5分，B记4分，C记3分，D记2分，E记1分；

双数题号：A记1分，B记2分，C记3分，D记4分，E记5分。各题得分相加，统计总分。

总分111分以上：说明你意志力很坚强。

总分91至110分：说明你意志力比较坚强。

总分71至90分：说明你意志力一般。

总分51至70分：说明你意志力比较薄弱。

总分50分以下：说明你意志力很薄弱。

## 第7节 人格障碍是失常的心理特征

人格障碍是指人格特征显著偏离正常，使我们患者形成了特有的行为模式，对环境适应不良，常会影响其社会功能，甚至与社会发生冲突，给自己或社会造成恶果。

### 1. 了解人格障碍的表现

人格障碍的发病期至少要能追溯到成长期早期或更早，人格障碍会干扰到个人、社会、或职业的发展。

人格障碍都有哪些表现呢？

**（1）偏执型**

偏执型人格障碍以猜疑和偏执为主要特点，表现出普通性猜疑，不信任或者怀疑他人的忠诚，过分警惕与防卫。

强烈地意识到自己的重要性，有将周围发生的事件解释为阴谋、不符合现实的先占观念。

过分自负，认为自己正确，将挫折和失败归咎于他人；容易产生病理性嫉妒；对挫折和拒绝特别敏感，不能谅解别人，长期耿耿于怀，常与人发生争执或沉湎于诉讼，人际关系不良。

**（2）分裂型**

以观念，外貌和行为奇特，人际关系有明显缺陷和情感冷淡为主要特点。对喜事缺乏愉快感，对人冷淡，对生活缺乏热情和兴趣，孤独怪僻，缺少知音，我行我素，很少与人来往，因此也较少与人发生冲突。

**(3) 边缘型**

边缘型人格障碍又称爆发型或攻击型的人格障碍。以行为和情绪具有明显的冲动性为主要特点。

发作没有先兆，不考虑后果，不能自控，易与他人发生冲突。发作之后能认识到自己的不对，间歇期一般表现正常。

**(4) 强迫型**

以要求严格和完美为主要特点。希望遵循一种他所熟悉的常规，认为万无一失，无法适应新的变更。

缺乏想象，不会利用时机，做事过分谨慎与刻板，事先反复计划，事后反复检查，不厌其烦。犹豫不决，优柔寡断也是其特点之一。

**(5) 表演型**

以高度的自我中心、过分情感化和用夸张的言语和行为吸引注意为主要特点。其行为目的是吸引他人的同情和注意。

**(6) 悖德型**

又称反社会型人格障碍，以漠视他人权利和侵犯他人权利为主要特点。这种人感情冷淡，对人缺乏同情，漠不关心，缺乏正常的人间爱；易激怒，常发生冲动性行为。

即使给别人造成痛苦，也很少感到内疚，缺乏罪恶感；因此常发生不负责任的行为，甚至是违法乱纪的行为，虽屡受惩罚，也不易接受教训，屡教不改。临床表现的核心是缺乏自我控制能力。

**(7) 自恋型**

这种人自以为了不起，平时好出风头，喜欢别人的注意和称赞。好“拔尖”，只注意自己的权利而不愿尽自己的义务。

他们从不考虑别人的利益，要求旁人都得按照他们的意志去做，不择手段地占人家的便宜，而不考虑对自己的名声有何影响。

这种人缺乏同情心，理解不了别人的感情。

**(8) 回避型**

以社交抑制、情感不适当和对负面评价过分敏感为主要表现的一种人格障碍，其显著特征是社会退缩。

**（9）精神分裂型**

以脱离社会和在与人交往中表情明显受限为主要表现特征的人格障碍，患者通常很少有微笑、点头等肢体动作。

**（10）依赖型**

是一类以过分需要照顾有关的服从和依附行为为主要表现的人格障碍，其主要特征就是过度依赖他人，而构成这种自我淡化的原因是对遭遗弃的害怕。

**2. 治疗人格障碍的方法**

人格障碍者虽为数不多，但危害不小，其不仅危害自己，还殃及社会及他人。那么，人格障碍如何自我消除呢？

**（1）预防为主**

心理学研究认为，我们的人格障碍，一般在15岁以前就开始形成了，所以强调儿童的早期教育，对预防人格障碍的发生、发展至为重要。

**（2）心理治疗**

目前，备受推崇的是习惯养成法矫正人格障碍，具体方法是患者要做好生活记录，以改变自己的生活方式，使我们的粗暴行为的次数逐渐减少。

**（3）药物治疗**

如果我们是具有冲动、攻击行为及循环型人格障碍者，用碳酸锂治疗往往能收到较好效果。情绪不稳定者可给予小剂量的吩噻嗪类药物，如奋乃静或氯丙嗪。

爆发型人格障碍伴有脑电图改变者，可试用抗癫痫药物，如卡马西平。具有焦虑表现，并因此而妨碍与社会接触时，可口服安定。

**（4）精神外科治疗**

颞叶切除或立体定向手术可改善一些人格障碍的表现，但应严格掌握适应症。

实践证明，有计划、有系统的教育和锻炼，适当的劳动对具有人格障碍的人是有益的。提高素质和改善环境是预防人格障碍的主要措施，也是十分艰巨和长期的工作。

人格障碍一旦形成就不易矫正，故应贯彻预防原则，你知道我们应该树立怎样的人格吗？现在让我来告诉你吧！

1、具有积极健康的主体意识，能自我尊重，且有能力感。它表现为以积极的态度认识自我的存在并接受和尊重自己，对自己的能力和潜力有信心。

2、正确了解、认识、评估自己，并能自我承认和接受这种评价。也就是奉行自我认可的原则，不抬高、夸大自我，也不认为自己一无是处，而是实事求是的客观自我评价和自我定义。

3、具有较强的自主性、独立性、能动性和创造性。它要求我们成为自己的主人，能独立自主的认识处理事情，具有较强的创造动机和创造才能。

4、具有较强的开放性态度，能充分接受大量信息，又必须能把这些经验体会及各类信息在现实生活中灵活地加以利用。

5、具备较强的适应能力与应变能力。人是在不断地适应中完善成长的。适应现实就意味着你能跟上时代的节奏，与时代的各种因素相和谐，就意味着你可以完好的保持自己的角色并努力去实现自我。

6、具备较强的交际能力和人际关系。这些交际包括现实生活的亲身交际和有虚拟意味的网络交际。

7、在关注自我的同时，关注社会生活，自然和他人，有较强的爱心和同情心，对人类怀有一种很深的认同，同情和爱的感情。

8、不迷信自我，不迷信权威，有较强的判断能力和鉴别能力，能较理智的分析问题，不感情用事，能接受不同的观点，能接受科学、客观、正确的意见和建议。

9、探寻精神生活，不过分看重物质利益。

10、思路开阔，关注的空间地域，范围及点扩大，不局限于个人、集团、家国，而扩大到了整个社会生活，自然世界，把地球当做人类共同的家园加以关爱。

11、初步掌握成人所具备的较强的知识面和信息量，掌握有关的工作技能，并且有承担义务的责任心和对工作的献身精神。

12、面向未来，一往无前的态度，能有所侧重的看待过去、现在与未来。他们承继过去，看重现实，放眼未来。

当然，并不是这些人格特征我们都要具备，但可以此为目标不断的自我塑造，去努力和升华。

## 第8节 将轻生拒绝在心门之外

轻生又叫自杀，是指一个人内心失去生活的勇气，不重视和轻视生命的一种行为。当我们听说某人自杀的时候，心里往往会不由自主地问：“有什么大不了的事情，何苦寻短见呢？”的确，自杀轻生是一种极端的行为，是为大多数宗教和文化所不能容忍的罪行。但即便如此，我国依然每年有平均28.7万人自杀，平均每小时就有32人用各种方式结束自己的生命，是世界上自杀人数最多的国家。

那么，为什么许多人会有轻生的心理，轻生心理应该怎样克服呢？

### 1. 了解轻生心理的产生原因

贫穷、长期心情抑郁、看不到希望、孤立、没有人可以信任、没有任何其他的选择、缺乏自尊、无价值感等，这些内心的想法让我们一些人决定终止生命。

由于外在环境的突然变化或长期处于困境而看不到希望，使我们许多人通过自杀来停止痛苦，尽管这种做法在别人看来非常极端，但轻生者却往往认为是最好的选择。

通常我们认为自杀的人都有某种心理疾病，的确，精神分裂及临床抑郁症患者的自杀率确实要大于普通人，患有精神疾病的人更容易产生自杀的念头。

尽管如此，大多数有轻生思想的人并没有精神疾病，和普通人一样，只是在特定的时间遇到了让自己感到极端不愉快与绝望的事情，因此感到孤独，与世隔绝。

自杀者的想法和行为是来自于生存压力和重大损失，以至于认为自己再也没有力量去应付生命。

自杀冲动的产生在不同的人身上有不同的反应，有些人是因为财务的巨大损失，有些人是由于重要亲密关系的破裂，还有因为自尊的受损、失业、没有得到预期的入学通知、身体的损伤等。

由于每个人的心理健康程度，应付压力的能力不同，因此遇到相同的事情就会产生不同的心理反应。

一般来说，除了患有长期精神官能症、情绪抑郁而失去生存动力或罹患重病想放弃生命的人，还有许多因素可以导致产生自杀的想法。

**（1）遗传因素**

假如父母中有人有过自杀的想法，那子女会更容易产生自杀想法。如果家庭中有成员曾经自杀或者有过自杀行为，那么这个家庭成员比正常家庭自杀的几率要大2.5倍。有精神病史的家庭成员的自杀率也比没有精神病史的家庭大50%。

**（2）酗酒**

过度酒精依赖会使人的生活陷入困局，如离婚、失业、健康恶化，从而造成自尊心受损，加之酒精会引起冲动行为，会降低正常的自控力，从而造成自杀行为的产生。

**（3）吸食毒品**

吸食大麻、可卡因、脱氧麻黄碱、幻觉剂等毒品会引起自杀想法。初次吸食毒品会让人产生一种短暂的欢欣快乐的心理感受，但是长期吸食毒品，则会让吸食者在没有毒品刺激时陷入极端的消沉情绪中，而这种情绪则是造成自杀的最重要的原因。

**（4）过往自杀史**

曾经有过自杀冲动或者有过自杀行为的人，会在未来更容易产生自杀的想法。

**（5）睡眠障碍**

睡眠障碍会影响我们的认知能力的正常运作，长此以往会导致抑郁症、精神低落，进而引起自杀想法。

**（6）药物副作用**

一些药物副作用也会引起我们自杀，如甲氟喹、帕罗西汀就会引起患者的自杀冲动。药物副作用引起自杀行为在我们青少年中会更严重。

**（7）精神崩溃**

如果让一位高中时的高材生承认自己在高手如云的大学中只是默默无闻的一分子，那多少有些残酷，因此，我们每年所听到的名校学生自杀事例就不奇怪了。当然，这也和其本人的性格有关。

(8) 光照因素

明亮的阳光会影响我们的自杀行为，在夏天与春天光照强烈的季节自杀人数要远远多于冬天，北极圈的国家，夏季自杀人数占到总人数的80%以上。这是由于强烈的阳光会改变我们脑内血清素值，血清素的不平衡引起了自杀冲动。

引起自杀的因素有很多，但最关键的还是心理自我保护机能欠缺。自卑、抑郁、执著于童年时所受的伤害以及自我评价的失衡，长期累积都会造成自杀冲动。

2. 去除轻生心理的方法

轻生心理是一种非常消极的情绪，对各个年龄段的人都有很大的危害性。我们一定要克服轻生心理，始终保持一个健康向上的心态，顺利走完我们人生的历程。

(1) 正确的人生观

人为万物之灵，这是因为人具有思维能力，即人所独有的极其复杂、丰富的主观内心世界，而它的核心就是人生观。如果有了正确的人生观和世界观，我们就能对社会、对人生、对世界上的万事万物持正确的认识，能采取适当的态度和行为反应，就能使人站得高，看得远，做到冷静而稳妥地处理各种问题。

(2) 保持乐观心态

乐观是心胸豁达的表现，乐观是生理健康的前提，乐观是人际交往的基础，乐观是生活快乐的保证。

虽然我们可能已经进入老年，事业很难再有突破；虽然我们可能疾病缠身，每日忍受疾病痛苦；虽然我们可能终日处于孤独、无助状态，但是，只要我们愿意，我们都可以保持乐观。乐观将使我们看到人生的幸福和希望，从而不会再有轻生念头。

(3) 学会调控情绪

我们要学会自我调控情绪，排除不良情绪，让自己在愉快的环境中度过每一天。

积极向上的情绪状态，能使人心情开朗，轻松稳定，精力充沛，对生活充满热情与信心。因此生活中应避免不良情绪的发展，在生活中遇到不好的事，我们要换个方法变个方式思考，我们将大有收获。

遇到不愉快的事情，应及时向朋友、亲人倾诉，以疏散郁闷情绪。自我放松，多参加休闲运动。积极参加集体活动，搞好人际关系，你会发觉你的每一天都是快乐的。

**(4) 不嫌弃自己**

不会嫌弃自己的人，对别人的褒贬、好恶也就比较淡然，而自我嫌弃心理特别重的人，对他人也就非憎必爱了。

在人际关系中如果大家都自我嫌弃，关系一定搞不好，如果对自己的性格急躁不以为然，能够自我宽容，那么我们对同样是性格急躁的朋友也就能够宽容了。

在宽容的人际关系中，我们就会觉得人生很美好，也就不会产生轻生心理。

**(5) 不自寻烦恼**

有很多烦恼其实是我们自己寻出来的，俗话说："自作自受"，不要为一点小事而大动肝火。

凡事都有两重性，既有好的一面，又有坏的一面，因祸得福、乐极生悲这是我们生活中常见的事。因此我们对一些生活琐事不要过分认真，有时我们一个人躲在角落里生闷气，家里人莫明其妙，不知你的气因何而起更不知道从何种角度开导你。

**(6) 避开不良环境**

我们常常会遇到一些不愉快的场景，并在心里留下了一些阴影。既然这些环境会影响我们的心情，我们可以尽量回避。对世俗复杂的环境能避开的就避开，不要轻信别人的胡言乱语，这对我们的心理有很大的帮助。

**(7) 培养多种兴趣**

我们许多人可能时间比较充裕，如果没有一些感兴趣的事情可以做，就会产生孤独感。因此，我们应该注意在日常生活中培养一些个人兴趣爱好，如种花、喂鱼、养鸟、下棋、绘画、集邮等，在积极参与各种活动中消除孤独心理。

**(8) 注意广交朋友**

多交朋友可以让我们摆脱孤独心理，还可以让我们从那些有积极心态的朋友身上得到积极影响，恢复快乐和信心。

**(9) 活到老学到老**

我们应该多寻找一些合适的机会，不断补充新的知识，让自己永远与这个时代保持同步。这样在体现自身价值的过程中，就能感受到生活的幸福，从而可以保持身心健康。

**(10)一定学会倾诉**

如果有烦恼要经常跟别人讲，跟别人倾诉，不要老是憋在心里面，要改变一下自己的思维方式。

**(11)及时就医治疗**

如果精神方面有疾病，像抑郁症、精神分裂症，不要讳疾忌医，要及时向专业的机构寻求比较专业的辅导。

人生不可能总是一帆风顺。遇到小挫折，我们要积极面对，寻求帮助。换句话说，既然死都不怕了，我们何不勇敢地活下去呢？

你怀疑自己有轻生心理吗？不要紧张，其实这种心理有很多人莫名其妙地出现过，只要适时地调整，很快就会消失。如果不放心，自己在闲暇之时动动笔，就会清楚地掌握自杀心理指数了。仔细回忆一下，近3个月以来，是否经常出现下列情况。

1、遇到坎坷以后，想到过一死了之了吗？

2、亲人离别，感到生活没有意思，产生过强烈的不如死了算了的念头吗？

3、受了批评以后，觉得委屈，想以死来解脱吗？

4、被人误解，心情压抑，感到活着太累吗？

5、与人发生矛盾，觉得被歧视、侮辱，因而悲观厌世了吗？

6、亲人遭到不幸，觉得活着太累了吗？

7、自己遭到重大打击，没有勇气面对现实了吗？

8、事业不顺利，不愿意再硬挺着，想以死解脱吗？

上述问题，建议你在自然的状态下，真实地填写出来。根据填写的结果，可以自测自杀心理指数。

如果有一个以上回答“是”的话，就说明你有了自杀心理，应该引起高度的重视。实践证明，有了自杀心理并不可怕，要通过有意识的调理，不断提高自己的心理素质，使自己变得开朗、坚韧、顽强起来。

## 第9节 善于将痛苦转化为幸福

人生不如意者十之八九，不如意那就免不了痛苦。另外那十之一二呢？就是如意了，也就是幸福了。

可见，我们人生的历程就是在痛苦和幸福的交织与转换中度过的，至于谁一生的痛苦多而幸福少，谁一生的幸福多而痛苦少，那就不仅要看各自出生后的境遇，更要看各自处世的态度和思维取向了。不管人生有什么样的痛苦，只要你愿意，你就可以超越它，并能够将痛苦转化为欢乐。

### 1. 辩证的看待痛苦与幸福

痛苦是幸福的代价，痛苦是通往幸福之门。当希望变为现实的时候，幸福就趋于零，并向痛苦转化。

痛苦与幸福来自同一源泉。我们的客观条件不管有多好，当我们与那些条件更好的人相比时，就会产生痛苦。我们的客观条件不管多么坏，当我们与那些条件更坏的人比较时，我们也会有感到幸福的时候。

我们即使不与他人比较，也可以自己与自己比。现在比过去好，我们就会感到幸福，过去比现在好，我们可能就会感到痛苦。

在追求希望的过程中，现实的痛苦浸泡在期望的幸福之中。假若没有希望，现实就是可怕的。

幸福缩短感觉上的寿命，痛苦则延长了它。上帝最公平，感觉幸福者，主观感觉上的寿命就会缩短，即所谓度年如日。感觉痛苦者，主观寿命则延长，即所谓的度日如年。

高远的目标增加希望的长度和追求的过程，因此现实的痛苦能更长久地被期望的幸福所伴随。

真实的幸福是痛苦与痛苦之间的间隙。过去的痛苦在现在的回忆中会成为幸福，未来的痛苦在现在的希望中也会成为幸福。所以现在感觉痛苦，未来就是幸福。所以人们用回忆补偿过去，用希望充实未来。

幸福守恒，不分何人。幸福深者，痛苦也深，幸福浅者，痛苦也浅。

追求者痛苦得强烈，幸福得也强烈。不追求者痛苦得浅淡，幸福得也浅淡。不虑不渴不求者，获得静态的零感受。

无限的欲望被人生之目标分割成有限的欲望。在有限的目标欲望满足之前的每一瞬间，都是产生痛苦的不满和产生幸福的不满的减少的。因此痛苦和幸福在每一瞬间都相互转化交替。

当目标欲望满足之时，我们的感觉就恢复到了零状态，一个新的目标欲望随即产生。我们的人生是不断达到零感觉和从零感觉出发的过程，所以有的人干脆不出发。

一个同量的主观幸福感或痛苦感，随着感觉上的敏感度的降低，必须用越来越多的物质量去刺激效用递减。穷人用一分钱买到的感觉，富人或许要用一千元才能买到。

穷人用弱化欲望平衡幸福与痛苦，富人用增加刺激平衡幸福与痛苦。贫者苦者用降低或改变主观标准来减少痛苦和增加幸福。故有以贫以苦为乐之说。

**2. 消除人生痛苦的方法**

在我们的一生中，痛苦烦恼几乎伴随着生命的全部过程，为了排遣无端的悲绪和寂寞，有人抽烟，有人酗酒，有人寻找刺激，这些都是用错误的方式填补内心的空白。要使自己快乐无忧，我们该采取什么样的好方法呢?

**（1）控制情绪**

每天在同一时刻想使你忧虑的事，这虽然很困难，但一旦你渐渐地能控制住忧虑的情绪，它们就不会突然涌上心头。

**（2）动手做事**

可以解决的事情，就马上动手努力想办法去做，化痛苦为力量，即使事情不能完全好转，但可以部分控制，也可快乐。

**（3）分散精力**

用各种方法分散精力，例如：找人聊天，听音乐，看电影，看小说，吃东西、自我安慰等。

**(4)要多读书**

多读书会使你痛苦、空虚的心灵充实起来，使我们从狭小的天地驶向广阔无垠的知识海洋。

**(5)要广交友**

好的朋友总是相互帮助，相互勉励，在你遇到挫折、痛苦时开导你，在你情绪低落时激励你，在你春风得意时提醒你，在你空虚时拜访陪伴你。

**(6)要立志向**

心灵空虚的人，往往因为没有追求而进入生不如死的状态。而有理想、有志向的人，就会非常珍惜生活的分分秒秒，忘记生活中的痛苦、烦恼。

**(7)要多工作**

把注意力转移到具体工作上，而不沉溺在痛苦的世界里。

**(8)要多运动**

运动可以锻炼人的毅力，化解痛苦，而且还能强身健体，何乐而不为呢？

总之，痛苦和快乐都是自己找的。与其每天想着痛苦的事情不如去想一些快乐、开心的事情。一件事情有好有坏，我们如果总是想着它的消极方面，那我们能不痛苦吗？遇到事情不要盲目地去痛苦、去难过，而要乐观的对待它。

### 3. 感受幸福的技巧

在努力克服痛苦心理的同时，我们还要学会感受幸福。让自己感受幸福的方式很多，只要用心我们一定会变成一个幸福的人。我们该如何体验幸福呢？

**(1)学会感激**

要知道，没有一个人是天生要为你服务的，也没有一个人是欠你什么的，所有你得到的都是你值得感恩的东西，记录别人给我们的点点滴滴的恩惠，保持感恩之心，最大的获益人是你自己。

我们可以做一个幸福日记，入睡前写下 5 件让你最快乐、最值得感激的事情，事情不论大小，如下班回家闻到了诱人的饭菜香，你觉得开心、幸福吗？和好朋友谈了一次话，喝了一次茶，是不是也很幸福啊？出门的时候，孩子给你的一个拥抱；父母做你喜欢吃的饭菜，等你下班来吃；你的客户对你的服务很满意等。

心被这些幸福和快乐充满的时候，你就会处在一个正面的情绪中。当越来越多的正面情绪替代掉负面情绪时，你就会走入到感情账户的正面去了，处于收入大于支出的状态。当然如果每个月有两次去对帮助过自己的人表达感激的话，幸福感也会大大提升。

**（2）快乐原则**

选择做对你有意义并且让你快乐的事。不要只是为了轻松而选择，而是要选择那些快乐的、有意义的事情。不要选择别人认为你该做的事情，而是要真正找到你自己内心认为该做的、非做不可的事情。

**（3）学会失败**

我们要知道，成功没有捷径可以走，成功的道路上充满挑战，同时也充满失败和挫折。那么我们能不能在通往成功的路上获得幸福呢？能。我们要清楚，努力奋斗不仅是成功的一部分，也是幸福的一部分。

历史上那些有成就的人都敢于行动，像爱迪生发明灯泡就是经过多少次失败最后才成功的。每一次他都对自己说:“太好了,我又知道了这个材料不能做灯丝。”爱迪生正是以这样的一种方法，让自己在失败的同时，也获得了幸福，并最终赢得了成功。

**（4）接受自己**

要学会接受自己的全部，包括缺点。当然我们不是在纵容自己的缺点，而是要明白，接受自己的一切，才会真正感受到幸福的人生，也才能看到一个更真实全面的自己。

**（5）规律锻炼**

锻炼是我们生活中最重要的事情，每周只要3次，每次只要30分钟，就可以大大地改善我们的身心健康，让我们体会到人生的惬意和美好。

**（6）多献爱心**

可能我们钱包里的钱不是特别多，但这不意味着我们没法帮别人。比如坐在公交车里，把座位让给一位老爷爷坐，既不需要你的钱，又不花你的时间，还能体验到人生的幸福，何乐而不为呢?

**（7）勇敢无畏**

勇敢不是不害怕，而是虽然害怕但仍然向前，明知山有虎，偏向虎山行，这才是勇敢。勇敢的人也有恐惧的一面，但是我们要接受这种恐惧，继续向前进，只有这样，我们的人生才是幸福的，才是不断进步的！

生活中的幸福是点点滴滴的，关键是我们要提高自己的感受力。现在我来教你一些实用的技巧，相信你一定会变得更加幸福、快乐！

1、快乐记事簿

养成每天写日记的习惯，记下每天的快乐心情，使你快乐的人物和地点，心血来潮时就拿出来重温快乐时光，留住生活中美好的时光，千万不要将不愉快的情绪留到明天。

2、到超市购物

试试每逢星期天，就到超市大肆采购一番，将冰箱装得满满的，以富足、快乐的心情，迎接每个星期的第一天。

3、计划打扮

星期天安排好下个星期的服饰搭配，如此就不需要每天一早起床，为当天要穿哪件衣服而伤脑筋，省下来的时间就可以不慌不忙地享用美味的早餐或花些时间做运动了。

4、善用数字感

习惯数字带给你的兴奋，利用数字带来的推动力让自己慢慢进步，就算今天比昨天只多做了一两下仰卧起坐，也能带给你小小的快乐及成就感，毕竟一想到今天的我将会比昨天更接近健康的目标，那种快乐是无法形容的。

5、找寻最新资讯

每日利用一小时的时间，打开电脑浏览自己喜欢的网站，在你吸取无边的知识之余，又可享受比别人早一步发现新知的乐趣。

6、日行一善

不论是扶老婆婆过马路，在公司里帮同事们一点点小忙，或是在办公室制造欢乐气氛，都算是好事，这会使你一整天都拥有一个快乐的好心情。

7、善于利用时间

试着不要在固定时间守在电视机前，不妨将你喜欢的节目预录下来，有空的时候再播出来看，享受那赶走广告的驾驭感，感受有效率、善用时间的乐趣。

8、不同主题的日子

依照你喜欢的方式，为自己精心计划一星期的特定日子，譬如打球日、逛街日、约会日、睡觉日、学习日、野餐日，积极快乐地享受每一天。

9、在家寻宝

你一定有过有时发现家中某种东西不翼而飞，但日子久了也就不了了之，然后无意间在一次的打扫中它突然出现在你眼前的经历，那种在家寻宝失而复得的心情真的很开心。而且定期清理旧东西，让家里窗明几净，空气流通，也有除旧迎新、增加能量的功效。有时也会有意外的收获。

10、梦想剪贴图

将你的理想、目标视觉化，以图片的方式，剪贴在大卡片纸上，有空就拿出来欣赏，图片看多了，可以刺激我们努力地去达成某个目标，让你早日享受梦想成真的满足感。

11、偶尔节制一下

你一定很怀念小时候等待过年的兴奋心情，因为只有在过年时才有足够的压岁钱，可以买心中很想拥有的东西。长大后的我们可以随时买到自己需要的东西，也忘了什么叫得来不易，不妨训练自己在发薪水的那个星期才购物，感受一下节日的乐趣，找回那份童年的回忆。

12、早起的乐趣

找一天一大清早起床，感觉一下众人皆睡我独醒的优越感，早睡早起，头脑清醒精神爽，心情自然也会快乐舒畅。试着培养早起一小时的好习惯，你不但会多了宝贵的宁静时间及充裕的精力，你也一定会爱上那早晨恬静、清新的感受。

13、储蓄乐

买个漂亮的小猪钱箱放在你的办公室桌上，作为你旅游、买大衣或做善事的基金，每天喂它一次，这会带给你细水长流的快乐。

14、养只小宠物

为自己买个小盆栽花或养个小动物，它会使你心情愉快，而在你的悉心照顾下，看着它一天一天的长大，你一定会体会到经过付出而获得收获的快乐。

15、保持愉快的心境

让自己随时都保持在最佳状态，眼看着自己一天比一天迷人，怎能不叫你心花怒放?

16、享受天伦乐

家人永远是你最重要的精神支柱，好好珍惜及培养和他们的关系，定期为自己安排喜欢的家庭活动，有了家人亲切的支持，做起事来必定会更加起劲。不跟父母同住的朋友们，平日虽然不能常抽空见他们，下班后可别忘了打个电话问候他们。

17、享受音乐

辛苦工作后，利用短暂的休息时间，听听自己喜欢的音乐，好好地奖赏自己一番，陶醉在优美的音乐旋律中，就算是只有短短的10分钟时间，也能帮你松弛疲劳，带来不可思议的美妙感受。

18、休假的艺术

在不用上班的日子里，你也可以过得既浪漫又有效率，如果不想让假日空白，平时就应该做好休假的规划，利用周末的时间，做你平日想做又一直没有时间做的事，让自己过一个有价值又充实的周末。

19、想象快乐

我们人类的潜能是非常奇妙的，好好运用我们的意志力，乐观进取地想着经过努力后所带来的成功的美好情景，让自己经常有着正面的思想，你会在不知不觉中接近成功。

20、爱情的魔力

经常跟爱侣分享生活上的喜悦、生活中的点点滴滴，在对方沮丧或不开心时给予适当的慰藉与关怀，不但能使彼此之间的爱情更加滋润，更可激励我们不断向上。

21、不要忘记快乐

乐观的人容易遇上有趣的事，如果你常常不开心，可能你已忘了快乐的节奏感。只要你常到使你快乐的地方，再花点心思，留意周围的事物，你就不难发现一些令人开心的事物，其实快乐是无处不在的，只是一直被我们忽略了！

22、自我增值

定期体验一下不同领域带来的学习乐趣和成就感，只要忙得充实而有意义，你的每一种兴趣都会带给你不同程度的成就感。

第三章

# 家庭亲情的心理呵护

亲情是指我们家庭或家族中有血缘关系的亲人之间那种特殊感情。无论贫穷或富有，无论健康或疾病，甚至无论善恶，亲人之间都会倾情相爱，如父子情、父女情，母子情、母女情，兄弟姐妹的手足情，祖孙情等，都是亲情。

亲情是一种潜藏在内心深处的力量，无论相隔得有多么遥远，都会有一种挂念存在心底；亲情是一个永不褪色的旋律，无论什么时候相遇，都会有一种感动萦绕心头；亲情是一坛陈年老酒，甜美醇香，无论与谁提起，都会有一种幸福感驻足心间；亲情是航行中的一道港湾，当我们一次次触礁时，缓缓驶入，这里没有狂风大浪，我们可以在此稍作停留，修补创伤，准备供给，再次高高扬帆。

在任何家庭中，美好的亲情都需要彼此精心呵护，懂得相互宽容与理解。

## 第1节 父母是生命中恩重如山的人

在生命中给予我们最多爱的是父母，给予我们最多关心的也是父母，给予我们生命的更是父母，所以我们可以毫不为过的说，父母是生命中对我们恩重如山的人。

中国人自古以来就把五伦作为处理人与人之间关系的行为准则，而父母与子女的关系称为天伦，列为五伦之首。因为父母与子女血脉相连，他们之间的亲情无法替代。

### 1. 认识无法替代的父母亲情

我们自从出生起，就牵挂着父母的心，从此父母所做的一切都是无怨无悔的奉献，莫不与我们的幸福与平安有关，这种无私的大爱一直会延续到他们生命的最后一刻。

不管时代如何变迁、制度如何变化，人性都不可逆转，我们与父母之间的亲情不可废止。

不可否认，在法律面前的确是人人平等。但再完备的法律也难以代替人性和人道，也代替不了亲情，更代替不了教育所必须遵循的内在规律。

想想我们自己出世以来，哪样事不是父母竭尽全力，心血耗尽。从小到大，父母为我们所付出的一切是无法用数字计算的。这种无私无畏、无怨无悔的付出，世间也只有父母才能做到。试问哪个朋友敢跟父母比，又有哪个朋友能做到这个程度？对于恩德无量的父母，用一个朋友的称谓是难以概括的。

世间没有什么能比父母与子女的亲情关系更加珍贵。我们只有感恩戴德，恭敬孝顺，才有可能回报父母。不然，当父母突然有一天离我们而去时，我们也只有背着沉重的良心债度日了。

我国的法律规定父母有抚育子女的责任，子女也有赡养父母的义务。西方许多国家的法律，没有子女必须供养父母这一条。社会学家们认为，中国家庭是双向抚养模式，西方家庭是单向抚养模式。西方家庭的单向接力模式，有人把它比喻为“孩子的天堂、老人的坟墓”。所以也不见得他们的办法就比我们高明。

人人都是父母所生，人人都有老的那一天。“百善孝为先”，“羊有跪乳之恩，鸦有反哺之义”,这是古训,更是警示。一个美好的社会,首先是一个有秩序的社会。乱了法度，就乱了规矩，最终也就乱了自己。

我国是文明古国，有博大精深的文化底蕴，这是我们战胜一切困难，走在世界前列的法宝。我们对自己应该有足够的信心，遵从圣贤的教导，创建和谐社会，忠孝仁义、长幼有序就是和谐的保障。

### 2. 加深同父母的亲情关系

虽然父母与子女有着天然血缘关系，但是在现实生活中，由于各种原因，很多人不能正确处理与父母的正常关系。我们平时应该怎么做，才能让自己与父母的亲情更好呢?

**（1）主动沟通**

每天找一点时间，比如饭前或饭后和爸爸妈妈主动谈谈自己的工作、学习、同事和朋友，以及高兴的事或不高兴的事，与家人一起分享你的喜怒哀乐，让父母了解你的内心想法。

**（2）换位思考**

不要动不动就和父母顶嘴，多站在父母的角度思考，体谅父母的心情和难处。

**（3）尊重理解**

有事外出，应主动与父母联系，免得父母担心，要多听听父母的观点，同时也要提出自己的观点。当观点发生分歧时，双方要冷静思考产生分歧的原因及解决的对策。以达到求同存异的沟通结果。

**（4）多些宽容**

遇事不必斤斤计较，因为父母是最爱我们的人，也是我们最爱的人。

**（5）有错就改**

不隐瞒自己的错误，要让父母帮助我们改正错误，父母是我们最好的朋友。

**（6）创造机会**

每周至少跟爸妈一起做一件事，比如做饭、田里劳动、打球、逛街、看电视。边做事情边交流。

**(7) 认真倾听**

当被父母批评或责骂时，不要着急反驳，试着平心静气地先听完父母的想法，说不定通过沟通后你会了解父母大发雷霆背后的理由。

**(8) 主动道歉**

如果你做得不对，不要逃避，不要沉默不理，主动道歉，往往会得到父母的理解。

**(9) 善于体谅**

可能错不在你，你有很大的委屈，但是先不去争辩。也许父母过于劳累或工作生活中遇到了麻烦。换个时间和地点，再与父母沟通，会有意想不到的效果。

**(10) 控制情绪**

与父母沟通不良时，不要随意发脾气、顶嘴，避免不小心说出或做出伤害父母的事。想要动怒时，可以深呼吸、离开一会，或用凉水先洗把脸。

**(11) 主动帮助**

在做好自己事情的同时，主动分担家庭的一些责任，比如洗碗、倒垃圾、擦窗、干些农活等。趁机还可以跟老爸老妈聊聊天，让他们开心。

**(12) 讨论问题**

学会遇事多与父母讨论，并就如何行动达成协议。例如父母会担心子女沉迷计算机而荒废学业，如果能把玩计算机的时间和学业的平衡作出讨论和达成协议，问题和分歧便能解决了。

**(13) 取长补短**

毕竟父母由于生活经验和社会阅历比较丰富，对于问题的看法比较全面冷静，处事比较谨慎，生活风格务实。所以青少年应善于发现父母的长处，并在自己身上逐渐培养、形成这些优良品质。

如此一来，你不仅能和父母和睦相处，获得有价值的教益，而且也会让他们比较理解你的想法，进而能听取和重视你的意见，尊重你的人格，恢复你的自由。

你在家里是不是遇到过父母吵架的情况？作为儿女你是不是很头疼？两边都是亲人，帮哪边都不合适。现在让我来教你一些正确处理的方法吧！

1、如果父母的情绪比较激烈，你可以劝劝情绪比较激烈的一方，让他或者她少说几句，让他们看在你的份儿上少一点争吵。

同时如果你知道哪边是错的话，你可以跟他或者她讲讲道理，然后给他们调节一下，做做中间润滑剂，你千万不能发脾气，因为你毕竟是小辈，更不能帮一方严厉地说另一方，其实父母吵架有时候也很正常的，谁家都有的事情，你也不要太烦心。

2、如果他们并不是经常这样的话，就证明在感情上应该是没有问题的，作为你来说，还是保持沉默比较好，过上两天，一定就没事了。

3、如果他们的冷战一直没有消除的话，那么，作为父母感情纽带的你，这时候可以发挥一下重要作用，从侧面打听一下他们吵架的原因，再根据实际情况从中做一些调节。

4、当他们吵架时，你就大声说：不要吵了，你们总是这样吵，你们不烦，我都很烦了！你们有没有想过我的感受，为什么就不能平心静气的说？我要的是一个温馨和谐的家庭，难道这样的要求你们也做不到？或者直接摔门而出，这样他们会明白你不喜欢他们吵架，明白还有你的存在，这是非常有效的方法，但并不是最好的办法。

5、其实沉默是我最推荐的方法。因为你不论为谁说话都是火上浇油，因为他们都以为自己正确，你只要一说话，两人本来势均力敌，由于你的加入，天平必然倾斜，那另一方必定感觉更委屈，就更加没完。所以，你在一边看着，只要父母不动手，随他们吵，累了，也就没事了。

6、你必须明白，做孩子的，要掌握孩子应该做的界线。父母吵架是父母的事情，上一代人的事情由他们自行解决！当然他们吵架我们心里都不好受，可是没有办法，千万别把父母吵架的原因归咎到自己身上，这样你会背负一生的压力，这些东西本来是不属于我们的。只需要告诉他们我们的感受，就可以了。如果再吵架，你可以走开。

7、父母单独一方和你说对方什么，都要婉言的谢绝！不要站在父母中间，做父母之间战争的法官，这样会适得其反。

## 第2节 和睦的家庭才能享受温馨

家庭是指由一定范围内的亲属所构成的社会生活单位。每一个人都离不开平凡的家庭生活。正如衣食住行一样，家庭生活是一个人一生中不可缺少的，是每个人生活最重要的组成部分。

家庭，是我们人类接触的第一个团体，也是最温馨的、充满爱的地方，同时还是我们人生的第一课堂，父母就是老师。在这温馨和睦的家庭里，我们可以过着无忧无虑的生活。相反，家里气氛不好，我们的生活也必然会受到不良影响。

### 1. 和睦的家庭是亲情的根本

家庭是人类社会的最主要组成部分，也是对人类社会产生重要影响的个体单位。家庭具有特殊的意义和地位，家庭是应人的需求而出现的。人根据其本能的特征，需要同类的关怀和爱护，而家庭就是为满足人的这一天性需求，而建立的一个集体。

作为对社会最有影响的单位，家庭在解决困惑人类社会的一些问题时，起着举足轻重的作用。家庭在建立精神安宁，巩固文化和社会关系，以及对后代的成长中，产生着重要影响。

此外，家庭作为社会的主要成员，良好的家庭关系和家庭教育可以保护青年免遭社会的不良现象的腐蚀。

中国人有热爱家庭的传统。但是，让我们无法安坐的是：随着现代社会的发展，家庭危机随之出现，一些宁静的港湾已成为一触即发的火药库，缺少爱、不会爱、亲情的冷漠正在侵蚀众多家庭，这需要引起我们的高度重视。

当然，完全没有分歧的家庭是不存在的。如果一个家庭的生活从总的来说是幸福的和令人满意的话，那么这也是以某个模式为基础而言的。

心理学家普遍认为，乐观的夫妻是最成功的夫妻。即使有时出现困难，他们也会始终坚信："我们会重新好起来的。"

好家庭的另外一个标准是：在和睦的家庭里，夫妻都致力于对对方的观点表示理解。每个人都应该对分歧进行思考，然后对问题加以讨论。

任何一个人都不可能单独解决所有问题。家庭成员之间互相交流看法是美满家庭的基础。做子女的应该多尊重父母，多关心父母，用更多的时间去陪伴父母。百善孝为先，为人子者，还是应该多尽一下孝心。

父母应该意识到自己的榜样作用。孩子四分之三的举止受母亲和父亲的影响，例如孩子走路、吃饭、说话的方式。孩子好的或不良的习惯主要是从父母那里学来的。

因此，一个在家庭里受到爱抚的孩子长大后也懂得爱别人。总之，家庭成员间要互敬、互爱、互尊、互信、互勉、互励、互迁、互谅、宽容大度。

人们已经意识到现代家庭问题的重要，人们在思考、在行动、在呼吁，经过这些年的努力，在学习有关爱家庭的理念、解决家庭问题经验、志愿者精神、建造家庭、关爱家庭等方面已经结出了硕果，有众多家庭从中受益匪浅。

我们发现，现代社会家庭站在一个重要的时空交叉点上，家庭需要学习爱、实践爱，学会爱的智慧，守护你我的家，这是我们的使命。

爱需要日日生长，不断更新。爱的智慧需要不断学习，终生学习。让用充满智慧的爱装备的家，成为爱的有机体，这就是我们的目标。让我们现在就行动起来！

**2. 建立和睦家庭的方法**

我们的传统文化非常重视"和谐"，俗话说"家和万事兴"。然而求得家庭的祥和真不是一件易事，我们平时该如何才能让自己的家庭更加和睦呢？

**（1）自我克制**

任何家庭和睦的最关键的因素与其说是一种时间、精力和感情的投入，不如说是一种自我克制精神的形成。每个家庭成员都要努力使自己的家庭成员富裕和幸福，并且悉心将家庭维持下去。为了保持家庭的和睦，自我克制和对配偶忠诚非常重要。

**（2）共度时光**

当 1500 名儿童被问及"你们认为怎样创造一个幸福的家庭"时，他们没有列举金钱、汽车或好房子，他们的回答是："在一起做些事。"和睦家庭的成员都同意这个观点，喜欢花很多时间在一起工作和娱乐。"你做什么并不重要"，他们认为，“关键是要在一起共度美好的时光”。

**（3）互相欣赏**

渴望被人欣赏是人类最基本的心理需求之一，有的夫妇正是用互相欣赏的做法改变了他们的生活。“我们在婚姻上过早地陷入了一种困境”，这位妻子认为，部分的原因是由于目睹了不少夫妇常互相刻薄地挖苦对方，特别是还当着别人的面。我们也不知不觉地染上了这种恶习。不知不觉地伤害了夫妻感情。现在让我们自己多看自己已有的东西，而少看我们缺少的东西。

**（4）相互沟通**

相互沟通是维系家庭幸福的一个关键要素。有什么话不要憋在肚子里，多同家里人交流，也让家里人多了解自己，这样可以避免许多无谓的误会和矛盾。

**（5）注重修养**

注重自身的修养也是维持家庭和睦的重要因素。它能使我们得到别人的爱和同情心。和睦家庭的重点是在日常生活中注意塑造自己丰富的精神世界。

**（6）战胜危机**

和睦的家庭并非没有遇到难题，但只要我们有能力去迎接生活中必然会出现的挑战，就能实现家庭和睦的梦想。

**（7）胸怀开阔**

俗话说：“退一步海阔天空。”道理我们都懂，但是真正摊上事儿了，每个人都会有自己的小心眼，都想发泄自己的不满，于是结局便不可开交。但是我们在话脱口而出的那一刹那，应当刹刹车，好好想一想；在伤害发生后，站在对方的立场上好好考虑一下，我相信矛盾会逐渐化解。

**（8）相互信任**

家庭成员之间要相互信任，很多幸福的家庭就毁于怀疑和猜忌。所以，对家人要保持信任，不要让猜疑毁了家庭的幸福。

**（9）遇事慎重**

在家里，遇到事情要冷静对待，尤其是在遇到问题和矛盾时，要保持理智，不可冲动，冲动不仅不能解决问题，反而会使问题变得更糟，最后受损失的还是整个家庭。

**（10）换位思考**

有时候，己之所欲，也勿施于人。凡事不要把自己的想法强加给家人，遇到问题的时候多进行一下换位思考，站在对方的角度上想想，这样，你会更好地理解家人。

**（11）追求快乐**

只有用快乐的心情才能构建起幸福的家庭，进家门之前，请把在外面的烦恼通通抛掉，带一张笑脸回家。如果所有的家庭成员都能这样做，那么这个家一定会成为一个最幸福的家庭。

当然，一个家庭中总是会有许许多多的小矛盾，但是在矛盾降临而我们无法回避的时候，多从和解的角度想问题，从和睦的指导思想入手，从和平的方式出发，向和乐的最终目的进军，相信没有解不了的疙瘩。

在家庭生活中，矛盾的产生总是不可避免，你是不是很为这些小矛盾造成的不快而窝火？现在让我来教你一些好的处理技巧吧！

1、不迁就

有些家庭一出现矛盾总以矛盾的一方一味地忍让、迁就，以期得到问题的化解。表面上看，不吵不闹似乎万事大吉了，其实，谁的心里都别别扭扭的。时间久了，一旦问题积攒多了，必然爆发难以避免的“战争”，或是出现无法收拾的局面。

2、会交流

家庭成员之间的矛盾一般都不是什么原则问题，往往都是些鸡毛蒜皮的小事，真正在家庭中的大是大非问题上不一定会有什么矛盾。像这等区区小事至于闹得脖子粗脸红吗？为什么不能心平气和地坐下来交流一下呢？

当然交流也要讲究方式、方法，首先需要双方都冷静下来以后谈才能达到预期目的；还可以采取一些迂回的办法，比方找些能说服和教育对方认识其错误的相关资料给对方看，也可以达到同样的效果。尤其是晚辈和长辈意见不一致的时候，而且明显是长辈的不对，但作为晚辈又不好直说，只好采取些迂回的办法让对方更容易接受。

3、要宽容

人非圣贤，孰能无过？家庭是一个群体，这个群体中每个人有每个人的长处，你在这方面能力强，他可能在另一方面比你强。千万不要以己之长比他人之短，对他人横挑鼻子竖挑眼。以一种宽容的心态去对待家里的人，对待家里的事物就容易看开所有的问题，矛盾也就相对少得多。

## 第3节 尊老敬老是中华传统的美德

“老吾老以及人之老，幼吾幼以及人之幼”。尊老爱幼是中华民族千百年来的传统美德，也是一种普遍的社会要求。

尊老不是说空话，而是需要我们从现在做起，从小事做起，真正养成尊老敬老的习惯。

**1. 尊老是亲情的重要体现**

尊老敬老是我们中华民族的传统美德，是先辈们传承下来的宝贵精神财富，也是中华民族强大的凝聚力和亲和力的具体体现。

老年人最大的一个认知特点是：往事历历在目，近景一片模糊，几十年岁月痕迹深深的烙印在他们的心里，过往的苦难与欢乐，让他们沉浸在遥远的回忆中，成为支撑他们生活的一个很重要的精神支柱。

而眼前的人和事，他们记不住多少。由于长期独居，加上过往的一些不愉快的经历可能给老人留下了心理阴影，大多数老人性格孤僻、古怪。这就需要我们有加倍的热情和耐心，去解开老人的心结，取得老人的信任。

古代有一个叫黄香的人，9岁就以自己的才华和敬老而闻名。冬天的夜晚十分寒冷，小黄香读书到深夜，母亲叫他早点休息，他却钻进了父母的被褥。

父亲问他在做什么？

黄香从被褥里爬出来，说：“冬夜十分寒冷，我为双亲温一温床，好让二老歇息呀！”

从这个小故事中，我们可以看出黄香对自己的父母是多么孝敬啊。老人，为社会奉献，为家庭奉献，是知识的宝库，是智慧的宝库。他们不仅养育我们，还以言传和身教向我们传播做人的道理，他们是我们民族的魂。

我们要尊敬老人的生活方式和自主选择权，要提供更多的便利，使老人感受到我们对他们的关爱，为老人创造颐养天年的环境，并创造条件使他们树立新的社会价值和家庭价值，真正做到老有所为，老有所乐。

每个人都会变老，中华民族之所以血浓于水，之所以历经沧桑，生生不息，之所以人情味非常浓厚，尊老敬老是一个很重要的环节。

在家里，老人都是先想到我们，再想到自己。所以，我们做什么事也应该先想到老人，再想到自己。我们不仅要尊敬家里的老人，还要尊敬别的老人。如果你的邻居是没有儿孙的老人，就抽空跟他聊聊天吧！

### 2. 尊老是必须培养的美德

尊老不是说空话，需要我们从现在做起，从小事做起，真正养成尊老敬老的习惯。具体来说，我们应该怎样做到尊老呢？

**（1）奉献爱心**

爱心是对长辈无日无夜的关怀，虽贫病交加而不弃，作为子女对老人要无私地奉献自己的爱心。因为老人曾经对社会作出过贡献，又为抚养和教育子女操劳终身，倾注了全部心血。因此，当他们年老体弱、丧失劳动能力时，应当得到社会、子女和家庭成员的尊敬、关心和照顾。

尊重、尊敬、赡养老人，既是社会主义家庭美德的起码要求，也是子女必须承担的道德责任和法律义务。要从精神和物质两个方面奉献自己的爱心。在精神上，多给予老人关心和照顾。经常与老人谈心，悉心进行心理疏导和交流，及时了解和掌握老人的想法和需求，消除孤独感、怀旧感、退化感，时时、处处让他们心情快乐，让他保持良好的精神状态。

**（2）倾注孝心**

孝是我们民族的传统美德，是人伦道德的基石，是中华文化的瑰宝。孝顺父母，尊敬老辈，天经地义。古往今来，有许多敬老爱老的故事被传为千古美谈。

为人没有孝道也就没有道德，而没有道德的人是不可能忠于祖国、热爱人民、服务社会、做好工作的。

我们要把孝敬老人当做做人的起码准则、道德的基本要求，当做天经地义、理所当然的事情，当做家庭必须做到的美德，把关爱、孝敬、尊重老人当做自己神圣的义务和义不容辞的责任，从自己做起，从点滴做起，从小事做起，从现在做起，在老人在世时，真正做到从生活上无微不至地关心和照顾他们，从精神上亲切热情地安抚和宽慰他们，让他们无论是在物质世界还是在精神世界里都能够幸福地安享晚年。

**(3) 做到细心**

奉献爱心，倾注孝心，不仅表现在语言上亲切热情，关心备至，让老人心情舒畅；更表现在行动上周密细致，细心照料，让老人感到温暖。

总之，我们要向老人奉献出自己的爱心、孝心、细心、耐心、恒心，让老人安心、放心、开心、舒心、宽心，形成温馨、和谐、融洽、和睦、美满的家庭氛围，实现老有所养，老有所医，老有所学，老有所为，老有所乐，让老人尽情享受儿女给予的关爱和温暖，以使他们健康生活，心情舒畅，晚年幸福。

朋友们，其实尊老敬老体现在我们生活的方方面面，现在让我来给你再介绍一些好的技巧和方法吧！

1、不要公开顶撞长辈

老年人的自尊心很强，即使在家中已经不是处于主导地位了， 但还是喜欢发表一些权威性的意见。对此，我们小辈切忌公开顶撞，特别是在外人面前公开顶撞，会使老人接连几日耿耿于怀。而尊重他们的意见，这样才会使他们高兴。

还应注意，老年人往往习惯于过去曾经成功地处理问题的思想方法和行为方式，尽管有些方式、方法已经不合时宜了，但他们仍要坚持，表现出明显的固执现象。

对老人提及的一些似乎可笑的问题，不应嘲笑；对老人的固执己见，也不应顶撞，而应该耐心地把意见听完，采纳其中合理的成分。

2、不要限制老人活动

老人原来天天上班，接触的人和事很多，不觉得闲。一旦退休，会感到生活冷落下来，甚至有被隔绝在沸腾生活之外的感觉。在这种情况下，他们往往会产生各种渴望，如渴望找点事做做，渴望与人交往，渴望小辈陪陪他。

因此，我们小辈不要替代老人做他们能做的事，使他们处于孤独状态。相反，应积极鼓励并安排老年人从事一些力所能及的工作，或参加一些社会活动，使他们生活得充实而有意义。

3、不要嫌老人唠叨

人到老年，由于对往事记忆良好，常常十分留恋过去的生活，并经常回忆和唠叨往事，乐此不倦。而我们年轻的小辈想象未来比较多，因此，对老年人的这种叙旧往往不耐烦，这不应该。

怀旧现象是老人的一大心理特点，他们往往从怀旧中得到某些精神安慰，但过多沉湎往事也会对老人身心健康不利，因此，可多劝慰老人，使他们热爱现实生活。

4、不要厌烦老人的衰退

一些老年人由于视觉减退，不能胜任某种工作或参加某些活动而情绪消沉；由于听觉迟钝而再三询问，或者因误听别人的话而情绪激动；由于味觉失灵，对茶饭不满而发脾气等。

这些生理和心理的变化，往往会使一些老年人感到自己已进入迟暮之年，所以明明身体没有什么不好，却觉得这里不舒服，那里不舒服。我们小辈应体贴老人的这些心理变化，鼓励他们对生活充满信心。

## 第4节 正确看待隔代亲的现象

在接送孩子上幼儿园的家长中，有不少是做爷爷奶奶，或姥姥姥爷的。平时，老人对待隔代人那真是关怀备至、疼爱有加，人们把这种现象称为隔代亲。

这种蔚然成风的隔代亲现象，既反映了全社会关心下一代健康成长的淳朴民情，同时也反映出中老年们宽广的胸怀和真诚的愿望。

### 1. 了解隔代亲的原因

老年人的“隔代亲”，蕴藏着不少心理学上的道理。其实，很多老人在儿女们年少时，并不是不想亲近他们，而是因忙于工作等因素而未能顾及；而老人们现在有相当多的闲暇时间，潜在的“爱幼”心理自然会在幼辈身上尽情释放。

小孙辈代表着天真和纯洁，而成人世界中不仅充满着竞争与挑战，而且还可能存在欺骗与陷阱。失去了社会竞争力以后的老年人，当然渴望多多接触小孙辈。

小孙辈代表着生命和活力。一个只有老年人和成人组成的家庭，往往显得过分死板或严肃。若有个淘气的小孙儿，虽然需要大人们的细心照料，他们的童稚也给大人们带来了非常多的快乐。

小孙辈行动活跃、爱思考问题。老年人与小孙儿相处时，会因跟随着他们的活动而使身体得到锻炼，也会因跟随着他们的思考而运作头脑，以致忘却了心中的烦恼和忧愁，这样可以延缓身心的衰老。处在衰退期的老年人，更愿接近这些充满想象力、创造力和生命力的孙儿们。

儿女们大多忙于工作等其他事务，没有多少时间陪伴老人；而小孙辈们可以拥有比他们的父母更多的时间，去到老人身边做伴。这样最能解除老年人的寂寞和孤独，使他们在精神上得到极大的宽慰，甚至还会焕发起老年人尚未泯灭的童心。

### 2. 认识隔代亲的利弊

“隔代亲”有一定的优势,也有一定的缺点。具体来说,“隔代亲”有三大优点：

一是对孙辈的发育成长有利。很多“神童”就是得到了知识经验丰富的祖辈的超前引导才脱颖而出的。

二是对子辈有利。子辈忙于工作，孩子由祖辈教养，得以解除后顾之忧，专心致志于事业。

三是对祖辈有利。不仅可以解除孤寂，从孩子的成长中获得生命活力，还可以老有所为，发挥余热。这种与孙辈玩耍游戏的天伦之乐对帮助老人保持健康的心态大有裨益。

但“隔代亲”的优越性尽管不少，同时却也带来了很多不利于儿童健康成才的“隐患”。

一是会延长“童稚心理”时期。一些祖辈人生的坎坷经历，注定了他们对孙辈们的偏爱，这种偏爱在很大程度上属于溺爱。爱得过分，就会阻碍孩子的正常心理发育。

二是导致教育的“脱代”。祖辈们的世界观形成于几十年之前，时至今日，他们中不少人对客观事物的认识水平还停留在几十年之前。在与孙辈的亲密接触中,他们的世界观无意中会隔代传播,以至增加孩子对新知识、新事物的接受难度。

三是疏远儿童与父母的关系，导致亲子的隔阂。祖辈爱孙与父母爱子，既有相似之处，也有不同之点。相似是彼此都爱孩子，不同的是祖辈爱孙偏宽，而父母爱子则偏于“严”。这种教育支点的分歧，很容易导致亲子隔阂。

“隔代亲”有利有弊，处理不恰当，就会弊大于利。希望我们年轻的家长能扬长避短，在孩子的教育问题上和祖辈多沟通、多商量，以获得祖辈的认可和支持，一定能让孩子在祖辈的爱护下健康成长起来！

### 3. 处理“隔代亲”的技巧

“隔代亲”有利有弊，这就需要我们多思考，多学习，从而达到趋利避害的目的，真正享受到晚年的天伦之乐！

**（1）以身作则**

要求孩子做到的，自己首先要做到。有时大人做得不对了，允许孩子当面讲。孩子当面指出长辈缺点的时候，也正是加强他养成该方面好习惯、好观念的绝佳时机。

**（2）说话算数**

答应孩子的就一定要办到，但不要轻易承诺。

**（3）多多表扬**

看到孩子有了进步，就及时肯定，及时表扬，以巩固他的优点和长处。多表扬，少批评，指正孩子缺点时，要讲究方式、方法，让他乐于接受。大人还爱给别人给自己“戴高帽”，何况孩子呢！

**（4）多多鼓励**

面对困难时，孩子会胆怯，犹豫，如打针、喝中药、怕黑等，那就用鼓励的办法解决吧。

**（5）疼爱有度**

我们要一直提醒自己，千万不能一味惯着他、顺着他，疼爱也要有节制。要让他在家里也要保持在幼儿园培养的良好习惯，自己的事情自己做。时不时给他出个难题，让他受点挫折，经历点小磨难。

**（6）以理服人**

讲道理是一味灵丹妙药，对待懵懂的孩子更需要多讲道理，遇事别动不动就训斥、打骂。另外，在教他文化知识、生活常识、社会知识之余，再多教一些做人的道理，授之以鱼不如授之以渔。

**(7) 不要越位**

既不越孩子的位，不大事、小事包办，也不越父母的位，不当孩子的保护伞，尊重父母的教育方式。鼓励孩子多和父母亲近，不要让隔代亲胜过父子情、母子情。

你是不是对自己的孙子孙女疼爱有加，但却因此与他们的父母产生了矛盾？现在让我来教你一些正确处理隔代亲的技巧吧！

老年人在家庭教育中有其独特的优势，但也存在着诸多问题，因而，祖辈与父辈应当多沟通，相互学习，取长补短。

**不要妨碍和过多包揽，不要干涉自己的子女对孙辈的正面教育。**尤其切忌当着第三代的面进行指责和干涉。这样做可以减少家庭教育中的矛盾，或者由此造成的不必要的冲突。

**当好孩子语言、生活和行为的教师，做出表率。**这是因为老人日常生活中的一言一行，甚至音容笑貌、待人接物等，孙辈们都看在眼里，印在心里，并易于效仿，起着耳濡目染、潜移默化的作用。

**对第三代要有节制地爱。**著名教育学家曾经把对孩子的爱分为四种：娇纵的爱、专横的爱、包办的爱、明智的爱。我们只能采用对孙辈明智的爱。凡是孩子能独立完成的事，决不能依顺迁就；孩子做错了事，坚持耐心教育，以理服人。

**切忌护短。**护短的最大恶果，是让孩子是非不分、曲直不明，长此以往，会使孩子逐步走上邪路。护短的老人是“近视眼”，从眼下看，孩子也许可以受到自尊心的保护和短暂的满足。但从长远看，当孩子发现自己的品格出现问题时，反过来会埋怨长辈未能及时纠正而受其害。

## 第5节 善于将代沟调整为交流

代沟是指子女在走向社会的过程中，背弃父母原有的观点，有了新的见解而造成的思想观念、行为习惯的差异。

代沟往往是因为年龄或时代的较大差异而形成的。

**1. 了解产生代沟的原因**

形成代沟的原因有很多，归纳起来，主要分为生理、心理、社会发展、角色差异等原因。

**（1）生理原因**

青少年正处在发育阶段，体力和智力发展迅速，好运动、敢创新，但却耐力不足；成年人的身心已发展到最高峰，对人生、社会已有全面成熟的认识，态度和观念也已基本定型，缺少变化。

**（2）心理原因**

处于青春期的青少年，自我意识日益增强，有独立思考的要求，他们易冲动、易受他人影响，渴望独立、渴望得到成人和社会的承认。

恰恰相反，成年人心理上已经完全成熟，个性也趋向稳定，对子女寄托的希望不断升值，他们习惯于用自己的生活方式和思维方式去要求子女。

现在，一些子女的青春期与母亲的更年期重合，处于更年期的母亲们很容易情绪波动、精神紧张，再加上繁杂的工作和家庭重负，这些使她们成为心理负担颇重的“易燃易爆”体。

**（3）社会原因**

两代人成长的社会环境不同，适应环境变化的能力也不同。父母的世界观和人生观可能和孩子的想法相差甚远。

另外，两代人适应环境变化的能力不同，社会观念、社会环境、工作性质、生活方式、人际关系等方面的变化，对上一代人冲击较大，他们不能很快适应这个时代的发展，而正处在这个时代的青少年，却能很快融入这个时代，能够迅速接受新鲜事物，两代人之间因此会出现摩擦。

**（4）角色原因**

作为父母，要承担一定的社会责任，需要履行抚养、教育孩子的义务。他们对子女有很高的期望值，希望孩子听话、有出息。

而少年则处于被教育、被保护的地位，他们的要求很容易被忽视，尤其是父母的溺爱常常会被他们看成是枷锁。

### 2. 去除代沟的方法

要想一家和乐，缩短代沟，就需要家长做出更多努力，尤其是精神准备，我们该如何消除代沟呢?

**（1）承认代沟**

面对代沟，我们不要回避，要迎刃而上。生活中的代沟，其实可以不必计较，所谓萝卜青菜，各有所爱。而思想上的代沟，需要在沟通中进行碰撞，在碰撞中取得个性的共振。两代之间不能伤感情，不然，不但无法沟通，而且会加深隔阂。

**（2）及时沟通**

交谈是最好、最直接的沟通方式，我们做父母的应主动创造谈话情境、营造交流氛围，多与子女“以心换心”。这种交谈必须建立在双方平等的基础上，父母最好是以朋友的身份参与其中，切忌用封建家长式的态度，居高临下地训斥孩子，否则会使彼此间的距离感增强。

**（3）宽松要求**

适当降低对子女的要求。对子女要求过高，会形成孩子心理上的重压，致使孩子把家庭看成“集中营”。家长应争取给孩子创造宽松和睦的环境，不能按自己的好恶和标准来评价与要求孩子。

**（4）相互尊重**

不要给孩子过分的爱，而要给孩子一片“情感自留地”。青春期的少年渴望独立，对事物具有一定的批判、评价能力，因而不愿事事听命于大人，而喜欢批评、反抗权威与传统。

他们迫切需要得到父母和周围人的尊重，承认其独立意识和人格尊严。过多的保护会使孩子内心烦躁，产生抵触情绪，报复和逆反心理也会日趋严重。

**（5）学会接纳**

对待子女我们应学会在接纳、容忍的基础上因势利导。在家庭生活中，家长要学会接纳对方的态度和意见。

这种接纳不是被动的，而是在真正弄清对方的意见和态度是否合理之后，心悦诚服地放弃自己的见解而接纳对方。或者，将双方的意见取长补短，相互融合，这更是一件快事。

由于涉世不深，青少年看待事物会经常抱理想主义的态度，遇挫折容易沮丧，也易受他人影响，考虑问题片面甚至冲动办事，理性不足、是非界限不清。

做父母的要理解孩子的这些变化，及时调整自己的角色，由“权威式”、“保姆式”的关系变成“朋友式”的关系。

**（6）求同存异**

如果两代人之间的某些差异极难协调，那么父母就该求大同、存小异，理解、尊重子女的生活习惯、兴趣爱好，绝不可将自己偏爱的某种模式强加给对方。

**（7）与时俱进**

现代社会，科技日新月异、信息瞬间万变。青少年没有旧观念、旧模式，凭着对新文化的敏感、认同以及接受能力的优势，必然会走在父母的前面。父母应主动学习、与时俱进，力求与子女建立共同语言。

当然，我们不要指望能彻底填平代沟。代际冲突也有其积极的一面，它是社会进步的产物。当然，这需要家长采用恰当的方式，与孩子和睦相处、让孩子健康成长。

你是不是与自己的子女因为相互之间缺乏理解，互不相让而产生了代沟？你是不是正在为教育子女而头痛呢？回避不是解决问题的办法，现在让我教你一些实用的方法吧！

1、父母要做子女的知心朋友

要做到这一点，要从日常小事做起，如经常抽空与孩子交谈，陪同孩子参加活动，如买书、选购物品、体育锻炼、听音乐、看电影等，同欢同乐，增加接触孩子的时间，拉近感情的距离，增进互相了解，促使孩子健康成长。

2、让孩子了解父母的疾苦

父母也不妨适当地向子女敞开心怀，谈谈自己的心里话，让孩子理解你的心情，也请他们帮助父母想想办法，出出主意，共同商量解决的办法。这样，子女才会逐渐懂得家长们原来也有这么多难念的经，才会感受到子女应该关心、体贴长辈。

3、教育态度要温和

不能用粗暴的训斥、轻蔑的态度、讽刺的语言、过多的禁止与批评等，这都会伤害孩子的自尊心，使他们产生不信任、不合作的逆反心理，教育效果差。

4、教育的方法要讲究

对孩子的教育要从小开始，坚持一贯作风，严格要求。要有一些相对稳定的“家规”、“家法”，从小注意加强训练和培养。不然，假如父母从小溺爱孩子，让孩子习惯于不讲道理，以自我为中心，毫无约束，我行我素，那么，随着年龄的增长，便更无法管教了。

## 第6节 冷漠会使心灵变得麻木

冷漠心理常常表现出的是一种冷淡、消沉、怠惰、萎靡、不在乎、无所谓等消极情绪的特征。这种心理无疑是一种可怕的毒素，它会麻痹人的心灵，从而直接影响到亲情以及家庭的和谐，值得我们深思。

### 1、认识冷漠与关爱

冷漠是指个人对他人冷淡、漠然的消极心态。其主要表现是个人对人怀有戒心甚至敌对情绪，既不与他人交流思想感情，又对他人的不幸冷眼旁观、无动于衷、毫无同情心。

得情感冷漠症的患者通常有两种病态反应，一种是生理性的，表现为对情感欠缺、反应迟钝，对人或事无兴趣、无责任感、不会关心人、不喜欢与人打交道，即使与自己最亲近的家人，也无法与之建立真实的、深刻的情感依赖。这种生理冷漠的人天生皮肤温度低，心跳速度慢。

另一种则是极端虐待狂式的，以折磨和杀人为主要行为，对自己的行为无羞耻感、无道德感，表现为明显的反社会人格障碍。

冷漠心理特别是冷漠症的形成，一般与自己早期心理发展有很大关系。如果儿时终日被批评，并且得不到父母的爱，就会觉得自己毫无价值。更进一步，还会产生心理上的焦虑和敌对情绪。如果因此逃避与父母身体和情感的接触，这样就会出现冷漠症状。

冷漠心理地形成还源于患者的自私心理，自私心理严重的人，在社会生活中会表现为经常性地、不适应地强调自我，强调个人利益。

导致患者冷漠心理产生的原因是多方面的，一般说来，观念的狭隘和过高的成就动机往往是我们形成冷漠的初因。当受到生活的不断打击后，很容易对别人产生冷漠心理。

从深层次分析，冷漠者的内心世界极其广阔，常常想入非非，但又缺乏相应的情感内容。总是以冷漠无情去应付困难，以“眼不见为净”的方式来应对所遇到的现实问题，但这种与世无争的外表却不能压抑其内心的焦虑，长期下去，便会产生抑郁症等心理疾病。

冷漠的性格，对患者的健康发展十分有害。跟随冷漠而来的，必将是内心深处的孤寂、凄凉和空虚。冷漠心态好似一种心灵上的麻醉剂，会使人的心灵变得麻木。冷漠态度的最终结果，只能把人塑造成为玩世不恭、消极混世的自怜者。

冷漠心理对于亲情的伤害是巨大的，一定要引起我们的重视。要知道，如果让冷漠走进家庭，那么家庭就会崩溃，就会成为没有关爱的死亡地带。让我们每一个人都学会关爱吧！这是一道严峻的社会和医学命题。

### 2. 消除冷漠的方法

在网络和电脑中成长起来的一代人可能更易患上情感冷漠症，其表现即是上网成瘾，对外界刺激缺乏相应的情感反应，对亲情、友情冷淡、无兴趣，缺乏内心体验，拙于表达，严重时对一切都漠不关心。冷漠的危害是很大的，它是导致心理不健康，甚至心理障碍的重要因素。克服冷漠，已经是我们刻不容缓的任务，我们该如何做呢？

**（1）认清冷漠**

在冷漠的外表下，你心里藏着一颗受挫、无助、孤独、优柔寡断而消极的心脏。你以为冷漠可以保护自己的人身和利益，事实上，冷漠只会使你缺少快乐。

冷漠使我们缺少可以进行情感交流的朋友，使我们的心灵没有寄托，使我们没有改变的勇气，使我们无法清醒地面对自己和自己的生活。

不要以为生活的面目就是冷漠无情的，这是个极具欺骗性的陷阱。你可以拥有激情和快乐，只要你愿意。

**（2）寻求帮助**

尽量和朋友一起面对，把不愉快的事情倾诉出来，让朋友分析、了解你，想办法让自己对过去释怀。

**（3）查找原因**

回想一下，你是从什么时候开始变得冷漠的？是什么事情让你改变了心态？人之所以变得冷漠，有很多原因。

有的人是因为受到挫折之后非常失落，对自己感到失望，对生活也不再抱有希望，觉得没有信心可以解决现在和以后要面对的问题。

有的人是因为被别人伤害之后，无法取得心理的平衡，因而压抑自己。有的则是因为从小就备受宠爱，因而变得自私、软弱、缺乏独立性，不懂得爱朋友，也没有人愿意爱他，造成自己孤僻、冷漠的性格。要打破冷漠，你首先就要找出导致自己冷漠的直接事件和心理原因。

**（4）点燃理想**

造成冷漠心态的因素很多，其中一个最主要的因素是理想的破灭和信念的转移。因此我们要确立起科学的世界观，善于全面地、科学地观察事物，从本质上去理解问题，把熄灭了的理想和信念的火炬重新点燃起来。

**（5）展示自己**

冷漠的心态常常是因为经常受挫折而对自己的能力产生怀疑所致。因此，要消除这种怀疑，除了正确地评价自己以外，还要学会适当地表露自己的才能。我们可以多做一些力所能及、把握较大的事情，循序渐进地增进自信，逐步克服冷漠心态。

**（6）有所追求**

进一步改变冷漠的最好方法，就是让自己变得专注。当你有所追求的时候，你就会充满动力和热情，开始不再无动于衷。

现在，就为你自己作出一个决定，选择专注地做一件事情，或者是一个生活目标，或者是开始一个爱好，尽量选择那些较容易的、比较能使你产生自信和快乐的事情，慢慢地让自己的生活充满积极的情绪。

**（7）学会关爱**

同时，你可以尝试去关心一下别人，尝试让自己心中有爱，在公共汽车上为有需要的人让座，打电话问候一些很久没有联系的朋友，倾听别人的心声，并且想想自己可以为别人做什么。

当你去爱别人的时候，别人也会回报给你爱，点燃你心中的温情，使你觉得生活充满阳光和希望。

你要明白，冷漠除了会让你失去更多快乐之外，别无任何益处。而改变冷漠的方法就是重新拥有爱和关怀。关怀你自己和别人，关心你身边的事情，冰雪会在温暖的情感下融化。

总之，通过有意识地培养自己较强的适应能力和自制力，将有助于冲淡自己的各种苦闷，转移情绪，排除各种干扰，达到矫正冷漠心态的目的。

### 3. 学会关爱的要诀

关爱顾名思义就是关心和爱护的意思，可是现如今，人与人之间的关系日益冷漠，别人有困难时不闻不问，要想改良这种社会风气，让人们能够更好地生活，就要求大千世界中的每一个人都要学会关爱！我们平时如何做到关爱呢？

**（1）学会关爱孩子**

孩子做了错事，当你想发脾气时，请一定保持冷静和理智，避免伤害其自尊心。不管孩子告诉你什么，都要听完，要给他一个平等的发言机会。孩子需要向人倾诉衷肠，以得到情感上的安慰和平衡。听者在任何谈话中都是最重要的角色。

听孩子说话要留意弦外之音，以免造成误会。以平和的方式与孩子沟通，不要打骂。无论是赞扬还是批评，一定要就事论事，恰如其分。批评时不可全盘否定，表扬时也不要说过头的话。这对孩子的心理健康十分重要。

草率的评论和指责会让孩子扫兴，不再说心里话。允许孩子发表不同意见，遇事多和孩子商量，让孩子意识到自己是家庭中的重要一员，这样他会更容易接受家庭的决定，亲近并尊敬父母。

**（2）学会孝敬老人**

与老人谈话，要和蔼可亲，平易近人，脸上常带微笑，让老人能感受到你的亲切感。人都渴望自己被肯定，老人家就像小朋友一样，喜欢表扬、夸奖，所以，你要真诚、慷慨地多赞美他，他就高兴，那谈话的气氛就会活跃很多。

每个人都会变老，中华民族之所以血浓于水，之所以历经沧桑，生生不息，之所以人情味非常浓厚，尊老敬老是一个很重要的环节。

**（3）学会关爱配偶**

每个人晚上都需要睡觉，你们可以在睡前一起分享一下今天的点滴，哪怕是讲点废话，在婚后，夫妻间的废话是传达感情、信任、尊重的信息波，有助于彼此情感的互动。

也许当你还是很年轻的时候，你也觉得结婚后，房事是每天必然发生的事情。但是当你真的结婚的时候，你会越来越发现，你们房事的频率其实很低。

既然不可能每天都做爱，那么你们可以充分利用睡前的这点时间一起谈论有关这些话题的东西。比如你们可以调情，也可以一起去做很浪漫的事情。

如果利用睡前一小时一起回忆当初的美好时光，也很有助于睡眠，也更有助于彼此感情的升温。

如果你们没有信仰，那么你们也可以学习和效仿，尤其在睡前利用难得的时间一起去分析自己的想法，一起去解决很多你觉得无法解决的问题。相信你一定会有很美好的婚姻！

拍拍肩膀、摸摸脸蛋之类的小动作远比性生活更能促进夫妻间的感情。所以，在睡前的这个黄金一小时，找点理由有意无意地和对方来点身体接触吧！

保持良好性爱生活的基础在于互相关心和体贴。一些虽属细小的琐事却可以使对方感觉到你的理解和关怀。如果你总是早早起来，料理一些事情后对方才起床，可以在对方起床之前，再次进入被窝，和对方聊上一会儿，拥抱一会儿。

帮对方做一件哪怕是很细小的事，例如在丈夫刮胡子以前，妻子去把镜子上的水蒸气擦掉；在妻子起床前几分钟，丈夫先起来煮咖啡，热牛奶，或者换好花瓶里的水。一起出去吃早饭或晚饭，重要的不是吃喝，而是有机会在一起消磨时光。假如总是对方洗碗，某个星期天你可以争着去洗碗；假如总是对方做晚饭，某一天你可以一显身手，去烹调一次晚餐。

总之，关爱像一缕春风，能拂去你心中的愁云；关爱像一束阳光，能照亮你心中的黑暗；关爱像一泓清泉，能滋润你干涸的心灵。让我们一起学会关爱吧！

你很想知道自己到底有多冷漠吗？现在让我给你测试一下吧！现在请你仔细回忆一下，最近一个月以来，你经常有下列情况发生吗？

1、单位开会时，找理由不参加吗？

2、大家聊天时，独自一人闷闷不乐吗？

3、集体活动时，悄悄溜号吗？

4、同事有困难时，根本不理睬吗？

5、被邀请聚会时，以各种借口拒绝吗？

5、正常的夫妻生活也不想吗？

6、亲朋有事情相求时，推辞没有能力帮忙吗？

7、同事与领导不主动交流吗？

上述问题，建议你在自然的状态下，真实地填写出来。根据填写的结果，可以自测过于敏感心理指数。上述问答，如果出现两个以上是的话，说明有了冷漠心理，应该及时调节，逐步走出阴影。

# 第7节 善于将溺爱变为爱护

做父母的疼爱孩子理所当然，但疼爱不是溺爱，不是一味地娇惯和迁就。

当今做父母的也大都知道溺爱孩子有害，但却分不清什么是溺爱，什么是疼爱，不清楚自己的行为是不是溺爱。所以非常有必要对这个问题进行剖析。

## 1. 溺爱不利于孩子成长

溺爱子女是当今社会的普遍现象。生活中，我们经常可以听到这样的话："我们的童年过得很艰辛，再不能让孩子经受我们的那些磨难了"、"现在条件好多了，又只有一个孩子，因此，无论如何不能让孩子吃苦受累"。

正是怀着这种想法，做父母的应尽其所能地从各方面满足孩子的需求，包括一些不必要的甚至是无理的要求，代替孩子完成一些理应由他们自己完成的事，如做作业、值日、扫地等。

我们尽全力把孩子的生活道路铺得平平顺顺的，似乎这样就能保证孩子幸福健康地成长。但是事实上，父母的这种观念会给孩子带来很大的危害。

要知道，个体的成长过程就是自己成为自己的过程，爱是这一过程中最重要的因素。我们给孩子提供什么样的爱，孩子就会以适应这种爱的方式而成长。

正确的爱要以孩子的成长需要为核心，在孩子不同的发展阶段给予他不同方式的爱。

在0至2岁期间，我们可以给予孩子无条件的爱，因这个时候，孩子还完全没有自立能力。

在2至4岁期间，我们要尊重孩子自主的探索，但又要在孩子需要帮助时出现在他面前。

这种以孩子的成长需要为中心的真爱会让孩子成为自爱、爱别人、有鲜明的自我意识、健康的自主人格和高度创造力的人。

与正确的爱对应的是溺爱，很多人都有这样的溺爱心理。这种看似是自我牺牲的爱，其实是懒惰的爱。

天真、幼小和“一张白纸”的孩子，最需要我们做父母的经常性的正确教育和引导。但是溺爱成了家庭教育、引导孩子的障碍。孩子常常是在不知道错还是对的心理状态下干自己想干的一切。同时，溺爱使大人不能给孩子以适当的批评，不能让孩子明白对与错、能做与不能做、好与坏的区别。

0至2岁期间，父母应以孩子为中心，他们怎么爱几乎都不会犯错。但到了2至4岁，我们仍然这样做，甚至直至孩子成人了，我们也仍然一成不变地以这种方式去爱他。最终，这会导致毁灭性的结果。

要么，在溺爱下长大的孩子缺乏自我，他们只是我们包办式父母的简陋复制品；要么，他们的自我意识会无限膨胀，他们的内心中只有自己，没有别人，并最终会成为别人的噩梦。

### 2. 克服溺爱的方法

溺就是淹没的意思，如果做父母的爱流横溢，泛滥起来，就会淹没孩子，这就是溺爱，当然淹没的不是人，而是孩子的优良性格。现代社会，溺爱已经成了严重的社会问题。我们该如何克服自己的溺爱心理呢？

**（1）要有理智**

做父母的，没有不爱孩子的，但是在爱孩子的过程中要有分寸、有原则。要能自觉地控制自己的感情，克制那些无益的激情和冲动。

**（2）严格要求**

所谓“爱之深，责之切”，就是说，我们的严格要求正是出于深切的爱。所以，做父母的不应该受盲目的爱所支配，要严中有爱，爱中有严。

当然严格要求并不意味着我们对孩子动辄训斥、打骂，而是要做到以合理为前提。而且，态度也应该是耐心的、循循善诱的。

**（3）认清目的**

我们一定要清楚，孩子是一个独立个体，是与我们同样的人。孩子终究是要离开我们独立生活的，生活能力和自理能力是伴随孩子一生的最基本的生存本领。我们培养孩子的主要目标是让他养成独立自主的习惯。

(4) 提供机会

让孩子养成独立自主的习惯，就需要做父母的给孩子独立自主的机会。把孩子应该自己完成的、能够做到的事情，以及他应该承担的对自己、对父母、对家庭、对社会的责任还给孩子，给孩子独立面对社会的机会，让孩子成为真正意义上的独立的人。

(5) 循序渐进

我们一定要注意，培养孩子的独立自主能力不能过急，要循序渐进，要随着孩子年龄的增长，逐步提出孩子力所能及的要求，不能让孩子做能力范围之外的事情。

### 3. 学会爱护的技巧

天下的父母都爱孩子，却未必都会爱孩子。过分的关心、溺爱，不仅会加重孩子的心理负担，同时，还剥夺了孩子遭受适当挫折、困难和独立学习的机会。我们如何做才能真正做到爱自己的孩子呢?

(1) 不给孩子搞特殊

现在的孩子在家庭中地位高人一等，处处受特殊照顾，久而久之就养成了自私、没有同情心、不会关心他人等坏毛病。我们应当视孩子为家庭普通的一员，吃水果，先要给长辈吃，然后再自己吃，家里的一切都是大家共同享用的，玩具大家玩，鼓励孩子克己利他、爱人为乐。

(2) 不过分关注孩子

不要让一家人时刻都围着孩子转，这样会使孩子娇气十足、没有礼貌、任性、“人来疯”等严重现象。作为家长我们不应过分注意孩子，也不要把孩子当中心话题，要鼓励、引导孩子专心做自己的事，不能妨碍大人做事与谈话。对孩子有礼貌表示尊重是必须的。

(3) 不有求必应

对孩子的物质要求不应满足的就决不给予满足，当满足的一般也不要马上满足，要让孩子有所等待和忍耐。因为人生的追求，哪怕是一个小小的目标也不会是一帆风顺的，积极的人生中，需要等待、忍耐、克服困难和努力争取才能得到。

(4) 不放任自流

我们不要因忙于工作而消极地等待环境的施恩，或任凭不良的生活习惯侵蚀的孩子。要言传身教，建立良好的规律的生活环境，良好的饮食习惯，养成恰到好处的看电视和按时睡眠的习惯。

**（5）不乞求孩子**

我们在孩子面前不要有乞求、央告的态度，也不要表现出无可奈何的神情。对孩子的教育应当是严肃、认真的，要求是适当的，估计孩子能做到，给予鼓励、信任、尊重，语言和语气应当是简短、坚定的，孩子做好了，应给予赞许或奖励，孩子不听话，也应有严肃的教育、批评。

**（6）不包办一切**

在孩子可以自理的时候，我们不要处处侍候、处处包办。这样时间久了，孩子会养成依赖心理、胆小、没有自信等。要鼓励孩子尽可能早做力所能及的事，逐步增加孩子的劳动难度，多多表扬孩子，创造劳动的愉快气氛。慢慢的，孩子的独立性、自信心就锻炼出来了。

**（7）不迁就依从**

在孩子哭闹时，我们要保持平静的心态，若无其事、说清道理、决不迁就。既不要一哭闹就依从孩子，也不要打骂和损伤孩子的自尊心，要讲点有趣的事来转移孩子的注意力。

事后我们要给予讲道理和批评，甚至给予冷淡态度，有时冷淡态度也是教育孩子听话的有效方法。家长正确处理，孩子就会变成懂事、明理、能自制和关心人。

**（8）要统一思想**

有时爸爸管，孩子妈妈护着，有时父母管孩子，奶奶爷爷护着，这样会让孩子没有是非观念，性格会扭曲，有时还会引起家庭矛盾。只有一家人统一认识、统一方法，才能把孩子教好。

家长教育孩子，家中成员都要给予支持，要配合默契。即使某个成人教育不当，其他人也不要当面干预，这才是真正爱孩子，我们要以科学的爱，来保护孩子健康成长。

你肯定很爱自己的孩子，但你知道一个心理健康的孩子应该具备哪些条件吗？现在让我来告诉你吧！

有正常的智力，有求知欲。

能逐渐学会调控自己的情绪，保持乐观向上的心境。

能学会与周围人正常交往，懂得分享与合作、尊重别人、乐于助人。

能自我接纳，有自制力，能积极面对生活中遇到的问题、困难，适应环境。

具有良好的行为习惯和健全的人格。

其实，不少孩子在幼儿期或学龄前期就出现了心理异常，只是表现比较轻微，并未引起我们家长的足够注意。一旦当孩子上学读书后，这些心理疾病会直接影响到孩子的学习状态和成绩，这时，家长才意识到问题的严重性。

所以，对于儿童的心理问题，我们家长需细心观察，尽早助其调整，避免因为疏忽而引起严重的心理和精神障碍，影响孩子的健康成长。

## 第8节 善于把虐待变成尊重

虐待是指我们做父母的或其他抚养人以暴力或者其他胁迫的方式对待儿童，造成孩子身体上的伤害和心理上的恐惧的一种行为。虐待包括使用人身暴力、威胁和恐吓等手段。预防和治疗的有效方法是给儿童提供一个安全的环境，特别是改善父母对儿童的方式与态度。

### 1. 认识虐待与尊重

绝大多数中国人都有一个不加思考的认识，父母无论对儿女犯了什么错误，儿女仍然要孝顺他们，要对他们感恩。原因很简单，他们给了儿女生命。

然而，任何事情都是辩证的，生命既可以是幸福的来源，也可以是痛苦的根源。人生除享乐外，还有痛苦，而我们做父母的也有可能是儿女人生痛苦的根源！

不能否认的是，做父母的都是爱自己儿女的，但这个规律并不能保证所有的父母都是这样，那些被父母打残的孩子们就是证据。而在这些看得见的例子外，还有更多的看不见的受害者。可能是你，可能是我，可能是你我的朋友，我们生活在父母的阴影下，不健康地，不幸福地消磨我们宝贵的人生。

自卑心理，这个人生幸福的最大绊脚石，多半是由儿童时期的被虐待造成的。好比一棵树，在它幼小时就被人一直扭曲着，那么它长大了也会是扭曲的。

由虐待导致的无数程度不同的心理疾病，严重妨碍了我们的人生幸福。有的人自觉地，主动寻求治疗帮助，也有不自觉地，认为自己生来就是这个样子的，从而带着自己的心病走到生命的终点。

因为受虐而有心理疾病的人，往往性格古怪，常常充满莫名的怒火，把自己在父母那里受到的压抑宣泄在自己身边的弱者身上。当然，更多的情况是宣泄在自己的孩子身上。

虐待儿童是个在世界任何地方都存在的现象，由于受害者往往是一生下来就被当成低等品虐待，导致受害者顺理成章地把自己当成低等人对待。并且，由于自己生下来就没有受到过尊重，当然也不懂得尊重是怎么回事，如何尊重别人。我们不是把别人看成自己的压迫者就是看成被压迫者。

虐待对于我们的危害是巨大的，做父母的在打骂自己孩子的时候，一定要思考一下，是不是还有其他更好的办法。

### 2. 克服虐待心理的方法

我国实行计划生育之后，一对夫妇一般只有一个孩子。按照我们的想象，不可能发生对儿童的虐待。事实上，虐待儿童的现象仍然经常在我们的身边发生，并给孩子们带来了终生的影响。我们该如何克服自己虐待孩子的错误心理呢？

**（1）树立正确的儿童观**

我们要认识到每个孩子都是独立的个体，不是父母的附属品。他们有独立的人格，有强烈的被尊重的需要，因此，家长不能以为孩子是自己的，就可以任意处置。不要以为孩子小就可以任意对待，他们也有被爱、被接纳、被肯定、被尊重的心理需要。

我们在和成人交往时，一般都能考虑他人的态度、需要、兴趣，尽可能尊重和取悦他人。可是对待儿童就没那么认真和谨慎，甚至是肆无忌惮，自己想怎样说就怎样说，想怎样做就怎样做，很少考虑自己的行为会对孩子产生怎样的影响。这些表现的本质是封建的儿童观的后遗症。只有消除它，才能从根本上遏制精神虐待。

**（2）培养儿童的自尊心**

孩子的自尊心和自信心对他的健康成长，以及度过一个有意义和有价值的人生，都是极为重要的。儿童自尊心和自信心的强弱与其自我评价的高低和是否感到被人喜爱及重视直接相关。

家长无意识的对孩子的各种精神虐待，最直接伤害的是儿童的自尊心和自信心。儿童一旦被虐待得自尊心和自信心荡然无存，也就和成功绝缘了。

我们要以绝对积极的态度关注孩子，恰如其分地承认和表扬孩子，从各方面理解和尊重孩子，帮助孩子获得各种能力。

**（3）认清虐待的危害**

我们往往会说，就这么一个宝贝疙瘩，顶在头上怕吓着，含在嘴里怕化了，怎么可能虐待他呢？事实上，很多时候，我们根本不知道自己是否在虐待儿童，因为我们不知道什么叫虐待，甚至对一些虐待现象习以为常。

如传统教育模式中的“棍棒出孝子”、“不打不成器”等，都是明显的躯体虐待行为。而躯体虐待只是常见的虐待形式之一，更隐性的情感虐待、性虐待与儿童忽视，都会对儿童产生不良的影响。

**（4）不威胁孩子**

很多父母经常会用奴隶主式的威胁对待自己的孩子，比如我们对小孩说：“你再不听话把你扔掉。”这种威胁会导致小孩产生严重的不安全感。

我们有时会对年龄较大的孩子说：“你吃我的、用我的，你有什么资格这样对我说话”、“家里我说了算，你给我闭嘴”。

我们有时甚至用死亡来威胁孩子，比如我们有时对孩子说：“你再哭我一巴掌打死你”、“你这么不争气，一头撞死算了”、“你这么不听话，还想不想活”。

**（5）不羞辱孩子**

有些父母对孩子期望过高，当期望无法满足时便说出刻薄、挖苦的话，贬低、羞辱孩子。比如：“你自己去照照镜子，看看你那副白痴相”、“我也不知道上辈子做什么孽，生出你这么一个低能儿”、“你考那点分，还有脸回家”、“你的脸皮怎么比脚底皮还厚呢”。

这些带有侮辱性的话，会给孩子的健康发展带来非常不好的影响，我们要尽量不说。父母的这种态度是极不负责任的，这些连大人都无法承受的语言虐待，孩子怎么可能承受得起？面对无法承受又不得不承受的语言虐待，孩子必然会通过各种病态心理将内心的委屈反映出来，而最后苦果还是要父母来承担。作为父母，我们一定要管住自己的嘴巴，否则等到将来，自己孩子出了问题再找心理医生时，你就会体会到加倍的麻烦和折磨。

**3. 尊重孩子的要诀**

每个人都渴望得到别人的尊重，孩子也同样。一个孩子得到大人的尊重，长大后他也就会懂得该如何去尊重他人。那么我们平时该如何尊重自己的孩子呢？

**（1）遵循自然规律**

无论是孩子的生理还是心理发展，均有其自身发展的内在规律。然而，每一位父母都希望自己的孩子将来学习好、工作好、生活好。

受此心愿的驱使，我们越来越急切地想让孩子提前学习各种文化知识，以便他们将来进入小学后，学得更好一点，更轻松一点，将来走得更顺利一些。

但是，如果我们违背了孩子发展的自然规律，往往会把事情弄得很糟，这样不仅达不到父母的预期效果，还会影响孩子的正常发展。

**（2）尊重孩子的自我意识**

孩子在两三岁时，自我意识逐渐形成，他们会提出“我自己来”、“我自己做”的要求，并跃跃欲试地尝试着做每一件事，这是孩子心理发展到一定阶段的正常现象。

作为父母，我们应随着孩子年龄的增长和独立意识的增强，通过各种方式以实际行动给予孩子支持，如对孩子表示信任、让孩子拥有独立的空间、给孩子支配时间的自主权、尊重孩子的选择、善待孩子的朋友等。

**（3）保护孩子的自尊心**

自尊是一种精神需要，维护自尊是我们的本能与天性。孩子的自尊心是他们成长的动力。保护好孩子的自尊心，增强他们的自信心，这是做合格父母的责任。

**（4）给孩子自由的空间**

孩子除了吃好穿好的需要外，还有渴望得到尊重、渴望独立自主、渴望自由创造的需要。我们尊重孩子，就要把自由和独立还给孩子，让孩子自主选择，自由探索。

当然，尊重孩子并不是要求我们一味地顺从孩子，而应追求尊重与要求的和谐统一。

作为父母，要放下架子，把自己放在与孩子平等的位置上，努力寻求与孩子心理上的沟通与默契。爱孩子，尊重孩子，使他们从中感受到父母的爱和自身的价值，并由此学会尊重父母、尊重他人，这实在是特别有效的教子良方。

我们有相当一部分父母虽说也知道一些尊重孩子的道理，但在实际生活中却做不到。现在让我来教你一些实用的技巧吧！

1、耐心倾听

要认真倾听，不要因为太忙太累而简单应付：“这有什么好奇怪的”、“我正忙着呢，问你们老师去”，因为这样会让孩子觉得您在敷衍他。

2、讲究说话口气

孩子同大人讲话不但要认真听，而且有时大人要蹲下来同孩子对话，使孩子感到你在尊重他，并可避免他有低一等的感觉。经常用一些商量、平等的词汇与语气，如：“妈妈和你商量件事好么”，“你觉得怎么样，”“对不起，这件事是妈妈的错”等。

3、不轻易许诺

一旦许诺了，你就一定要实现，一定要守约，让孩子觉得您是值得他信任的。而一旦孩子对您失去信任，您也就会失去影响力。就算您采用严厉的责罚，也只会把事情弄得更糟。

4、不当面揭短

大人不喜欢被当做别人的谈资，孩子同样如此。也不要不管孩子愿不愿意，要求他向客人展示什么，这样会让他觉得被摆布。尤其是同别人谈论孩子的缺点是万万不可的。

5、不当面比较孩子

比较不仅会使你的孩子变得骄傲，而也会使不如别人的孩子变得自卑。每个孩子都会有自己的强项与弱项。

6、少用命令语气

要尊重孩子，多用情感交流的语言，让他觉得您是与他谈心。

7、多让孩子参与

大人只顾自己说话，或者只顾自己看电视、娱乐，将孩子晾在一旁，这样会使孩子感到受冷落。只有孩子觉得自己受重视，才会产生自我成就感，并体验到平等，同时也对自己的行为负起责任来，比如让孩子参与到家务中来。

8、正确对待孩子的错误

父母不要粗暴打骂，或者严加惩罚，而应民主地对待。对于孩子的错，当时可以以冷处理的方式对待，过后等我们与孩子的情绪均平稳后，就孩子的错进行分析，让他知道错在什么地方，以后该如何对待类似的事情。

9、要学会尊重孩子

只有在尊重与被尊重的过程中，您才会发现孩子的这些品质正在潜移默化的影响着他们的点点滴滴，甚至影响着他们的人生观。

## 第9节 善于分析啃老族的现象

啃老族也叫“吃老族”或“傍老族”，是靠父母供养而自己一直未“断奶”的年轻人。社会学家称之为“新失业群体”。

近年来，随着就业压力的增加，以及独生子女逐渐成年，啃老族阵营有扩大之势，已成为一种不容忽视的社会现象。

“啃老”是一个与家庭不能分割的概念，它存在着几种情形，对此我们有必要认真地做一些剖析。

### 1. 认识啃老现象的原因

一边是劳力劳心的父母，一边是赖在父母怀里不“断奶”的子女，与赡养老人相对应，我们将这种现象形象地称为“啃老”。传统上我们以经济独立作为长大成人的标志，但现在我们许多年轻人已成年，有谋生能力，却主动或被动放弃了谋生本能，依旧靠父母养活自己。

据统计，在城市里，有30%的年轻人靠啃老过活，65%的家庭存在啃老现象。啃老族很可能成为影响未来家庭生活的“第一杀手”。

啃老族的出现，其根源在于家庭教育功能的弱化。家庭本应成为子女的最初课堂，子女的责任感本应在家庭教育中得到生成。而我们已成年的独生子女，正是啃老族的主要构成人员，我们从小一直被捧着成长起来，养成了任性、缺乏责任感、不能完全独立的性格。

当我们步入社会后，不论是在工作上还是在人际关系上，遇到哪怕一点小小的困难和挫折，很多人都会表现出不适应，再次退缩到父母的“羽翼”之下。

就业压力是促成啃老族阵营扩大的另一个原因。受长期精英教育的影响，大学毕业生就业观念存在一定的偏差，就业能动性没有显著提高，而是盯着“公务员”、“白领金领”等热点稀缺职位不放，在就业期望值和社会需求之间难以找到平衡点。一旦遇到不如意，我们便退回家里“避风”。

面对就业的严峻形势，一些大学生根本就缺乏责任心和自信心，有就业能力和机会也不想就业。在我们看来，不就业可以逃避眼前面临的困难。然而，我们生活得并不如意，前途未卜，生活空虚，所以我们所承受的心理压力比其他人要更大一些。

随着年龄的增长和待业时间的延长，我们与社会的交流越来越少，适应社会的能力逐渐下降，存在被职场边缘化的风险，造成更难找到适应自己的工作的尴尬局面。

啃老是我们对生活的逃避，逃避的最终结果，是让我们成为一个废人。问题的严重性决非到此为止，啃老族，不但影响老一代人的生活，更会影响下一代人的生活，对父辈，我们缺乏赡养能力；对子女，我们无力承担教养责任。如此下去，这就不仅是可怕的家庭问题，而且会引发更深层次的社会问题。

问题如此严重，岂能再等闲视之？解决啃老族的问题，自然是一个复杂的工程。从心理学角度说，关键是两代人共同来积极进行心理自救。

### 2. 消除啃老心理的方法

啃老心理不是一天两天养成的，我们要真正从心里重视起来，才能最终取胜。我们该如何克服啃老心理这个顽疾呢？

**（1）转变观念**

由于传统亲子观念的影响，父母无怨无悔地为子女倾尽毕生财力、精力，直到子女成年，都无法从这种无条件、全方位奉献的惯性中解脱出来。

所以，拯救啃老族，父母首先需要从根本上转变亲子观念，积极进行自我心理调整，真正切断亲子之间的心理脐带，彻底破除亲子一体化心理。父母要深刻认识到，即使亲情再浓，两代人也是彼此独立的人。

**(2) 调整认知**

我们有些年轻人是由于虚荣心理或攀比心理，而陷于“高不成低不就”的就业困惑中，无奈之下开始了啃老的生活。不用说放弃工作逃避在家者，就是有些盲目考研者也是这样。所以要调整认知，改变就业观念。

年轻人应该深刻认识到，人生之路，首先是生存，然后才是发展，刚刚开始人生，最大的光荣是自己养活自己，最大的成功是自食其力。何况，从社会责任感而言，就业是成年人的基本标志之一。经济上不能独立的人，何谈作为“人”的社会意义，又何谈人生？

**(3) 挑战自我**

如果从心理分析的角度来透视，可以说，不管哪种原因，啃老族的内心深处没有一个人能有真正的好感觉。因为啃老意味着寄生，作为一个年轻人，寄生生活绝不会让心灵安宁。因为寄生是一件羞耻的事，是一件痛苦的事。

我们年轻人要勇于面对自己的内心，勇于挑战自我，从而激发独立意识，激发自强精神，激发尝试的勇气，进而激发自立的潜能。

**(4) 拿出行动**

其实，不少年轻人内心并不认可在家里啃老。因此，经过心理调整之后，最重要的就是拿出行动了。

在行动之前，常常会有一种心理定势，习惯把事情想象得很困难。这就是有些人放弃行动的心理原因。但是，一旦我们行动起来，就会发现事情比想象的要容易得多。

**(5) 逐步前进**

为了减少行动中的困难，我们最好在行动上采取小步子的策略，步子越小越容易成功。必要时可以在心理咨询专业人员的指导下进行。

比如，第一步是开始承担家务，第二步是勇敢走出家门，第三步尝试比较容易适应的短期工作，第四步从事比较长期的工作，第五步再谋求比较理想的工作。在这个过程中，记录下每一步小小的成功来不断自我强化，促使自己在人生的道路上坚强地一步一步走下去。

你现在还是啃老族的一员吗？想没想过离开这个家族，成为一个真正的人？如果愿意，让我们来一起努力吧！

**1、认清专长，加强实践**

你可以利用网上的一些职业测评工具，了解自己的专长和适合的职业。根据自己的专长锁定几个职业，尽可能地找这些职业的从业人员多了解情况，做到心明眼亮，为最终选定职业打下基础。

另外，联系用人单位进行实习是了解社会和职场的最佳方式，不管是对在校学生，还是已经毕业的学生都适用。实习期间不必过多地看重工资待遇等问题，培养动手能力，增加工作经验才是最根本的目的。

可以多选择几个实习单位，以了解不同职场对人才的需求并寻找更适合自己的工作。这一点对于你是非常有意义的，与其坐在家里调整心态，不如在反复实践中做出判断和选择。

**2、改变观念，长线发展**

就业不能老盯着热门，在成为专门人才的同时，还应把自己塑造成一个适合时代发展的复合型人才。一些工资低、待遇差的工作更能锻炼人。

你要让自己具备先从基层做起，不断给自己充电的长线发展心理，这比那些一心一意只抢短线、企图一步到位的行为更理智。

# 第10节 “空巢老人”要去除心理危机

“空巢老人”就是指我们子女不在身边，只有两位老人或者独自居住的老年人。空巢老人心理问题十分突出，尤其是在我国人口加速老龄化的今天，空巢家庭的现象也越来越普遍。

目前我国的老龄人口已达1.6亿，并且以每年800万的速度增长，城乡空巢比率分别为49.7%和38.3%。这也就意味着，我国有几千万的老年人要以空巢的方式度过晚年。

没有子女在身边的老年，生活无疑是孤独寂寞的，是无助的，然而对于很多空巢老年人来说，空巢这个事实又是无法改变的。那么空巢老年人应该如何安享晚年呢？

## 1. 了解空巢老人的心理危机

子女不在身边往往导致空巢老人心理孤独，这种孤独成为各种心理问题的直接诱因，而中国养儿防老的传统理念是造成空巢老人内心失落的根本原因。

进入老年期，人的各项脏器功能开始衰退，心脑血管疾病、胃、肝脏疾病、关节炎、骨质疏松等各种疾病开始频频“光顾”老人，这会使空巢老人产生深重的危机感。空巢老人的心理危机主要有哪些呢？

**（1）失落感**

失落感是指自认为失去人生价值的一种失魂落魄的感觉。一般情况下，引起空巢老人的失落感的主要原因是失去了生活的目标。空巢老人在失去了社会角色、职业角色之后，常常把精力都集中在对子女的关心照顾上。

子女的离去会使空巢老人失去了服务的对象和生活的目标，破坏了原来的忙碌而有节奏的生活规律。

夫妇俩人的空巢家庭还可以相互关心和照顾，从而得到安慰，而单身空巢老人面对着太多的富余时光常常感到难以适应，会觉得精神空虚，无所事事而产生烦躁不安或心情沮丧的情绪反应。

**（2）孤独感**

孤独感是指一种无依无靠，无奈无助的感受。人类是以社会群体为基本生活方式的群体，所以，很少有人会喜欢孤独。

空巢老人退休以后，在社会大环境的生活机会减少，而在家庭小环境的生活机会增加。当子女离家而去，自己面对“出门一把锁，进门一盏灯”的单调生活，每日除了进餐和睡眠之外无事可做，自然会产生孤寂、凄凉的感觉。特别是空巢丧偶老人的孤独感尤为明显。如果再伴有躯体疾病，常可产生抑郁、绝望的情绪，甚至出现自杀企图或行为。

**（3）衰老感**

衰老感是指自我感觉体力和精力迅速衰退，做事力不从心的感觉。人生进入老年期以后，机体的各个系统和器官的功能便随着年龄增大逐渐减退，衰老是一个进行性的，不可逆转的变化。

空巢老人既失去了社会生活中紧张、忙碌的工作环境，又失去了与子女在一起的和谐、温馨的家庭生活环境，特别是那些有失落感和孤独感的空巢老人会产生体力下降、精力不足、记忆力减退、疲乏无力等多种不适的感觉而加重衰老的症状。

**（4）抑郁症**

抑郁症是一种以显著而持久的心境低落为主要特征的情感性精神障碍疾病。老年抑郁症是老年人群中的一种常见疾病。其临床表现主要有抑郁心境、体验不到快乐、无原因持续感到疲劳、睡眠障碍以及食欲减退等。

有调查结果表明，空巢老人的抑郁症患病率明显高于非空巢家庭，而且老年抑郁症是引起老年人自杀的最主要的原因。

**（5）焦虑症**

空巢老人的焦虑症多表现为烦躁不安，紧张恐惧，顾虑重重，有如大祸临头一般，惶惶不可终日，精神十分紧张；或认为病情严重，不易治疗；或认为问题复杂，无法解决等，即使多方劝解也不能消除其焦虑情绪。患者经常面容紧绷，愁眉紧锁，坐立不安，搓手顿足，唉声叹气，怨天尤人，常有刻板、重复的、无意义的小动作。

有焦虑症的老人常伴有心悸、出汗、发抖、口干等植物神经功能紊乱症状及忧郁或疑病症状，此外还多有睡眠不良，难以入睡，多噩梦或夜惊等表现。

**2. 正确应对空巢的方法**

随着时代的前进，空巢现象势必日趋增多。空巢老人的心理问题，应该引起包括我们老人自身在内的所有人重视。

**（1）子女关心**

对待空巢老人，光有社会重视还不够，关键是我们子女的关心与爱护。子孝父心宽，子女对待老人经济上给予支持，物质上给予保障，生活上给予照料，精神上给予慰藉，是心理救援的主要内容。

作为子女不但要尽好经济赡养的义务，更要重视精神赡养的义务。特别是长年在异地工作的子女，即使再忙，也应常回家看看，这对于空巢老人是一种很好的心理救援。

**（2）亲友帮忙**

亲帮亲、邻帮邻是我国各族人民的优良传统。我们主张与人为善、与邻为善，邻里间要从做好事出发，帮助空巢老人购物、买菜、扫地、抹桌，陪伴老人看电视、聊天、散步等，甚至于陪伴老人去看医生。

**（3）心理自救**

常言说得好：求人不如求己。发挥自己的主观能动性，进行心理自救，是十分必要的。

空巢老人要充分认识到，培养子女是父母的义务。子女长大成人、成家立业，有属于他们自己的一片天地。过分依赖子女，父母会失去尊严，同时也会影响他们的生活和工作，甚至造成小家庭的不和睦。

在人与人之间，我们应当宽以待人、严于律己，对子女更应如此。我们要体谅他们培养下一代的劳累，从各方面帮助他们，这也是老年人最大的乐趣，千万不能以“我是生养你们的”为借口，要求回报，过分讲究享受。

另外，融入社会也很重要。离退休是人生的一大转折，需要重新认识自己，重新正确定位。投身到社会中去，关心社会，发挥余热，做一些力所能及的事情是快乐的要素。

上老年大学不失为一种好的选择。应当广交朋友，互相关怀，喝茶聊天，结伴旅游，积极参加各种文体活动。总之，我们老年人更要自取其乐、自得其乐、助人为乐。

你也许因为子女不在而感到心里空落落的，事实这主要是心理因素在作怪。要保持良好的心态并不难，在感到孤独时，可以制订一个社会交往计划，现在我来教你一些好的办法吧!

开始时，你的交往任务可以简单一些，然后逐渐加强交往的难度。在交往过程中，尊重别人的特点与习惯。

一方面要善于帮助他人，从中赢得别人的尊重和真诚的友谊，另一方面，又要善于求助于人，通过别人的帮助，使自己的心情变得开朗。

另外，我们空巢老人还应让婚姻“焕发青春”。少年夫妻老来伴，孩子离巢，老年夫妻应及时将情感转向老伴，从而填补因子女离巢而留下来的情感真空。

第四章

# 恋爱情感的心理自制

所谓恋爱情感的心理掌控，简明地说就是爱情心理学，它是研究男女恋爱中的心理现象及其发生与发展规律的科学。

爱情的现象可以去理解、可以去描写、可以去解释、可以去研究，但爱情的美只能在感动中得以体会，那是一种充满了想象与超脱现实的生命体验。

爱情不仅受社会、思想伦理等因素影响，也受许多复杂心理因素的制约。对此，女人拥有美好的爱情心理，才能领悟和把握真正的爱情，才能使爱情闪耀出美丽的火花。

## 第1节 正确地看待异性相吸的问题

在现实生活中，经常听见有人调侃说："男女搭配，干活不累。"的确如此，这是一种异性相吸定律的典型表现，也是异性之间的一种正常的本能反应。

对此，孟子在几千年前就得出了很简洁明了的结论："食色，性也。"意思就是说：对美食和异性的追求，是人类的本性。

### 1. 了解两性相吸的原因

男欢女爱是人之大欲，它可以令无数人获得极大的人生趣味，也令无数人陷入极深的痛苦中。

青春期以后，男孩子固然渴望结识女友，拉拉女孩子的手，女孩子也会有白马王子的梦，幻想与英俊潇洒的意中人山盟海誓，花前月下。

此类欲望可以持续终生，只是随着人生经验与阅历的增长，人生其他方面的压力和精力会渐渐减退，对男女情欲也就不那么执著了。为什么我们会有异性相吸的倾向呢？

首先，这是我们作为生物延续本能的体现，因为没有这个本能的物种都灭绝了。

其次，最初的原始生物是不分性别的，但在生物进化的过程中逐渐形成了两性生殖，这是因为一方面通过两性分化，将生殖系统分成了两个部分，通过这种分工合作能够节省能量，有利于生存；另一方面两性生殖具有更高的变异性，产生的后代更能适应环境而存活下来。所以高等生物都是雌雄异体，两性生殖的。

再次，具有对异性的吸引特征的个体，能够得到更多的交配机会，经过不断的选择，这种特征越来越明显。产生的后代雄性总是具有吸引雌性的特征，雌性总是具有吸引雄性的特征，即所谓的异性相吸，而那些不能够对异性产生吸引的个体则逐渐地被淘汰了。同时被异性吸引的个体能够留下后代，从而将特征遗传给后代，而同性恋则不容易留下后代。

最后，一方面异性相吸有利于产生爱情，另一方面相亲相爱的父母能够齐心协力共同抚养后代，后代的存活率会比较高，而那些没有爱情的父母，有单亲抚养后代，或是都不抚养，后代就不能健康快乐的成长，这样必然会遭到淘汰。所以说爱情也是经过进化而来的。

**2. 认识两性相吸的表现**

两性相吸是我们人类本能的一种体现，究竟在哪些方面最能够让我们表现出两性相吸的本能呢?

**(1) 性感的下巴**

下巴短小的女性和拥有浓眉的男性最受青睐。拥有这些特征的男女更具吸引力，因为它们预示着生殖健康。雌激素会限制女性下脸庞和下巴的骨骼生长，使它们相对短小，同时这种激素还控制着女性眉毛的生长，令其更加突出。男性则受到睾丸激素的影响，有助于形成良好的下脸庞、下巴和浓眉。

**(2) 幽默感**

幽默感也有助于维持双方的长久关系。幽默对男女的重要性各不相同，女性会青睐经常令自己大笑的男性，男性则更喜欢被自己的玩笑逗乐的女性。

**(3) 诚实**

令人感兴趣的是，科学家对刚刚坠入爱河者的大脑扫描结果显示，居于榜首的恋人品质居然是诚实，仅次于诚实之后的重要特征是相貌、家庭责任感、财富和地位。

**(4) 身体的对称性**

身体的对称性即身体的左半边应该与右半边一模一样，四肢匀称，男女两性均认为身体对称性好的异性更具吸引力。相比而言，男性观察女性的方法略有不同，他们对女性脸部对称性的重视要超过身体。

**(5) 体味**

人们在选择伴侣的过程中会本能地用上鼻子，根据气味判断对方是否适合自己。这种依靠嗅觉辅助辨别心上人的功能与人体的免疫组织有关。当人们互相靠近时，身体散发出的气味会被对方所感知，并判断出是否会引起体内组织器官的不适。

一般来说，这种对对方体味的辨别不会受到外界气味的影响，也就是说，尽管适当使用香水，可能有助于增进对方的好感，但不会起决定性作用。

**(6) 性格相似**

一旦恋人间完成了爱情长跑，性格的相似性会让彼此的关系更加牢固。

你知道，在女人的心目中，什么样的男人最有吸引力吗？现在让我告诉你吧！

1、真实

男子要真实，真实是最有力量、最有信心的表现。实话最好说，不假思索，怎么表达都是真的;谎话最难讲，怎么编也编不严实，所以，丈夫大可不必自己找罪受。

2、深刻

男性的深刻最有魅力。“思想深刻”的男人要比外貌高大更有吸引力。

3、胸怀

有胸怀的丈夫，让妻子感到放心，感到安全，所以平时生活比较轻松，很少惧怕什么，能够完全展示自己的内心世界。

4、敢为

一个男子汉至关重要的品质是敢作敢为，大致包括：敢想、敢讲、敢做、敢胜、敢败、敢爱、敢恨、敢于战斗，又特别能战斗。

5、风度

风度与人的气质相联系，代表着一个人的人格倾向。男人的风度是一种成熟美，女性最欣赏男人的成熟。

6、机灵

做事奇特，也不多做解释，思考问题的过程不和盘托出，而只是给人最后的结论。这样机灵的丈夫会使妻子感到深奥，男性的这股“鬼精灵”劲儿再加上他们的好品质，将是对女性有力的吸引。

7、幽默

有幽默感的丈夫，大多是十分乐观的人。具有积极向上的人生态度和百折不回的精神，这样的丈夫，受到挫折，遇到逆境，也决不愁眉苦脸，仍然是打趣、逗笑别人，使人不感到逆境的压力，使沉重的生活显示出轻松，以减少烦恼。

8、进取

男子汉的进取性应该表现在生命的每时每刻，是一种向上的精神，是对事业、未来的一种进取心。

9、浪漫

婚后的好丈夫应该具有浪漫的情怀，会时常给生活创造“故事”，这种浪漫型的丈夫非常有吸引力。

10、冒险

妻子喜欢冒险的丈夫，因为那将有一种神秘、危险、探索的意味，令人神往。

你现在已经了解了最有吸引力的男性，现在再来看看最有吸引力的女性吧!

1、体现温柔

一个感性温柔的女人，无论思考、语调、一举手一投足都更细腻、更具感染力。

2、善于思考

很多人虽其貌不扬,但一旦沉浸在无边的“思海”中,脸上自然会多了一分韵味。

3、率性而为

除非你天生冷艳或清高，否则，敢爱敢恨、敢大哭、敢大笑，对生命充满热情与敏锐的女人，本身就是一团惹人的火焰。

4、富有涵养

若你很宽容，不计较小事情，你的大度是感人的。特别是那些伤害过你的人或者是事情，你都能放得下，那真的是有涵养。如果你不是揪住丈夫“小尾巴”不放的人，男人会更喜欢你。

5、有神秘感

据性心理学研究，男人喜欢的女人，除了发自女性的自信心、懂幽默、爱浪漫、刺激及冒险外，原来还有一些比较虚无抽象的元素，其中神秘感就是另一个性感元素。请记住，不要完全满足对方的好奇心，保留一份神秘感。

6、妩媚动作

不经意地咬手指、托腮、不经意的把头发潇洒地向后拨，双手轻轻地捧着脸庞、无奈时耸耸肩膀、交叉双手轻抚着肩头或后颈等都是些妩媚的小动作。

7、懂点艺术

懂点书法、美术，会唱歌、玩乐器的人总会流露一份夹杂着性感的感性与温柔，而这份意念其实比性感更诱人。

8、阳光肤色

凝肌胜雪的肤色固然新鲜如树上刚熟的桃子，叫人垂涎，但一身阳光肤色配上合度的身型，何尝不是在散发着一种性感。

9、性感着装

性感着装能充分表现女性之美，是完全可以满足男人视觉需求的。

10、散发香气

男人的“味觉”也很敏感，若你总是香气飘飘，一定会撩起别人不尽的幽思。

## 第2节 性欲是一种必然的生理现象

性欲也称性动机或性驱力，是一个人成长到了青春期后的本能反应，它有两种含义，即异性间互相接触的欲望，以及在一定程度性刺激下产生进行性交的欲望。性欲是一种复杂的生物学现象，是人类所共有的生理和心理行为体验，是源于大脑深处的一种微妙变化。

我们应该充分认识到，人与其他动物在此方面的区别就在于人类的性行为受到理智的控制和意识的支配，所以应该懂得正确地看待性欲。

### 1. 了解性欲是人的本能

性欲和食欲一样，是我们人的一种本能，是两性关系中必然的生理现象，也是人类为了种族延续和发展的本能。

现代生物学证明，性欲是一种生物冲动能量，也称性动机、性驱力或性张力，是人类的精神原动力。

男女性激素、脑垂体和下丘脑，是性欲的内分泌系统，维持了性张力的持续性和兴奋性，叫做“背景性性欲”，它为我们的种族繁衍提供了可能性。

性欲是性功能的第一个环节，可因我们年龄、个性、精神状态、身体健康状况、生活条件与环境、工作忙闲、夫妻感情、性生活的经历而不同。

性欲的个体差别也很大，即便是同一个人，性欲的高低，也有周期性变化。

一般认为，从每周或每日平均同房次数，可以反映出性欲的强弱。

性欲的发生与两性的生理基础有关：其一是由性激素、性腺所构成的性内分泌系统，它能维持两性性欲的基本张力和兴奋性；其二是由大脑皮质、脊髓的性兴奋中枢和性感区及传导神经组成的神经系统，它们保证机体对环境的及时有效的反应能力。

科学家们一般认为，性欲是一种本能的欲望，对于繁殖下一代有利。不过一般而言，大多数动物的性欲只存在于发情期时，而动物的发情期通常都有一定的时期。

对人类来说则没有发情期的概念，或者说人类在任何时候都可以发情。如果不学会控制自己的性欲，就会导致性犯罪的行为。

单身人士可以通过自慰来满足自己的性欲，这是很正常的事情。全世界的人都有这种行为，安全无害。对于男性来说，可以防止前列腺炎和前列腺癌的发生。男女都可以通过自慰，来了解自己的身体，这对以后的性生活有益。

如果一定要分期的话，人在早晨性欲会比较强烈，这就是为什么在早晨的时候，年轻的健康男性的生殖器会自然勃起。

随着年龄增加，晨勃的机会就会逐渐减少，这是很正常的事情，没有必要因此而担心。

### 2. 认识影响性欲的主要因素

性欲是我们的本能，但是每个人的性欲并不是完全相同的，即使同一个人，在不同时间也是不一样的。影响性欲的主要因素有哪些呢？

**（1）遗传因素**

性欲的强弱与遗传因素有一定的关系。

**（2）荷尔蒙水平**

雄性荷尔蒙对性欲的影响最大，如果体内雄性荷尔蒙偏低，不管男女，性欲均会减退。

**（3）感觉刺激**

借助于视觉、味觉、听觉、嗅觉、触觉等感觉，可以唤起男女神经的兴奋，从而唤起性欲。

(4) 性经验

过去有愉快的性经验和社会经验的人,较易唤起性欲;反之,便较难唤起性欲。

(5) 复原时间

很多人在性生活高潮后，需要一段时间才能再唤起另一次的性欲，而这段时间的长短也因人而异。

(6) 环境因素

环境的气氛、温度、季节、饮食多少，有无服用药物等都会对性欲产生一定的影响。

(7) 文化影响

伦理、法律等文化因素会对我们产生一定的约束力，并进而影响到我们的性欲。

(8) 精神状态

忧虑、恐惧、愤怒、挫折、疼痛、不舒服及困惑等精神因素会引发我们的身体变化，同时影响我们的性欲水平。

(9) 年龄因素

一般而言，男性在18岁至25岁时，性欲最高涨，而女性则在35岁至40岁性欲最高涨。但随着年龄增加，雄性荷尔蒙的减少，皮肤反应迟钝，性器官血液循环较差及生活压力都会使人的性欲减退。

(10) 健康状况

只有健康的身体才能维持正常的性欲，如果患有内分泌疾病、生殖器官的疾病及其他消耗性疾病，都会使我们的性欲大受影响。

你知道吗？在导致性欲减退的众多因素中，有半数以上可以由自己消除。现在让我来告诉你有哪些吧！

1、情绪因素

人在情绪不佳时，性欲容易暂时减退，在爱人情绪不佳时，首要的问题是帮助他或她消除不良情绪，做好心理保健，此时不应过性生活。假若爱人勉强应付，非但激不起快感，还容易导致性冷淡，而且会损害夫妻感情。

2、营养因素

营养是性爱的物质基础，充足、齐全的营养，特别是多吃些含优质蛋白、多种维生素和锌的食物，可维持性功能的正常水平。

3、烟酒因素

烟酒可使性功能减退，性欲下降，但烟和酒精对性功能的影响是可逆的，戒除烟酒后，大多数人的性功能可逐渐恢复至正常水平。

4、药物因素

影响性功能的药物种类很多，其中重要并常见的有：利血平、萝芙木、心得安、氯丙嗪、普鲁苯锌和一些抗癌药物。如长期接受放射治疗，也可导致性欲降低。适当避免长期服用这些药物，也能保持我们的正常性欲。

5、居住因素

居住在杂乱无章、通风不良、过于拥挤的环境里，不仅会引起心绪不佳，而且由于室内新鲜空气不足，容易导致大脑供氧不足，影响性功能，使性欲降低。特别是几代人同居一室，或与子女同睡一床，会形成无形的心理压力，容易引起性欲减退。这就要求我们要经常清理、改善自己的居住环境。

6、诱发因素

生活单调或很少与他人交往，从不看有关爱情的书刊和电影、电视，也不谈论有关话题，即缺乏性爱方面的诱发因素，性欲便受到抑制，处于较低水平。长期无性生活或很少获得快感和满足者会使性欲降低，同时，过频的性生活也会导致性欲降低。

7、感情因素

人类与其他动物不同，性欲的产生并不是单纯的生物本能，多由爱情所引发。所以培养夫妻间的感情和谐很重要！

8、健康因素

健康状况对性欲的影响既重要又复杂。因为，只有身心都健康的人才能长期保持较高的性欲水平，这就要求我们要经常锻炼身体！

# 第3节 过分的单相思会导致心理失调

单相思是指男女之间只有单方面的爱恋思慕，也比喻双方中只有一方有相爱的愿望或热情。单相思也是大多数人都经历过的一种心理状态。单相思算不得病，但过分的单相思会导致严重的心理失调，成为单思病。

**1. 认识单相思的危害**

单相思常是初恋的触发点。我们知道，儿童也常有单相思，但那属于稚恋，并不会引起很严重的心理失调症状。

青春期发育的初始阶段，男女青少年情窦初开，常常选择生活中或影视中的异性杰出人物作为自己仰慕、追求的偶像。在这个阶段。单相思可以说是少有顾忌的，并带有很大的盲目性，非常容易产生心理问题。

单相思具有非理性化的倾向，单相思者总是一厢情愿，全然不顾对方的感受，颇像自恋型人格的某些特征。

事实上，单相思的苦恼来自我们自己的怯懦与幻想。每个人在恋爱之前总有那么一段单相思，可大多数人要么直接求爱，要么认识到这种爱的不切实际而转移方向。但是患相思病的人却会把自己淹没在苦海里而不能自拔，我们所爱的人对此却一无所知，这便是酿成悲剧的真正原因。如果我们早一点表白的话，好多单相思者会有猛然清醒的机会，而不至于走上绝路。

单相思患者喜欢沉迷于幻想之中，在恋爱中较少采取切实有效的行动。我们的幻想中有夸大对方、贬低自我的倾向，这是不良的思维方式。针对上述特点，我们建议单相思者采用下列方法进行自我矫正。

单相思主要是在初恋期出现，在十六七岁的豆蔻年华，少男少女追求异性的欲望急剧振荡，可此时的少年思想还不成熟，充满稚气。这种情绪与理智的不合拍便自然导致了少年们单相思的非理性化。

当你越把爱欲投注于一人的时候；这个人的光环就越艳丽灿烂，甚至连这个人的缺点也成了魅力所在。如把这种淤积的爱欲分流、外化，从而导致新的心理平衡，单相思者就能渐渐从单相思的泥沼中走出来。

### 2. 单相思的心理调适方法

其实同龄人差不多都有可能正在单相思。如果你是处在一种淡淡的、甜甜的单相思中，这是很正常的，并不是一种病，这里需要改变的是被单相思搅得天翻地覆的那种状况。我们最后要达到的目标并不是要你完全断绝单相思，而是要你把单相思控制在一个适度的范围内。我们应该怎样进行心理调适呢？

**（1）向密友诉说**

如果你已被单相思折磨得万分痛苦，最简捷和安全的选择就是，将心事告诉你的密友。

你会发现你的朋友会帮你出谋划策，甚至告诉你他的单相思故事呢。这样，你会感到自己在相思路上并不寂寞。

不管你朋友的谋划对你的爱情有没有帮助，能倾吐一下心中所淤积的爱意，把自己的焦虑和忧愁与你的朋友分享，你会感到轻松的。朋友的劝导、安慰会在你的内心自然构起一个新的兴奋点，你的感情也会向这个新的兴奋点分流。

**（2）多参加运动**

运动能够消耗部分淤积于内心的能量，从而使人意气风发、情绪高昂，获得自信与自尊。

**（3）敢大胆表白**

如果你处在恋爱的年龄，向意中人明白地表达爱慕之情是摆脱单相思的直接方式。一般来说，单相思者的意中人多是出类拔萃者，所以我们可以推想他们大多很理智。

当你向意中人直接表达爱慕之情后，对方可能会接受、劝慰、拒绝或者漠视。

如果对方接受你的爱当然是最好的，如果对方找出种种缘由劝慰你放弃，你就应该知道你们情缘已了，但交个普通朋友，对方是不会拒绝的。这样，你单相思的苦恼也可解除不少。

如果对方拒绝了你，你可以大哭一场，或大怒一场，这对你来说也是人生必经的一次磨炼和情感体验。美梦惊醒的那一瞬间虽然痛苦，但你很快会发现这也并非世界的末日，吸引你的事情还会不断地出现。

如果对方漠视了你，不理睬你，你应该对自己说："他根本不懂得爱，一个完美的人怎么可能对别人的爱慕无动于衷呢？"你尝试用批评的眼光去轻视你的崇拜对象，你会发现这也是一种非常有趣而且有用的体验。

### 3. 摆脱单相思的烦恼

由于恋爱与思恋是两厢情愿的事，单相思者常常为此而陷入极其难堪、苦闷和烦恼的境地，不仅影响学业、事业，而且影响身心健康。那么，如何摆脱单相思的烦恼呢?

**（1）树立正确恋爱观**

要正确认识恋爱是男女双方的两厢情愿的过程，检查一下自己是否产生了期望的效应。同时要对自己单方面的思恋加以否定。俗话说，强扭的瓜不甜。爱情是不能强求的，更不能去乞求。

**（2）去掉不良的欲望**

人往往在暗恋上别人以后，总是难以忘掉，工作无所适从，生活无规律，从而影响学业、事业。不时还会产生一些不良的行为或欲望，我们必须树立崇高的方向，消除单相思的烦恼，使自己有利于社会和自己。

**（3）要学会宣泄情感**

单相思后不要把痛苦长期埋在心底，独自品味。使自己长期陷入单相思的苦闷和烦恼中，从而影响身心健康，而应找自己亲戚朋友倾诉一下心中的烦恼和痛苦，以减轻自己心灵上的负荷。

**（4）学会转移注意力**

自己一旦陷入单相思的苦海中时，就应用意志尽快转移情感，寻找新的情感依托，以此淡化单相思的痛苦。要设法将自己从爱的沉溺中摆脱出来，如参加一些集体活动，看看电影，旅游等，使自己的注意力由对方转移到其他生活内容上来，就会逐渐使记忆淡漠，而摆脱单相思。

对于你与对方的关系，可冷静而现实的思考一下，双方在文化、性格、志趣、修养、相貌、年龄及家庭等方面是否相适应，自己的选择是否符合实际，要让自己换一个角度来看待这些问题，这样，你很可能发现自己的单相思是多余的。

一个人一旦陷入单相思，便像吃了迷魂药一般，整日恍恍惚惚，行为不再受理性思维的支配，而受制于潜意识中的幻想。而这种幻想又往往与现实相混淆，这便是问题的症结之所在。现在你必须静下心来分析一下自己的思维。你可能会这样想:

1、他(她)太完美了，他(她)的一举一动都像在施魔法似的，我太丑陋了，我的一举一动根本吸引不了他。

2、如果能和他(她)结婚，我便是这世上最幸福的人，如果办不到，我便是这世上最痛苦的人。

3、为了他(她)，我愿意赴汤蹈火，为了他，我愿做他的奴隶。

我们可以发现，在前一句话的背后还有一层隐意，那就是后面的话。你常给自己念叨第一句话，并不知蕴藏在心底的第二句话，而第二句话恰恰说明你严重地缺乏自信。

现在我们要做的是，把第二句话提到明处，这是你恢复理智与自信的关键。我们应该这样想:

1、他(她)很优秀，对我具有魔法般的吸引力，但我也不错，我要努力赶上他(她)。

2、如果我能和他(她)结婚，我可能是十分幸运的人。如果办不到，我也有可能找到比他(她)更好的人。

3、为了他(她)，我愿意尽己所能，但我没必要为他(她)忍受过多的折磨。我是一个独立的人，我不能失去自尊。

如果坚持以这种方式思考，你便会恢复自己的理智。

## 第4节 用理性的眼光看待一见钟情

一见钟情，是指男女之间一见面就产生了爱情。钟情男女初次相见，除了对对方良好的学识风度、优美的身体仪表、得体的进退谈吐等外部人格特征表示接受、欣赏外，异性交往在审美标准上的“生理效应”也是激发情感的重要因素。

在文学作品中，一见钟情是富有戏剧性、充满浪漫诗意的主题，而在报刊中，我们要更多地看到的是关于一见钟情结苦果、酿悲剧的警世故事。

社会的婚姻指导也常以此来告诫我们年轻人恋爱要慎重、理智，那是因为一见钟情往往凭借直觉，是盲目性较强的心理吸引，而这种在瞬间萌发的恋情虽可撞击出炽热的火花，但并不都可靠、持久。

### 1. 了解一见钟情的原因

无论男女，我们都会把自己最满意的异性特征储存在大脑中，并不断修正和补充，随年龄增长越来越具体清晰，最终形成爱的图谱。

一个偶然场合，你和对方相遇，第一次目光相触，你捕捉到的对方的身高、体形、眼神等信息，通过视神经传递到大脑，对方的特征与你所储存的爱之图谱越吻合，大脑的反应就越强烈，并会最终给你一个明确的判断：“我要找的就是这个人。”

我们人和其他动物一样，能分泌一种外激素，从而产生具有个体特征的气味，这种气味和汗液混在一起，从人体皮脂腺开口处分泌出来。

科学家发现，一个人的气味，有的人闻得出来，有的人就闻不到，有的人觉得好闻，有的人则相反。

在寻找配偶的过程中，味道起着十分微妙的作用，如果你突然间闻到了，哪怕只是微弱的气息，也会引起强烈刺激，并立刻改变你的情绪状态：如果觉得对味儿，就会产生想靠近对方，想在一起的冲动，而这种一时的冲动，或许就是所谓的一见钟情。

有些时候，一见钟情往往喜爱捉弄生活不是太尽如人意的人。如果你总在期待一见钟情的发生，说明你的生活圈子过于狭窄，情感生活单调或有所不满。这种一见钟情，很可能是寂寞或发泄的代名词。

而在生活状态或两性情感发生很大变化时，也容易产生一见钟情。不过，这种一见钟情，也很可能只是我们受伤后安慰自己的心理补偿，或只是想要报复对方而自觉可以接受的一个借口。这时候，就需要平衡一下现实生活，冷静看待一见钟情的可靠性。

### 2. 认识一见钟情的可靠性

在爱恋方式的选择上，一些朋友由于这样那样的原因，对一见钟情的婚恋模式抱有特别的好感，个别人甚至守株待兔般地等待对方的出现。那究竟一见钟情靠得住吗？

首先，当你邂逅一个异性时，对方的容貌、风度、谈吐等外在形象和气质唤醒了你潜意识中的美的偶像，这会使原来朦胧的潜意识清晰起来，与现实中对方的形象迎合，于是便自然而然地进入了美感共鸣状态，产生了一见钟情的惊喜。但现实生活中也不乏凭这种所谓的首因效应而看错人、对错象的。

其次，一个人的外表美、气质美往往会为他套上一个五彩缤纷的光环。然而，这种光环效应的可靠性是个未知数。

暂时相信一见钟情的感觉。这对于挑剔爱情和婚姻的现代男女来讲，并不是一件坏事。

但也要相信自己的第二眼，因为第一眼附带了很多心理和想象的自发性，感性多而理性少，所以，有所保留的试探性态度，以及事后的观察和考验也很关键。

因此，如何使一见钟情的偶然性演绎为幸福婚姻的必然性，对于青年人来讲尤为重要。

由于大多数年轻人在恋爱时未必能把握成熟的择偶标准和审美情趣，有的甚至在青春期就懵懵懂懂地坠入了一见钟情的情网。因此，需要给自己泼点冷水，要以时间来深化对彼此的了解，全面考察对方的内在品性，尤其对不利条件和缺陷要有清醒的认识。要知道，婚前的感情基础尤其是对未婚对象缺点的了解，与婚姻质量具有显著的正相关。

假如你已成为一见钟情的俘虏，不必惊慌、担忧，因为这毕竟是一种美好的经历和缘分。但同时也不要被对方的外在美蒙蔽，而要多一些理智和清醒，少一些“情人眼里出西施”的幻觉，在双方的互动中增进沟通、融合个性，以便作出更好的选择，避免一时冲动的草率结合。

你是否会一见钟情呢？现在让我来给你做一下测试吧！相信你很快就知道答案了！

背包是流行不衰的商品，各种背包样式不断翻新，年轻人少不了有好几个背包，请问你最爱的背包类型是下列那一种？

A.双肩背包　　B.大型单肩背包

C.斜肩背包　　D.小型肩背包

现在我们来看你的选择结果。

如果你选A，说实在的，你不是一见钟情的信徒，但是有趣的是，你被电到的几率还不少。陌生人的姣好面容与帅劲身材，或是眼神与动作，可能都会让敏感的你，心儿蹦蹦跳，当场忘了自己是谁。不过这种经验多了，你也有点不在意了，因为你始终没胆化意念为行动，之后逐渐淡忘，所以只有那一刹那的交会，会触动你的爱情心眼。

如果你选B，对于一见钟情，你爱的是那种不可知的感受，不知道对方的姓名和任何背景资料，只依循着直觉，不论是跟随动物性或是所谓的第六感而来，就是电到你的视觉神经和你全身细胞，你喜欢那种纯粹感官的感觉。但是有点难过的是，你被电到的机会不多，也许是这样，你会格外珍惜这些机会。

如果你选C，一见钟情对你来说，是一种比较不切实际的想法，你不太相信什么前世注定，看顺第一眼后，还需要相处，才知道适不适合，能不能谈得来。你信奉的是二见钟情，这对你来说比较重要，因为只凭一眼的印象，就疯狂爱上一个人，对你来说，是件超冒险的事情，所以你被电到的几率，会比较低。

如果你选D，与其说你相信一见钟情，不如说你是渴望一见钟情的感觉，不管你的外表如何酷，其实内心深处对于爱情，还是有所期盼。不论看尽身旁男女离合的故事，或是你自己在情海浮沉多次，你还是相信在全世界一定有一个人会是你的灵魂伴侣。当你看到对方时，就会有火光电石交会的感受，所以你不会放弃在茫茫人海中，寻找到对方的任何机会。

## 第5节 理智地看待网恋问题

网恋，即网络恋爱，指男女双方通过现代社会先进的互联网媒介进行交往并恋爱。

网恋本身具有一定的虚拟性，所以它在促成未婚男女结合的同时，易导致婚外情，造成夫妻感情破裂。

### 1. 了解网恋流行的原因

网络让我们与陌生人相识，就算天各一方，也会因为网络的神奇而变得没有距离感，而我们的世界也因为有了网络而变得更精彩生动。

几乎所有上网的人都会感叹着网络的虚幻缥缈，几乎所有的人都曾抗拒网恋的魅惑，但多数的人却又经不起这样的诱惑，被网络的神秘所吸引，而人的情感也会随着对它的依恋而牵动。

可见没有坚不可摧的情感，当一些莫名的心绪从心头滋生，当一些扰人的感觉在心底蔓延，就算是自以为很有理智的人，也有迷糊崩溃的时候，会被一种曾经不屑一顾的感觉所干扰，会被一份被无数人证明是虚幻的恋情而悸动。

而这些心动或许就是在不经意中产生的，让人防不胜防，等到发现时已经措手不及，徒然让自己陷入更迷惑的状态中。

现实生活中，很多人都戴着虚假的面具，很少在别人面前流露自己的真情实感与内心想法，缺少倾诉的生活让许多人觉得身心疲惫。

而在网络世界中，我们对着电脑，少了许多压力，可以抛开所有的伪装，在这里用坦然的文字与人进行交流，这样的交流会让心与心的距离拉的更近，在情感的世界中毫无保留的释放着自己的心情，给了我们一个真实的空间做回自己，让心情与梦想跟着音乐一起在这样真实的空间里放飞。

也许生活中的你，面对你喜欢的人很难将“我爱你”三个字轻易启齿，但在网络中，你却可以大胆地把它喊出来。你可以在网上给你喜欢的人献花，送上你的亲吻与拥抱，你也可以给你心仪的人写情书，求婚，甚至来段网络婚姻，所有这一切，虽然都是虚拟的情景，但人的感觉却是真实的，与现实中的恋爱一样也有酸甜苦辣。

也有人会说这些都是一时冲动的行为，就算在网上把所有的事、所有的话都做了、说了，到最后又分开了，也不用承担任何责任，所以网恋只是一场游戏、一场梦。

网恋有让人心醉的美，网恋让有的人痴迷不悔，网恋让爱情多了几分浪漫，网恋让生活多了几缕糊涂的美丽，但不管怎么说，网恋再美，也总是太虚无了。因此，很多时候，对很多人而言，网恋都是来也匆匆，去也匆匆。

网恋的美丽浪漫，让上网的人拥有了一份虚拟空间的网络情缘，网恋的诱人与独特，又让流连于网络中的人多了一个致命的陷阱，在其中沦陷、迷醉。网恋的花虽然开得艳丽，结果的却很少，这是让身陷其中的人最痛苦的事。可人又都是有感情的动物，还是正确对待网恋，不要奢望，不要伤害，不要轻易释放内心的情感，也许是最好的结局。

### 2. 认识网恋的危害

网恋的魅力在于网络的虚幻，而网恋的危害也恰恰在于其虚幻，网恋的危害有哪些呢？

**（1）摧毁婚姻**

婚外恋在现实生活中会受到社会主流价值观的批评，但是网络的隐蔽性为人们提供了相对自由的空间，因而逐渐成为了婚外恋的主要途径。

网恋会使潜伏的婚姻问题长久得不到解决，对婚姻的伤害是长期的。跟其他形式的婚外恋相比，网上婚外恋对婚姻的毒害是慢性的。

**（2）人情变异**

网恋使恋爱中的人忽视了身边亲人的喜怒哀乐，整日里只是呆头呆脑地等着那个头像的闪动，淡漠了家庭的天伦之乐。

**（3）现实脱节**

网恋使恋爱中的人沉醉于网上，无暇与身边活生生的同学、同事、朋友进行沟通，任何新朋旧友再也无法占用你宝贵的时间，这就少了另一份欢乐与愉悦。

**（4）荒废学业**

网恋使多少青少年因之而荒废了自己的学业，也使多少成年人因此而荒废了自己的事业，多少丰功伟绩毁在了网络上。

**（5）损害身体**

人不是蜘蛛，可以不分昼夜地整天爬在网上，如果变成蜘蛛那么恋网，身体将会受损。大脑发达，四肢萎缩。颈椎病，眼病，皮肤病，鼠标手，佝偻状，活脱脱一副现代人的病态。

**（6）上当受骗**

在网上，除了人不是真的，剩下的几乎都是真的。当然，骗子也是真的。媒体报刊多次报道网络骗子，劫色劫财，杀人敛财，金融诈骗，电脑黑客，网络间谍等。

利用网络谈恋爱本身不是坏事，关键是如何回避其中的风险和危害。与其他恋爱方式相比，不见面的网恋很容易被表面现象所迷惑，坏人利用网恋实施犯罪的新闻屡见不鲜，年轻人网恋一定要多留心眼。

网恋只是众多恋爱方式中的一种，本身并没有什么好坏，关键看你是怎么对待的。让我来给你说一些成功网恋的方法吧！

**1、要真诚**

既不可轻信他人的只言片语，盲目追求浪漫，昏昏沉沉，早早的陷入其中。也没有必要由于负面报道，将网恋一棒子打死，不知珍惜，盲目逃避，错过终身幸福的机会。

双方应该主动出示其有效证件或其他证据，以证实其真实性。同时，也需要双方有足够的辨别真伪的能力。在首次见面时，一定要相约在人多的地方，甚至女方如果要求有家人作陪，也是可以理解的。证明现实身份这一步是十分重要的，不论你们在网络中多少甜言蜜语，有过多少承诺，证明这一步都不可忽略。

2、不放弃

幸福就要降临，却因为是网恋，就要放弃，实在令人心疼。不过打破这一点，其实并不难，即从网上转到现实，至少要相见一面，以增强双方的信心。如果，双方距离较远，男性网友应该主动与女性网友见面，因为，通常女性网友较易受到伤害，男性应该有勇气承担这个虚拟的风险责任。

3、懂得爱

我们要知道，在网络中，双方会不由自主的互相展示个人的优点，而潜意识地将缺点掩盖。网络中期望值太高，到了现实中故而失望，认为对方是在欺骗，于是忘了对方的好，便以失败而告终。要知道，爱一个人，其实是要爱他的全部。

4、正视现实

由于网络的多样性，造成客观情况的复杂性，也就比现实恋爱呈现出种种无奈与遗憾。现实也许是苛刻的，但一旦成功，幸福的收获更是巨大的。

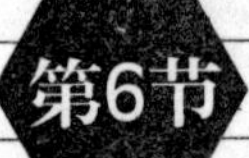

## 第6节 正确看待追求的主动与被动

恋爱是男女双方两个人之间的事，但相对来说，总存在着一种主动与被动的关系。在传统的爱情生活中，广大女性一直处于被动的局面。可随着时代的发展，当今已是男女平等的社会，女性应该和男性一样有追求爱的权利。我们千万不要由于顾念自己所谓的什么女性的矜持、含蓄，而白白丧失良机。要知道，好男人在任何时候都是稀缺资源，先下手为强吧！

### 1. 懂得把握男人的心理

沉浸在爱河中的女性，认清你面前的男人很重要。记住以下这些问题，对你会有很大帮助。

这个世上没有完美无缺的男人，完美无缺的男人是罗曼史小说里的主角，他是不存在的。但世上确有数以千计的实在的男人。

喜欢刺激的男人可能使女性痛苦。这种男人不知道温柔体贴，总是粗暴、激烈、专横。这是因为：喜欢刺激的男人下意识地想惩罚女人，认为女人是使自己感到舒服的性爱对象。这种男人不具备必要的技巧手段。他们不知道女人往往要比男人慢得多。这种男人恐惧因交流感情而产生的紧密联系，对真正的亲密心怀恐惧。面对女人，他们只愿意裸露身体，而不想裸露灵魂。女人改造男人的愿望终将落空，女人的愤怒将使男人打退堂鼓。绝不会有男人能赋予女人自尊。许多好男人都被忽略了。男人品格之中最优秀的部分一般在最后一刻显现。那些初看起来十分吸引人的男人也许在开始会有种“新鲜感”，然而他们常常无法给予女性足够的情感。

女人对男人的期望越少越好，因为男人对女人那些隐藏性的期望十分敏感，过多的假想足以扼杀彼此的关系。

聪明的女性不会等待好运，而是去创造好运。聪明的女性将在不奢望的情形下享受求爱的过程。

喜欢异性的女人令男人喜欢。如果你有意让男性知道你喜欢他，他一定可以感觉得到。这种温馨和接受力是促使“化学作用”加速进行的催化剂。

多数男人都需要女人。他们渴望一个倾诉的异性对象，渴望一个能使他们感到如释重负般自在而又不遭到她批评的女人。

男人渴望一点约束力。若说男人不喜欢被约束于某种关系上，那是神话。由他们的表现看来，他们确实需要这份约束力。聪慧的女性为什么不以最后通牒来提醒他们呢?

当我们对对方没有十足的把握，不敢掉以轻心的时候，往往是感情最活跃的时候，所以保持一点神秘感有益无害。

### 2. 用心编织柔情网

如果你刻骨铭心地爱他，不要只是辗转反侧，整夜无眠，聪明的女人总是会退而结网。那么怎么才能编就一张无穷无尽的情网，把心爱的他罩在网中央呢?

**(1) 善于巧妙进言**

如果他有睡懒觉或咬指甲的习惯，偏巧这种行为是你难以容忍的，那么你在劝他纠正时，在言辞方面必须格外小心斟酌，免得伤害到对方的自尊心。反之则适得其反，他还要给你一句：“关你何事!”岂不是惹了一肚子气。

你不妨以交谈方式，在无意间流露自己的观点，或家人中也有相同的毛病，不直接将他牵扯进去。以这种方法来引起他的警觉，才是聪明的你应有的方式。

**（2）别轻易展示攀比心**

女人自古便有攀比的习惯，若将这种攀比心理带到情场上，便是拿自己的男朋友和别人的男朋友比，言语之中，对别人的男朋友充满仰慕之情，仿佛自己男友无能之极。

男人自尊心极强，尤其是对这类敏感的话题，他听得多了，便会受不了，只好跟你说再见喽。

**（3）尽量不提旧男友**

闲谈评论旧男友，一是说过去的男友不错；二是说他一塌糊涂。而任何一种答案，都会令新男友不快。

你要说过去的男友不错，他会想："既然如此，你为何不与他重归旧好？"或你说过去的男友一无是处，他会想："是不是全是他的错？我不和你来往，你也会在背后如此说我吗？"

因此，当新男友问你过去的恋人情况时，你不要多作评论，要淡然应对。

**（4）关键时刻给面子**

在众目睽睽之下受人指责，必定会感到颜面无光。尤其是天生死爱面子的男性更是如此。他定会大怒拂袖而去。而你也会被他打入"冷宫"。

你不要直接指责，用疑问口气来提醒他注意即可，例如"……不是这样吗？"这种方法除了能顾全他的面子化解难堪外，还能维护男友的自尊心，不是两全其美吗？

**（5）正确处理约会迟到**

当你和他约会时，万一是你迟到了，唯一应对的办法，是轻轻地说一声"对不起"。

如果是他迟到了，即使你已经等得不耐烦，也不要一句话不留就愤愤走开，哪怕只留下一句话，也免得他过分难受和太深地自责。

留下一个纸条在留言板上或交给咖啡店的工作人员，这要依你的约会地点而定，告诉他，"我等了你很久，不知你是否赴约，只好先走了，请打电话给我"。也许因为这个简单的留言，他将会更喜欢你。

**（6）少往他单位打电话**

如果不是什么急事，尽量不要打电话到他单位找他，这是应有的礼貌。在他工作时，常常接到女朋友打来的电话，会影响周围人对他的评价。

不过，你们假若今晚有约，你有急事要突然改期，那么该改则改，不要在电话中相互商量。

你可以这样说："我今晚突然要加班，明天还是在老地方等你，好吗？"由于尽可能缩短了与他的交谈内容，只让他说"好"或是"不好"，这不就免去了他许多支支吾吾和不必要的紧张。

**(7) 学会"装傻"**

一般的男人对事业或工作，都有着强烈的自信和自尊心。如果你和他兴趣相同，或者是同搞一个门类，你似乎还高他一筹，千万记住，不要得意忘形地在他面前自吹自擂，一旦使他的自尊心受到伤害，那么下一个受伤的一定是你了！

此时，你不妨做出一副天真无邪的样子，让他畅所欲言地陈述意见，适时地点一点头，让他感受到一种女性的温存与体贴，你留给他的印象一定是非常良好的。

**(8) 不让你爱的人轻易受伤**

当你感觉到气氛不对，仿佛即将爆发一场战争时，你不妨先按捺住自己的性子，不要剑拔弩张，想在这种状态下做个了结，后果将不堪设想。

你这时应该给自己一段时间，让激怒的心情冷静下来。经过一段冷静而理智的思考后，就不会认为全是对方错，并可在思考中寻求更好的解决办法。

一定要记着，你们若是真心地爱着对方，就不要让你爱的人轻易受伤。

**(9) 别让他为陪你逛街而烦**

对男人而言，女人逛街实在令人费解，并觉得陪女人购物是索然无味的事。然而某些懂得体贴的男性，为了讨女友的欢心，不敢面露嫌恶之色，勉强硬着头皮陪伴。

若你不明白他心中的不悦，而兴致勃勃地一逛就是几个钟头，他则会感到无聊透顶。因此，当与男友逛街时要明确买什么，不妨说："今天陪我去买双鞋吧！"或说："只要花半个小时就行了！"

这样使他觉得有目的地逛街，便不至于太痛苦。买东西时，不要只顾挑选东西而忽视了他的存在，偶尔也征求他的意见，相信他会高兴地向你提供意见的。

**(10) 责备一定要温柔**

如果责备的技巧欠佳，对方可能一气之下调头离去。所以你一定要显示出是为了他好才责备他的，你可以说："这一点也不像你做的。"或者说："如果你能在这方面改正的话，会成为更完美的人。”

不要高声大喊，会让男人觉得你把他当小孩子来训，自然会心生不满。应尽量压低声调表现出闷闷不乐的样子，而且责备的话也不要多说，一句落地有声的责备词就能达到效果。

责备后不妨加上一句友爱的话，像“唉! 谁让我喜欢你了呢!”或者“跟别人可别这么任性喔!”这类话，才有弥补作用，打一巴掌别忘了给他一颗甜枣吃。

**(11) 失意的时候给他安慰**

聪明的女人在与男人相处时，经常会在交谈中听出一些弦外之音，或许是对工作的抱怨或许是同事间的烦恼，或许他的事业出了问题，或是惧怕失败时，他的忧虑绝不是表面的。聪明的你应善解人意地为他设置一个心灵的休息空间，一个男人一旦认定某个女人会理解他或帮助他时，他绝不会往其他方向去另寻目标。

每个人都希望寻求一个稳固点，不论是事业上的问题，还是其他方面的焦虑、不安或脆弱，男人对于女人的敏感和接纳是心存感激的。因此互相的体贴可以说是亲密关系中最美好的礼物。

**(12) 尽力讨好他的家人**

你要和你所爱的人向更深一层关系发展，除了爱他本人之外，还应该向其家人、亲友付出你的爱心，而不应该将自己的感情专注在他一个人身上，而忽略其他人。其结果往往会事与愿违，最终可能会失去了他的心。

你在拜访他家时，应进一步与他家人接近，进行礼貌而主动的谈话，同时也要了解他的生活环境。经过此次拜访后，不妨带些小礼物送给他弟弟、妹妹，或备一些别致的礼物祝贺他们入学或生日等。这种体贴的心意，有时比你把感情专注于他还要来得有效，更能紧紧抓住他的心。别忘了“爱屋及乌”这个词。

如果你要赠礼物给他，有一个高明的技巧，不要在开始碰面时就交给他，应在临别时拿出来，吊吊胃口，给他一个甜在心头的喜悦，是不是很浪漫?

恋爱的每一个日子都是浪漫的，作为一个聪明的女性，你一定要在这个季节展示出自己最美的地方，这样才能让你的白马王子对你忠心不二啊!

1、发型

随自己的脸型、心情、约会内容而定。长发可梳成“清汤挂面式”，也可以辫成小辫；短发上适当地戴些诸如发卡、帽子之类的头饰。前一天晚上，不妨为头发染一次油，可以突出柔顺而富有光泽的发质。

2、服装

穿些比平时略考究的服装，注意色彩要明快。如果天气允许的话，最好穿裙子。鞋跟不要太高，走起路来脚要舒服，还有一些细节，比如要把衣服熨平整，检查有无松动的扣子，换一双新的丝袜，看一下整体色彩搭配是否和谐。

3、首饰

有一件最精彩的配饰已足够。夸张造型的耳环最好不戴，不妨选择佩戴一种纤巧小耳钉。也许一条精美的丝巾，或一枚精巧的胸针可以显露你优雅的气质。

4、化妆

浅浅的腮红和口红，颜色用淡粉或浅橘色，看起来才自然。眼睛是重点，眼影最好是透明的或极淡的贝壳粉红。别忘了，出门前再加些淡淡的果味香水。

这样一番整理下来，你的男友一定会对你刮目相看。

## 第7节 消除花心才能得到真爱

花心是指对爱情不专一，即人们常常不能将一颗心完整的放在一个人身上。人的花心不仅和道德有关，事实上它更是我们的一种心理疾病，我们只有克服了花心心理，才会有自己的真爱，并享受美好的生活。

### 1. 认识花心的原因

造成花心的因素很多，如有些人一旦体内的后叶催产素等激素水平消退，就会通过另寻新欢再次获得刺激源，从而享受激素高分泌带来的极度愉悦兴奋，这是一种生理原因。

但是造成我们花心的，更多的是心理问题。

花心的人内心是空的，像个有磁力的无底黑洞，不断地需要外在的事或物来填充，但总也填不满。和一个人的地位、金钱、名誉是否高低无关，只是这些外在条件会创造更多的机会去不断地换人。

花心的人并不知道自己到底想要什么，没有安全感，对未来充满担忧。花心的人缺乏自信心和自尊感，缺乏内心力量，总是希望得到更多的赞扬、尊重、认同和肯定。多一个人崇拜自己，就多一份自信。

花心的人不想承担对他人的责任，就会采取逃避的行为方式，不断地变换是另一种逃避。

花心的人总是希望得到更多的赞扬、尊重、认同和肯定。

花心的人什么都想要得到，不肯放下，不停地追逐所谓的“更好的”。

花心的人在心理上没有“断乳”，没有剪断和父母的“精神脐带”，还没有完成心理年龄的成长，成为一个真正独立的心理成熟的人。

花心的人患有心理疾病，因为我们在原生态家庭中，童年曾经经受过的心灵创伤没有得到及时的治疗，这是常被父母和家人所忽视的心理误区。

如有些人的父母太优秀了，他们自然会对我们有更高的厚望。也正因为自己太优秀了，他们一般不会轻易地表扬我们。

这样一来，我们在儿时，很不幸地失去了父母的客观评价，这会使得我们无论在外人眼里多么光鲜，但内在的自我价值感却很低。我们在现实中如果不能通过正常的渠道获得成就感，就很可能通过其他旁门左道的方式获得，如不断地追女友的方式，从而闹出点事来，以吸引人们对自己的注意。

还有随着年龄的增长，不断地成熟，作为一个男人，我们会开始渴望自己是强者，而反感别人的保护。征服新的女生，被小女生崇拜，给了我们自己是强者的极大的心理满足。

这些心灵创伤一直伴随着我们花心的人，靠这样的行为防御方式，会让自己获得虚假的自信和尊严，带着一个越来越厚、越来越硬的金属面具在人生的长河中无奈、迷茫地行走。

让我们不再花心吧，因为它只会让我们受到更多的伤害，同时更会伤害到别人。我们一旦有了真爱，也就找到了自己人生的真正幸福。

### 2. 克服花心的方法

花心的男人是最孤独的，因为我们从来不知道约束自己的行为， 我们像一只气球，随风乱串，表面上很风光，身边时刻有女人相伴，背地里比谁都孤独，因为没有属于自己的真感情。我们该如何克服自己的花心呢？

**（1）认清危害性**

不会有好女人在冰箱里为花心男人留下最冰凉的饮料，不会有好女人在花心男人出门时叮嘱“开车要小心哟”，不会有好女人一遍一遍地为花心男人热好饭菜等着回来共进晚餐，不会有好女人扑在花心男人怀里撒娇，不会有好女人为花心男人的身体健康担心，不会有好女人把花心男人的头放在自己的怀里为他轻轻拔取那几丝白发。

花心男人只有在夜深人静时，数着自己的战利品，以为女人玩得多，不枉来这世界走一趟，那绝不是炫耀，而是一种悲鸣，找不准自己位子的无可奈何的悲鸣。

**（2）培养道德感**

虽然男人花心有生理和心理上的根源，但是在社会化的过程中，我们会慢慢被符合社会规范与道德等因素所同化，这就是说，品格与道德是可以控制男人滥情的。

如我们可以多看一些正面的爱情电影、故事，这可以让我们的思想受到良好熏陶，在花心的时候，我们自己就会产生良心上的不安，从而达到克服花心的目的。

**（3）培养责任心**

要知道，自己不是小孩子了，一定要对自己的一切负责任。爱情不是游戏，花心本身就是一种不负责任的行为，这不是男人应该有的。

**（4）要适当压抑**

有可能我们心里面一直还有喜欢的人，但是却不能在一起，所以需要找其他人宣泄压抑的感情，这种情况我们要适当地进行压抑。

**（5）要学会宣泄**

花心往往与找不到正常的宣泄渠道有关，我们把精力都放在了不断变换女朋友上面，其实我们可以做的事情还有很多，比如经常参加运动，让自己变得更强壮。

**（6）选择喜欢的**

如果属于那种不甘吊死在一棵树上的人，所以想通过花心滥情这样的方式得以新鲜感，这样的话，可以选择将注意力放在自己相对比较喜欢的人身上。

**（7）用友情代替**

若你是特别容易被异性吸引的话，可以通过将精神放在与朋友的交际活动上，那你所被吸引的感觉会大幅度的降低。

**(8) 更高的追求**

我们可以通过提升自己能力的方式，让自己的精神得到更大的满足。比如把我们的工作、业务搞得更好一些，人际关系更好一些，这样也能有效地克服花心。

爱情中的花花公子往往会令人敬而远之，可是在我们心中，其实多多少少都有花心的成分存在，渴望享受爱情带来的新鲜感。那么，到底你的花心程度有多高呢？现在让我给你测一下吧！

如果你今天走在路上，遇到一个卖饰品的人向你兜售，你看中其中一个手环，是珍珠和金丝线缠绕非常别致的设计，但你怕它很贵，迟迟不敢下手。

老板这时开口："你愿意出多少钱买它？我愿意给你决定。"

请问你愿意出多少钱买这个手环呢？

70元、180元、350元还是500元。

现在再让我们看一下你的测试结果吧！

**如果你选是70元**，说明你个性上容易对美好事物迷惑，而且很容易动情，但因为不是真心的，所以你也不会特别珍惜别人，善于使用浪漫攻势的你，有时候会以猎捕游戏为乐，唉！异性遇到你很容易伤心啊！

**如果你选的是180元**，那你是一个无论在感情上或学业、工作上都很有想法的人，你在意对方的外表和内涵，但是你不会轻易允许自己投入太多感情，有一套自己的准则而且会在意别人对你的评价。当然不是说你不会花心，如果你觉得对方不值得你真心，你也是有本钱可以跟他玩玩的。

**如果你选的是350元**，那你对异性条件要求是很高的，希望对方跟你心灵相通，可以共同玩乐也可以谈理想抱负，谈未来计划，你喜欢幽默让你有新鲜感的异性，而且对方也要有品位，因此你不会轻易动心，但你的脑袋可能会装根隐藏雷达，随时观察注意身边有没有符合你条件的对象。

**如果你选的是500元**，那表明你很专情，专情到可能无法明辨是非，不管你可能会被别人说你很花心或你自以为很花心，其实你对异性容易看走眼，而且一旦爱上就奋不顾身，不太容易抽离感情，分手后会很难过，有时候当个专情的人是好事。

现在你知道自己有多花心了吧！如果你真的是很花心，那就从现在开始，学会克服吧！

## 第8节 将爱情带入婚姻的殿堂

爱情是一个最美妙的词汇，千百年来，有多少人苦苦追求，有多少人为之痴迷。为了爱情，人们踏上恋爱之旅，向着更美好的境界迈进。

客观地说，恋爱就像过山车，有高峰自然就有低谷。可是我们总是喜欢把恋爱比喻成一条直线，由堕入情网开始，然后迅速进入快乐的同居时代，最后到达婚姻殿堂，从此过上幸福的生活。事实却往往不是这么简单，从爱情到婚姻可能还有很长的路要走！

### 1. 爱情过程的考验

恋爱之旅往往不是一帆风顺的，任何事情都会导致关系破裂。每当你的激情不再，或者是你无法容忍男友的缺点时，你会觉得他一无是处，你甚至会想到分手。恋爱就像一个圆圈，遇到低谷是不可避免的，也是正常的。恋爱中的反复是再正常不过的事情了，能经得起考验的才是真爱。只有两个人共同度过这些起起落落，才可建立稳固的关系。

**（1）完美的高峰**

当你刚刚堕入情网的时候，就像飞到一个乌托邦星球，那样一个截然不同的世界。他讲的笑话总是那么可笑，每一顿与他共进的晚餐都是绝顶的美味，和他在一起的日子总是那么幸福。你总是魂不守舍，你愿意全身心地投入。你可能会认为这种感觉不可思议，事实上，心理学家的解释就是：这是爱情荷尔蒙的作用。

当你真正爱上某个人的时候，你会感到神魂颠倒。这是因为你的身体里产生了一种荷尔蒙。在你和他交往的前3个月至6个月间，每次见到他时你都会兴奋异常，你会毫不在意他的缺点。

人类学家的调查显示：在热恋时期80%的女性都会记得男友做过或说过的每件小事，而90%的人经常会想入非非。

**（2）面临的冲突**

3个月至6个月的热恋期过后，爱情不可避免地会趋于平淡。从心理学角度来讲，这是因为你的负担过重，由于长期兴奋过度，使大脑无法适应。这时你会想到他的种种不好，你也不再在蛋糕上写他的名字了，你还会突然发现更愿意自己一个人睡觉。

在神魂颠倒之后，你肯定会开始怀疑他是否真的适合你。这一阶段是不可避免的，只有度过这一阶段才可能与他保持长期的关系。在遇到挫折的时候，不要灰心丧气，而要把它当成是一个跳出误区的机会。

在几个月的狂热之后，他和你慢慢平静下来，但是他仍然非常吸引你，你们在一起将不再仅仅依偎缠绵，你们会发现你们俩原来都崇拜某某某，都讨厌看电视剧……你们有许多共同之处!

所以这样看来，兴趣降低并不是一件坏事，反而会使两个人的关系更亲密。进入他的生活，这样你才可以更好地了解他。别总是过二人世界了，把他介绍给你的朋友，和他一起出去吃饭、喝酒，或去见双方的父母。

**（3）快乐并幸福着**

在恋爱关系保持半年到一年的时间后，你会发现你们已经进入了一个非常平和的时期。渐渐地，你不会因为他不够完美而烦恼了，因为你也不是完美的，而他并没有因为这个而减轻一点点对你的爱。让他看看你穿睡衣的样子，和他度过销魂的一夜，以前可能认为这样很傻，现在想想，其实挺可爱的。

当你觉得幸福而安逸，并对你们的关系非常满意时，不要有丝毫的放松。你可能会想当然地认为，即使你不经常陪他或不对他表达爱慕，也不会影响你们的感情。

在他生病的时候，你的细心照顾会缓解他的病痛；在雨中与他度过浪漫的一夜；在他工作不如意的时候，没有什么比你的轻轻一吻更能让他感到宽心的了。

**（4）厌倦容易产生**

你们已经建立了稳固的关系，你不再对你们的感情有任何怀疑了，这时你可能会想，你再也不能找回旧日的激情了。

产生厌倦的原因是，你与他在你们与外界之间建立了一堵墙。你不再参加朋友聚会了，你放弃了自己的爱好，只是终日与他厮守。你把你自己隔离出来了，你也就失去了热情。这不是你们的感情问题，而是你自己的问题。

通过一些恋爱之外的事情，可以改变你的冷漠状态。30岁的公关经理罗兰女士说："在经过一年半的交往后，他和我都知道，我们的关系已经很牢固了，但是我开始觉得我们有点像老夫老妻了，于是我们决定为自己安排一些时间。他又经常参加足球比赛了；而我在一家报社做特约记者。我们并没有因为在一起的时间少而闹别扭。每天晚上躺在床上时，我们会觉得非常开心，我们之间也多了许多话题。"

**(5) 新的顶点**

当你们的交往超过两年后，你会觉得你们之间再也没有什么隔阂了。在共同度过挫折后，你就会知道什么是爱情了，到了低谷之后，它总会浮出水面，直至攀向另一个高峰。

请记住，感情再好也要走过这些阶段。好消息是，每当你经历过一次次反复之后，你们的关系就又亲密了一层。经过了这些风风雨雨之后，你会发现你到达了一个新的顶点，甚至比刚堕入情网时的感觉还要好。

**2. 鼓励男方求婚的方法**

如果你特别想嫁给他，而你的男友却迟迟不肯向你求婚，你该怎么办？或许看看下面的话，你心里就会有主意了！

**(1) 计划一次出游**

可以登山或是去海边，贴近自然可以带给自己全新的体验和感悟。在宏伟壮阔的自然景观烘托的浪漫气氛和激动心情下，自然而然地表达想和他共度此生的愿望。天地为证，是名副其实的山盟海誓。

**(2) 一起看个电影**

艺术作品最容易唤起感情的共鸣，在情节达到高潮时，钻进他怀里，深情地要求他呵护你一辈子。假如你们缺少的只是一个下决心的心情，那么这一刻，谁都不会再犹豫了。

**(3) 把自己送出去**

在他生日那一天，端着生日蛋糕，从房间里走出来。将自己打扮得漂漂亮亮的，再在头上扎一个俏皮的蝴蝶结，把自己作礼物送给他，表明愿意以身相许。将一生一世的决定放入一种轻松快乐的气氛中，也就不会显得沉重而不可背负了。

**（4）编发一条彩信**

给他发一条彩信，配上自己的照片或是结婚进行曲的铃声。如果他有语音信箱，还可以给他留言。利用现代科技，看似不经意的举动，既新颖特别又可以避免当面开口的尴尬，也许还能留存作为纪念。

### 3. 把握求婚的原则

当爱情即将瓜熟蒂落时，接下来最神圣的环节就是求婚了。在现代的青年男女中，这个环节可是必不可少的，而且有时甚至成为你们是否能直到最后的关键。在求婚的时候，我们应该掌握什么基本原则呢？

**（1）不要威胁**

最令女人反感的行为就是威胁，所以奉劝我们所有自恋表演型的男人，只要表达出心意就可以了，不要因为行为过火而令对方难堪，由于找不到台阶下而转羞为怒。

**（2）不要冲动**

因冲动而结婚，因结婚而后悔，这话不是没有道理的，毕竟婚姻不是靠我们一时的冲动可以走好的，不要让我们的求婚变成作秀，承诺变成台词，华丽的背后需要朴实的支撑。

**（3）不要放弃**

求婚不是一个要由女人配合着完成的任务，不要带着“不成功，便成仁”的功利目的去看待，如果她在犹豫不决的同时又给你一个拥抱或热吻，那么证明她需要时间考虑。那我们现在做的就是给对方一个等待的时间，也给自己一个机会。

**（4）眼观六路**

你必须清楚了解求婚对象的所有喜好，譬如闻到什么花香会醉倒、看到什么电影情节会感动，求婚前的功课做得越充分，博得美人点头的几率就越高。

**（5）万事俱备**

就算把功课完成得再好，你还是需要实力来支持，如果你还没有为她准备好钻戒，劝你不妨考虑将求婚的日期推后，胜利从来都属于有准备的人。

**（6）知己知彼**

在求婚秀开幕之前，请再次确认她对你的感觉，估算一下求婚的成功率是否能达到60%以上，为避免碰灰，建议最好先培养好感情再展开行动。

**4. 把握求婚的技巧**

求婚的典型方式一般是男士单膝跪地，然后取出一只装着戒指的盒子，请求女人同意在他的身边度过余生。不过，现在的女人也许希望更浪漫、更有新意的求婚方式，也许你的女朋友正渴望着这样一次求婚。

**（1）登峰造极**

如果你的女友是运动型，你可以在一天的攀岩活动之后，站在山峰的至高点向她求婚。其他可行的方法包括：跳伞时在半空中，潜水时在深海中，如此等。

**（2）录像表心意**

制作一盘向她求婚的录像带可以打动她的心，特别是如果你能够同她一起观看这盘录像。她一定会高兴得跳起来，立刻就要和你去度蜜月。

**（3）空中要挟**

一种更公开的方式是利用你们一起坐飞机的机会。你可以请求机长通过无线电通话系统将你的求婚传达给身边的女友。

例如，你可以请机长说：“我们正飞行在青藏高原的上空，再有将近40分钟就可以到达目的地。顺便说一句，安娜，李可问你他是否有幸能够娶你为妻。”在众目睽睽之下，相信你得到的只可能是一个愿意，当然，还有安全降落。

**（4）高速路上**

设想她正在开车回家的路上，前面广告牌上的皮鞋广告突然变成了“露露，你愿意嫁给我吗？”

这一定能够使你的求婚事半功倍，不仅如此，来来往往的车辆都会了解你的心意，并且祝福你成功。他们还会祝愿你的露露别因为过于兴奋而撞到牌子上。

**（5）银幕为媒**

你勉强同意陪她去看最新上映的超级言情大片。就在影片正式开演之前，播放了只有一行字幕的加片：“马雅，你愿意做我的妻子吗？”

虽然你不会因为精心导演此片而荣获奥斯卡奖，至少它会作为浪漫一幕被记录在该电影院的“院史”之中。

**（6）广播传情**

如果你知道她会在每天的某个固定时间收听某个固定的广播节目，点播节目的方法一定可以赢得她的欢心。

**(7) 高潮求婚**

向爱人求婚的终极方式应该是在一次销魂蚀骨的做爱过程中。如果你能够在她沉醉于高潮的美妙感觉时提出结婚的要求，那一定是“攻无不破，战无不胜”。一个能够让她的肉体和精神同时达到兴奋极致的男人，她怎么能够拒绝，又怎么能够忘怀?

**(8) 爱情警察**

当然，做到这一点有些难度，它需要真正的警察叔叔进行配合。不过，如果在她开车时，被警察叫到一边，然后收到一张求婚罚单，实在是很有新意的感受。

**(9) 月光奏鸣曲**

带着你的爱人前往海滩、泳池，已换好泳装的你俩可尽情演绎月光奏鸣曲。

**(10) 海边絮语**

利用美丽浪漫的海生物传递你的爱之盟誓是利用美好周遭环境最浪漫的一种方式，在海边的月光下散步时，你可把结婚钻戒放在玲珑的贝壳里由当地的土著小孩送给她，她定会为你的浪漫情思所感动。

**(11) 爱的幸运星**

把千千万万条爱她的理由写在彩纸上，折成颗颗幸运星，装满一个玻璃瓶送给她。

以后找出种种空闲和她在一起阅读你写下的爱的理由，某日，你好似不经意地找出那颗包有你的爱之承诺，即装有结婚钻戒的星星，在她面前打开来，说出你想说的话，她保证会觉得你帅呆了!

**(12) 生日快乐**

在她过生日时向她求婚也是很好的方法。这样做的另一个好处是，她很可能因此注意不到你忘了给她带生日礼物。

**(13) 电子求婚**

我们生活在互联网时代，因此必须学会利用高科技。那么，为什么不给她发一个带着大问号的求婚邮件呢?

**(14) 惊喜情人节**

既然每个情人节都是情人卡、玫瑰花和巧克力，为什么不在这一个情人节向她求婚呢?这样，你的女友就会对这个节日终生不忘了。这样做唯一的缺点就是，在此后的情人节中，你很难再找到能够与这份礼物相媲美的礼物了。

**（15）球场欢歌**

看球赛也许不是她喜欢做的事，不过想想看，在球场休息的15分钟，借助体育场的大屏幕，整个球场的人都会看到你跪在她的面前。能够让上万人同时看到你爱的表示并不是件容易的事，也一定可以让她铭记终生。

只要有心，用结婚钻戒表情达意的方式多姿多彩，如何让璀璨的钻石沾染上你的智慧，令她永世不忘，对你心甘情愿地说声："我愿意！"就看你的能耐了！

求婚时，钻戒是我们必不可少的，如何才能把我们的钻戒放得有创意呢？现在让我来给你一些启发吧！

1、钻戒放在玫瑰里

适合喜欢浪漫的美女，重点提醒哥们儿一定不要吝啬玫瑰的数量！但要小心女方花粉过敏啊！

2、钻戒放到红酒里

适合喜欢情调的美女，切记求婚前自己别先喝晕了！而且要小心杯盏豪爽的女朋友别把钻戒喝进肚子里。

3、钻戒放到蛋糕里

适合酷爱甜食的美女。重点提示要和糕点师做好沟通，如果正好遇上女朋友实施减肥计划，那可要提前准备好应对措施啦！

4、钻戒放到手绢里

适合所有美女。但女朋友如果实在"率直"过头，那就要注意暗示。如果遇到特别时尚的女朋友，已经不用手绢了，那你更要多费心思。

5、钻戒放到冰块里

适合前卫的美女，不过你一定要保证冰块的温度环境。前期制作会相当繁琐，保温好坏会直接影响效果！

6、钻戒放到食物里

适合居家型美女。你一定选好就餐环境，而且要随时关注女朋友的花容，以免让她误食。

# 第9节 营造一个幸福完美的家庭

爱情也许就在我们相识的一刹那产生，婚姻就在我们交换婚戒的那一瞬间开始，然而，我们的家庭生活，却不会在一刹那结束。

爱情需要用心来培养，婚姻是需要用心去呵护，只有这样，我们才能营造一个幸福完美的家庭。

## 1. 认识精神因素的重要性

你一定非常希望拥有自己的成功和快乐的家庭吧？这是毫无疑问的。大多数夫妇因为婚前有积极的思想准备，才得以享有幸福的家庭生活。

懂得婚姻之道并且会享受婚姻乐趣的人，如果专注于事业，必能取得成功。当人们了解如何享受亲密的关系时，那就意味着双方能互相鼓励、互相合作，以实现健康而有创造性的婚姻。

家庭里互相帮扶、支持的和睦关系，能够使子女从中知道真正的温暖及互敬互爱。它使得家庭成为播撒幸福和创造幸福的乐园。

我们现代社会最迫切的需要是幸福而有意义的家庭生活。幸福、健康的家庭是健康社会的基础。家庭中的健康氛围会向外延伸，并逐步影响到社会的商业、工业、教育、政府等各个领域。

有鉴于此，如何建立成功的婚姻关系是我们的当务之急，应该成为我们关注的焦点。

积极心态的最明显效果便是对面临困境的婚姻发生影响力。当婚姻出现危机时，假如人们能运用积极的心态去对待，通常能改善并加深婚姻的关系。当夫妻双方可以用相应的想法来处理问题时，就一定能得到建设性的结果。

婚姻关系是人类关系中最敏感也是最难处理的一种关系，它需要两个不同秉性、不同气质的人相互调整成为一种亲密的结合。

若想拥有幸福的婚姻单靠运气是不行的，它需要制订一种清楚、明确、实际的计划，使双方都能借此成长并成熟。这样，子女们才能有充实、圆满、幸福而有创造性的人生，这正是婚姻的目的，我们大家要谨记在心。

婚姻家庭中常常会出现一些问题，我们应该怎样成功地解决这些问题呢?

在失败的婚姻中，我们听得最多的一种抱怨是双方没有共同志趣。老实说，丈夫和妻子想拥有共同的兴趣实在不容易。

许多情况下都是这样的：丈夫每天一大早上班，下午六七点钟回来，一天之中劳碌奔波，但他从不讲给妻子听，因为他觉得妻子对这些不感兴趣，或者是他太累了不想讲。

而妻子呢？她的兴趣是逛街、购物。而且她还喜欢把这些琐事讲给丈夫听，无论丈夫认为这些多么无聊。最后，两个人的兴趣差异越来越大，直至出现感情危机。

还有一个比较尖锐的问题是，某些人仍然存有以前的老观念，以为男人是一家之主，应当掌握家中大权，掌管金钱，分配家用；认为妻子完全不懂这些世俗问题，更不会合理地处理家政。

事实上，很多女性确实是有意或无意地将自己当成了一件艺术品，认为结婚之前受父亲的照顾，如今就理所当然应该由丈夫照顾。

这种不成熟、长不大的心理状态，使她们在主观上认为作为一个妻子的权利便是当个知足而自得其乐的女人。在她的意识之中，婚姻的整个目标便是丈夫要提供幸福给她。也就是说,她要从这个“爸爸式”的丈夫那里得到她盼望的一切。

这是难以如愿的，丈夫并不愿扮演“爸爸”的角色。他期待的伴侣是成熟的女性，对于生活能有共同的奉献。

这样一来，由于做妻子的观念错误，对丈夫有了强烈的不满情绪，婚姻便出现了裂痕。所以，成功婚姻的基点是双方都要成为成熟的人。可能这是人生赋予我们最难的一个课题。

### 2. 用心呵护你的家庭幸福

家庭幸福的关键不在于夫妻俩是多么般配，而在于如何克服不般配。许多夫妻往往是带着不切实际的幻想结婚的，可是要知道，婚后生活并不总是无忧无虑、充满幸福的。美满婚姻不会降临于你，你必须去追求它，并为此付出努力。

**(1) 相互之间的交流**

婚姻的最大威胁是缺乏交流。双方要沟通交流，要具备说出自己的感受、喜好、憎恶的能力，能向对方谈论使你沮丧或失望的原因或你的愿望等。

在谈论问题时千万不要用尖刻的字眼。爱并不意味着毫不保留地袒露一切。对夫妻关系来说，无忧无虑地表达自己的观点总比让压力越积越大，直到“爆”好得多。

**(2) 保持浪漫关系**

结婚并不意味着浪漫生活的结束。应不断地激起对方的感情，传递爱的信号。如突然送你妻子一束花，使她感到意外和惊喜；穿上迷人的内衣，擦上香水，以保持你丈夫对你的兴趣。

用适当的方式引起对方的性欲，可使爱情保持活力。要记住能够吸引你们俩的那些东西，并利用它们使你们的关系充满活力。

**(3) 精心规划家庭经济**

在导致夫妻不和的诸多因素中，经济问题属于首位。不管谁是家庭的经济支柱，你和你的配偶都应坐下来，为未来制订一个经济计划。

孩子和大笔债务的压力也会造成夫妻关系的紧张，应共同商量解决这些问题。

**(4) 自己的事情自己决定**

两人发生冲突的时候不要轻易跑到父母那里去，那样即使你们握手言和也会带来长时间的相互不满。

此外，不要刻薄对待你配偶的朋友和亲戚，你如果友好地对待他们，你的配偶会感到和你更亲近。

**(5) 和配偶共度良宵**

许多丈夫和妻子错误地认为每晚同床共寝，呆在一块的时间就足够了。其实这并不一定对，数量和质量同样重要，要善于和你配偶共度“高质量”的时间。

安排一个仅有两个人待在一起的时间，找一个人临时看护孩子，双双到户外去，或者坐下来在甜言蜜语中享受一顿可口的晚餐，共同培养新的兴趣。

**(6) 不要把怒气带到枕边**

意见不合和闹脾气是生活和婚姻不可避免的一部分。吵嘴，即使是最般配的夫妻也会有的。心中有不高兴的事时，应该把它说出来，共同分析它，解决它。

要愿意妥协，夫妻关系并不意味着什么事情都得对等，要愿意给对方60%，自己留下40%。需要记住，妥协的能力显示的是你的坚强而不是懦弱。

**(7) 对工作压力敏感**

如果你的妻子起早贪黑地工作，不要盼望她来把房屋打扫得一尘不染和为你准备晚餐，你应自己多做些家务事。如果你知道你配偶在工作中正碰上困难了，应特意精心地使对方生活舒畅些。

双方也要经常谈谈自己的工作以及与此相关的问题。除非必要，避免在对方工作时打搅对方。找一些特定时间做一点有益于爱情的事，也像为你的繁忙工作做一件重要的事情一样。

**(8) 不要习以为常**

她为你做一些你可能看来理所当然的事情，诸如为你熨衣服或准备晚餐时，轻轻说一声“谢谢”。当你要丈夫帮你擦自行车或皮鞋时说一声“请”，普通的礼节对延续你们的婚姻将大有帮助。

不要以为你妻子不会介意你带不速之客回家吃饭。千万不要在大庭广众之下批评你的配偶，若对方确实该挨批评，就在家里关起门来在爱的气氛中做这些。

**(9) 培养不同兴趣**

夫妻在保持和别人的友谊时，参加对个人十分重要的活动时，应避免过分依赖对方。

爱并不是意味着形影不离。夫妻中某一方想要占配偶一点时间，这种愿望应得到尊重。不要让你的全部生活都围着你的配偶转，成为一个独立的人，这样会使配偶感到你更有魅力。

**(10) 别希望对方改变**

许多新郎和新娘在结婚前都带着这样的幻想：希望其配偶在结婚后会发生变化，事实上这几乎是不可能的。

如果你们谈恋爱时在性、抚育孩子、金钱管理、业余生活等方面有很大不同，不要希望婚后会变得和谐起来。靠婚姻改变一个人的可能性很小。

### 3. 创造家庭幸福的要诀

我们一生中的大部分时间都是在家庭中与家人一起度过的。但就是在这一空间，因为许多原因，可能会爆发无数难以调解的矛盾。我们平时该如何让自己的家庭更加美满呢?

**（1）认清差别**

家庭的幸福，需要每个家庭成员付出努力。要认识到每个人的思想是有区别的。他不可能和你一样思考，他所喜欢的东西不一定就是你所喜欢的。

当你认识到这一点时，你更易于发展积极的心态，更易于作出相应的反应，也更易于收到满意的效果。

**（2）分享优点**

应该把自己积极的心态和对儿女的看法展示出来，尽力使自己为亲爱的人所熟悉和了解。

如果我们热爱孩子的方式是同他们分享自己的优点，而不是只给他们提供物质的东西，那么我们就能体会到孩子们由于爱和了解所赐予的丰厚回报。

**（3）学会语言交流**

不知你是否相信，语言的交流是能吸引人和排斥人的。无论你是谁，你都能够运用语言艺术展示你的魅力。但是某些个别的人可能不是这样想。

假如你觉得他们对于你所说的话、所做的事反应不当，并含有不应有的对立，你对这事就要采取一些措施。世上通情达理的人还是占多数。

**（4）认清自己的错误**

有时候别人做出让你不快的事情，可能是因为你所说的话以及你说这些话的方式或态度不当。我们要认识到过失在于自己，这可能是困难的。

但是当你认识到过失确实在于你时，你就要采取主动，改正错误，这可能有些使你为难，但你必须做到。

如果某人用一种发怒的声音向你叫喊而使你感觉十分不快时，你就要想到假如你用那种声音对别人叫喊，也会产生同样的效果，哪怕他是你5岁的儿子，或者是最亲密的人。

如果有人误解了你的好意，你就该表明你的真心，以消除误会。如果你喜欢受到称赞，如果你喜欢人家记住你，如果你得悉某人在怀念你就会愉快，你就应该确信：假如你称赞别人，或者写一封短信，让他们了解你在想念他们，他们同样会心情愉快。

**（5）学会书信传情**

书信常常能加深人们之间的感情。彼此分离的人若常有书信往来，反而会觉得更亲密。有许多分居两地的人之所以举行了婚礼，就是因为在分别之后，他们通过鸿雁传书而加深了彼此的情感的缘故。

通过书信交流，双方能够增强理解。每个人都能在信件中表达自己真实的内心思想。表达爱情的信件不应当因结婚而中止。

应该注意的是，写信就一定要思考，把你的思想提炼在纸上。你能够借助回忆过去、分析现在和展望将来发展你的想象力。你越是常写信，你就越对写信感兴趣。你写信时最好采用提问的方式，这样能够促使收信人给你回信。当他回信的时候，他就成了作者，你就能够体验到阅读的欢乐。

一般来说，收信人是依据你的思路进行思考的。假如你的信是经过周详考虑写下的，它就能使收信人的理智和情绪沿着你指引的路径前进。收信人读你的信时，信中令人鼓舞的思想被记录在他的下意识心理中，将久久难以被忘怀。

你是不是很想知道自己在婚姻生活上达到的成熟度，现在让我来给你做一个简单的测试吧！很快你就会知道自己是不是足够成熟，是不是能够正确进入婚姻家庭生活了？

现在请用“是”、“否”回答问题。

1、你是否会大发脾气，气得跺脚，随便摔东西或踢东西？

2、你是否对别人像对自己一样体贴？

3、你是否会在别人面前批评你的太太或先生？

4、你是否总是固执己见，自以为是，别人假如不依，便会大发雷霆？

5、你是否常会为很多事担心？

6、你是否信仰上帝，然后尽自己最大的努力去做事？

7、你对于人生的逆境以及某些无法避免的事是否能宽容地接受？

8、你是否有积极的信念来承担并解决所有的问题？

假如你对1、3、4、5，4个题目回答“是”的话，表明你是个不成熟的人。

假如你对2、6、7、8，4个题目回答“是”的话，则显示你是个成熟的人。

用这个测试表的结果作为一个标准，便知道你的情绪是否成熟，要不要再进一步努力。

第五章

# 友谊情感的心理感知

友情指我们与接触较亲密的朋友之间所存在的一种感情，它产生于长期的结交与相互帮助。友谊是一种平静的依恋，因理智而得到控制，因习惯而得以加强，它是我们一生当中最珍贵的财产。

友情往往能给人带来欢乐，朋友往往能为你分担忧愁，因为生活的信念和意志需要友情来推动，事业的成功也需友情作为纽带。但友情的获得并非信手拈来，友情的维持更不可大意，所谓“人生得一知己足矣”，说明友情来之不易，因此，在结交朋友保持友情时，应该以良好的心胸来维系相处，这样才能使友谊之树长青。

## 第1节 有很多良友胜过有很多财富

英国大文豪莎士比亚说：“有很多良友，胜过有很多财富。”著名科学家爱因斯坦也说：“世间最美好的东西，莫过于有几个头脑和心地都很正直的真正的朋友。”的确，友谊是人生的重要组成部分。

友情必不可少，但是，选择也得慎重。滥交是我们极力反对的事情，滥交朋友会有很多负面影响，所谓近朱者赤，近墨者黑，很少有人能打破这个规律的。如果不能打破这样的规律，我们还是乖乖地慎重选择比较好。

### 1. 认识交良友的好处

俗话说，一个篱笆三个桩，一个好汉三个帮。的确，友谊是人生的重要组成部分，一个人在一生中，各类朋友或多或少都会有一些，我们当然也不例外。

我们的人生不可能没有朋友，朋友多了，闲时可以交流感情，遇事可以相互帮忙，确实有诸多的方便与好处。但因交友不慎而陷入僵局，甚至步入歧途的却大有人在。这就给我们出了一个题目，我们该交什么样的朋友？

我们当然是要结交良友了，结交良友会让你受益无穷，结交不好的朋友，你也会跟着受苦遭殃，很可能成为一个坏人。

作为一个想要学好的人，或者说要成为一个好人的话，你必须要交良友。交往良友，才能跟着良友走上人生之路的光明大道，才能对你自身成长大有益处。

交往良友，能在潜移默化中提升你灵魂的高度。与勇者为友，可以学来大义凛然、激昂慷慨。与洒脱者为友，可以收获不媚不俗、达观开阔。与隐者为友，可以体验淡定、淡然、淡漠，体验远离红尘喧嚣的宁静。交往良友，能在无知无觉中拓展你生命的宽度。

交往良友，能在不声不响中增加你思想的厚度。思想火花的碰撞，释放了巨大的能量，可倾覆你脑中的那些愚笨的堡垒，用智慧填充你思想的背囊。唯有良友能如幽兰般散发出高雅的馨香，唯有良友能用智慧照亮你未知的远方。

### 2. 选择良友的技巧

随着年龄的增长，我们许多人都会觉得友情越来越重要，因而喜欢结交朋友。但交友不是一件容易的事，万一交上损友，有时将后患无穷。因此，我们一定要谨慎交友。那么我们如何选择自己的真正朋友呢？

**（1）交互补的朋友**

亲近那些既与自己相似又能与自己互补的人，这样不仅能满足我们的情感需要，也能在与对方的互动过程中，感受到不一样的东西，可以帮助自己更好的学习、发现自我、丰富自我。

**（2）交成就你的朋友**

他们会不断激励你，让你看到自己的优点。这类朋友也可称之为导师型。他们不一定是你的师长，但他们一定会在某些领域有丰富的经验，能经常在事业、家庭、人际交往等各方面给你提供许多建议。人生中拥有这种朋友会成为你最大的心理支柱，也常常会成为能够左右你的偶像。

**（3）交支持你的朋友**

这样的朋友会一直维护你，并在别人面前称赞你。这类朋友可谓是“你帮我，我帮你”，相互打气，使得彼此成为对方成长的垫脚石。在一个人的成长过程中，朋友的支持与鼓励是最珍贵的。当你遇到挫折时，这类朋友往往可以帮你分担一部分心理压力，他们的信任也恰恰是你的“强心剂”。

**（4）交志同道合的朋友**

志同道合的朋友，也就是和你兴趣相近，也是你最有可能与之相处的人。与他们在一起，会让你有心灵感应，俗称“默契”。你会因为想的事、说的话都与他们相近，经常有被触摸心灵的感觉。和他们交往会帮助你不断地进行自我认同，你的兴趣、人生目标或是喜好，都可以与他们分享。这种稳固的感受“共享”会让你获得心理上的安全感，因为有他们，你更容易实现理想，并可以快乐地成长。

**（5）交牵线搭桥的朋友**

这种朋友会在认识你之后，很快把你介绍给志同道合者认识。 这类朋友是帮助型的朋友，在你得意的时候，他们的身影可能并不多见；在你失意的时候，他们却会及时地出现在你面前。他们始终愿意给予你最现实的支持，让你看到希望和机会，帮助你不断地得到积极的心理暗示。

**(6) 交给你打气的朋友**

这种朋友能让你放松。有些朋友，当我们有了心事，有了苦恼时，第一个想要倾诉的对象就是他们。这样的朋友会是很好的倾听者，能让你放松，在他们面前，你没有任何心理压力，他们总能让你发泄出自己的郁闷，让你重获平衡的心态。

**(7) 交眼界开阔的朋友**

这种朋友能让你接触新观点、新机会。他们可谓是你的大百科全书。这类朋友的知识广、视野宽、人际脉络多，会帮助你获得许多不同的心理感受，使你成为站得高、看得远的人。这类朋友必不可少。

**(8) 交给你引路的朋友**

善于帮你理清思路，需要指导和建议时，你可以去找这样的朋友。这类朋友是指路灯，每个人都有困难和需要，一旦靠自己的力量难以化解时，这类朋友总能最及时、最认真地考虑你的问题，给你最适当的建议。在你面对选择而焦虑、困惑时，不妨找他们聊一聊，或许能帮助你更好的理顺思绪，了解自己，明确方向。

**(9) 交能陪伴你的朋友**

有了消息，不论是好是坏，你可以第一个告诉他们，他们是你忠诚的朋友，会一直和你在一起。 这种朋友的心胸像大海、高山一样宽广，不管何时找他们，他们都会热情相待，并且始终如一地支持你。他们是能让你感到满足和平静的朋友，有时并不需要他们太多的语言，只是默默地陪着你，就能抚平你躁乱的心。

近朱者赤，近墨者黑。我们要交志同道合、真诚、正直、有理想、有抱负的朋友，交这样的朋友往往会相处得非常融洽，才能在学习和做人之上彼此促进，相得益彰。这样的朋友你遇到了吗？如果有，请珍惜。

良友需要交，但是有些朋友却是不能交的，你是不是很想知道什么样的朋友不能交啊？现在我就来告诉你。

1、不交话痨型朋友

朋友聚会，大家都你一言，我一语，聊得甚是开怀。偏偏有这样一种朋友，一开口便滔滔不绝、连绵不断，为了显示自己的卓越口才，成为大众焦点，不顾及别人的感受，拼命抢风头。行为躁动，令人反感。

2、不交自私型朋友

自私的朋友我们千万不能要，因为他心里只有自己，丝毫不能容下他人。你别指望他会理解你，帮助你，在他的个人利益面前，友谊就像个渺小的蚂蚁，是经不起踩踏的。

这种朋友往往为了个人利益、前途，不顾一切，甚至是出卖朋友也在所不惜，所以这样的朋友最好不交。

3、不交无信型朋友

诚信是做人的基本原则，如果一个人与你交往，总是说话不算数，出尔反尔，你会信任他吗？连基本的信任都达不到，更别提做朋友了。

4、不交拆台型朋友

有些人表面和你称兄道弟，其实言谈话语纯粹是为了“拆台”而来。这类朋友会当着众人的面批评你，让你觉得很失败，美其名曰是为你好，其实是为了展现自己的优势。还会在背地里说你的坏话，阳奉阴违。

朋友千千万，知己有几人。真正的朋友在你一帆风顺时，会辅助你，为你时刻提醒，听你的倾诉，给你出主意。当你遇到危难，他不但挺身而出，更为你两肋插刀，舍生忘死。

## 第2节 哥们儿义气并不是真正的友谊

每个人都渴望友谊，需要友谊，但是千万不可误把“哥们儿义气”当作友谊。这二者之间是有本质区别的。

那么，我们应当如何认识友谊和义气呢？又应该怎样对待和处理哥们儿义气呢？这是值得认真思考和探索的。

### 1. 哥们儿义气不等于友谊

在我们平时的交往中，由于缺乏明确的道德观念，分不清什么是真正的友谊，甚至把哥们儿义气当成交朋友的条件，而使自己误入歧途。

什么是义气呢？从字面上讲，就是主持公道的意思。从历史角度看，历史上对于讲义气、杀富济贫等英雄行为，也给予了热情的赞扬。

毋庸讳言，义气作为反映人与人之间关系的一种道德观念，曾经成为劳动人民团结互助，反抗封建统治的重要精神纽带，在历史上是起过一定的积极作用的。

但是，作为哥们儿义气来讲，它却是一种基于无知和盲从，情感无基础的冲动，是一种非理智的行为，是与现代文明社会极不相容的行为。

哥们儿义气是一种比较狭隘的封建道德观念。它视几个人或某个小集团的利益高于一切。它信奉的是“为朋友两肋插刀”、“士为知己死”、“有难同当，有福同享”，即使是错了，甚至杀人放火，触犯法律，也不能背叛这个“义”字。因而，它与真正的友谊是截然不同的。

现在有些社会青年把哥们儿义气当做友谊，你今天给我一盒烟，明天我请你吃顿饭，你早晨帮我教训了一个冤家对头，晚上我就替你给仇人放血。像这些不讲原则，藐视法规，互相包庇，甚至成群结伙，违反法律法规，受到处分的现象也不是个别。

也还有一些人徘徊于哥们儿义气与坚持原则的两难之中，明明知道讲哥们儿义气去做是错的，但为了保持所谓的友谊而不得不帮助所谓的朋友，最终也导致自己陷入了错误的深渊而不能自拔。

另外，哥们儿义气往往也是以维护小团体利益为出发点，为了报恩或复仇，不惜牺牲和损害社会或他人的利益，对不是自己的哥们儿则不讲感情，不讲友谊，最终结果必然导致害人、害己、害社会。

我们提倡真正的人与人之间的友谊，反对哥们儿义气，我们要时刻反思自己的思想、行为，分清哪些属于真正的友谊，哪些属于哥们儿义气，让我们的人生中不仅有形影相随的朋友，更有相知、相依、相进取的知己。

友谊应该是人与人之间的一种真挚的情感，是一种高尚的情操，友谊使你赢得朋友。当遇到困难和危险时，朋友会无私帮助你，如果有了烦恼和苦闷时，可以向朋友倾诉。

友谊是有原则、有界限的，友谊不能违反法律，不能违背社会公德。诚然，友谊需要互相理解和帮助，需要义气，但这种义气是要讲原则的，如果不辨是非地为“朋友”两肋插刀，甚至不顾后果，不负责任地迎合朋友的不正当需要，这不是真正的友谊，也够不上真正的义气。

**2. 克服哥们儿义气的方法**

如果你过去中了哥们儿义气的流毒，做了点错事，现在想改，该从哪里入手呢？

**（1）深刻自省**

首先我们要从思想深处查一查，为什么自己对哥们儿义气产生了兴趣？它是在自己生活中哪个环节上侵入头脑的？危害在哪里？找到了症结所在，才能对症下药，勇敢地向哥们儿义气告别。

**（2）培养情感**

同时，我们还要积极培养高级情感，如道德感、友谊感、集体感、荣誉感等，去取代头脑中那种狭隘的哥们儿义气。我们要知道，一旦这些健康的、向上的情感在自己的头脑中占主导地位，那种低级的，狭隘的哥们儿义气就没有阵地了。

**（3）学会理智**

我们要学会用理智驾驭自己的情感，做情感的主人。这一点是很重要的。不知你想过没有，过去你之所以中了哥们儿义气的流毒很深，一个重要原因是头脑不理智，一有事来临，全凭感情冲动，头脑一热，便大动身手，结果酿出很多祸事。

正确的方法是，一事来临，应当三思而后行，多问几个该不该，为了自己的小团体利益，危害了社会的大利益，这对自己是有坏处的。

古人说：行成于思，毁于随。就是说多想可以事先避免许多差错。这样，再有人用义气拉你干错事、坏事，你便会有所察觉，不为义气所动了。当然，你朋友来找你，不一定都是干坏事，这要具体情况具体分析了。

人的大脑是一个复杂、奇妙的王国，当我们陷于迷雾之中时，每前进一步都需要巨大的勇气和毅力。和哥们儿义气告别也是这样，同样需要坚强的意志和决心。刚开始时，你可能是痛苦甚至是矛盾的，也许会招来打击报复，但当你勇敢地迈出第一步的时候，你会觉得自己在升华，在提高，在不断充实！

你是不是经常因为义气而办了自己不该办的事？你是不是非常后悔？现在让我们一起来学会正确看待这个义气吧！

义气是古代侠士们引以为荣的做人准则，随着社会的进步，人们的行事原则都要以法律为准，如果还抱着江湖义气不放，就只能做回几百年以前的古人了。

人们所犯的错误，小到考试时帮助作弊，大到杀人放火，有的只是一时的情不自禁，美好的情感却成了惹祸的根苗。

要把义气之害减到最低程度，首要的任务是要学法，把法律牢牢地记在心头。当你冲动的时候，它会及时浇水灭冲动的火焰，让你害怕，让你清醒、理智地面对问题。

我们为人处世的原则有两条，一是以做好事为标准，二是以处好人为标准。

有人把前者作为最终目标，而有人却以后者为目标。如果以后者为目标，那么他的一切将以讨好别人为出发点，以情面为准则，这种人是肯定做不了好事的。

光凭义气行事的人就是以处好人作为他毕生的目标，似乎一辈子有许多哥们儿朋友夸他够义气，他就会心满意足了，这是很不足取的心态。

## 第3节 异性朋友是宝贵的财富

在人群中生存，异性朋友是不可缺少的宝贵财富。你可以不谈恋爱，也可以不迈进婚姻的门槛，但是你却不能没有异性朋友。

异性友谊给人一种轻松、宽泛的情感，你倾诉的欲望将势不可挡，当你和他毫不保留地畅谈对生活、工作、家庭等等的看法后，你就会吃惊地发现，你们之间有许多的共鸣和共同的渴求。

异性友谊的性别差异，既可以是对性格缺欠的一种互补，也可以是对美好人际关系的一种润滑。但是，如何与异性朋友相处，如何保持分寸，还是一件非常值得正视的事。

### 1. 认识异性朋友的尺度

男人和女人可以成为朋友吗？回答是肯定的。除却爱情，异性男女也可以成为朋友，或是无话不谈的知己。男女之间，不一定非得做了情人，才能成为最好的朋友。

然而，因为存在着性别的差异，特别是我们中国传统文化的影响，异性友谊常会引起他人的注意，甚至是被怀疑或是招来更可怕的鄙夷的目光。

这是因为许多异性友谊都可以发展成爱情，所以才会招来许多流言蜚语。而有些人也因为畏惧这些可怕的舆论压力而止步于男女友谊前。

有调查表明，女性比男性更需要异性朋友。男女间的友谊，的确可以与女人与女人之间的友谊一样亲密无间、无拘无束而又天长地久。

实际上女人与异性建立起非爱情关系的友谊是可能的，而且这也许是一种非常健康的生活方式。

与很多男人做朋友，比起夫妻关系来，有许多独特的优点，如我们一般不会去指责对方，不会限制对方，更无需去讨好对方。

同样，一个男人希望在与一个女人的关系中，获得某种不同于他与一个男人的关系中获得的东西。他可能会在感到孤独时去找她。

跟男性朋友在一起，我们可能只谈那些无关痛痒的事情，而跟女性在一起，我们则希望对方深入到自己的内心深处。

跟女人在一起，男人更乐意解除戒备，暴露他的弱点，泄露他的憨傻、差错，说出他不成熟的想法和他异想天开的幻想。

一个男人也可能与一个女人保持一种没有性关系的亲密友谊。摆脱了因性的介入产生的紧张情绪，摆脱了笼罩着男人之间的友谊的局限，这种和女人的具有伸缩性的友谊，可以让男人有一个平衡、诚实的情感交流平台。

在异性朋友之间的交往中，如果其中一方只想着与对方建立友谊而不是爱情，那么，对方也会来呼应他。这样，两性间才会建立起良好的、纯洁的友谊。

不过，异性朋友间的交往还是要注意的，要保持一定的分寸。

首先我们需要保持正常的心态，不可自己潜意识把自己和对方相处的关系定到发展感情的程度，如果是这样的话，自己和对方相处会感到很别扭。

你要保持足够的信心，尽可能地把自己想要表达的事情表达清楚即可，要谈你们共同的话题，才不至于冷场。

你要注意自己的举止要得体，不要在异性面前表现得很轻佻，谈话时切记不要总是盯着对方看。

当你做到这些的时候，你就可以轻松大胆的结交异性朋友了，相信你们之间那种真挚的友谊会让那些中伤你们的谣言不攻自破。

### 2. 把握异性朋友的交往原则

在人生岁月中，异性的友情使我们的生活充满激情和欢乐。但在异性相处的旅途中，并不总是诗情画意的，鲜花与陷阱、欢笑与哭泣总是相伴左右，让人欢喜让人忧。在与异性的交往中，我们应该把握好哪些基本规则呢？

**（1）泛交规则**

我们可以同时与不同的异性交往，不仅可以满足改善自身的需要，还可以避免在感情上对某一异性产生依赖。

比如，我们可以交一个比自己有才华、有思想，在专业知识上有造诣、有水准的异性朋友，从而提高自己的工作、学习上的成绩，同时又能在学术交流中得到心灵相通的快乐。

我们还可以交一个懂得享受生活，会吃会玩的朋友，这样在闲暇时间就不会无所事事，可以开开心心的度过假期。

我们还需要一个善解人意、可以说心里话的朋友，有时对异性说心事比对同性要容易、安全得多，在遇到麻烦或不幸的时候可以排忧解难。

异性朋友多了，别人也不会轻易地对你与某个异性的交往产生怀疑和误解。

无心而且自然地结交异性朋友，可以吸取不同异性的长处，使自己的个性中刚强与温柔的部分互相调和。

自然接触、大大方方，该说的话就说，该办的事就办，该交流的思想就交流，与同性交友一样坦然。成为一个能够与同性、异性都融洽相处的人。

**(2) 尊重规则**

与异性朋友交往，相互尊重是前提。必须尊重彼此，不要强迫对方做不愿意做的事。我们不能因为对别人有好感，就死缠烂打，强迫别人与自己交朋友，干涉别人的生活，这样只会引起别人的不安和反感。

异性交往应以情感距离远者为限。在大多数情况下，双方交往的主观意愿距离是不同的，甚至差别很大。

可能一方想要把心里话说得更多一些，而另一方却希望保持更远一些的关系距离。这时需要注意的是，近的一方就要尊重远的一方的距离意愿，克制自己的欲望，止步于对方私人空间的界限，避免侵入私人领域。

否则，在对方看来，你的这种侵略不但非常唐突而且异常粗鲁。与此相似，电话和短信也要以频率少者为准。最大程度上尊重对方，使异性情感的种子开出友谊的灿烂花朵。

**(3) 适度规则**

亲密有间是异性相处之道。男女相处，如果走得太近，超越了一般朋友的界线，就会给人是恋人的错觉。因此，异性单独相处的时间不宜过长、过近，相处频率不宜过多，要有分寸。与异性保持距离的交往有助于给友谊留下发展的余地。

爱情在本质上有排他性和私密性，而友谊则具有亲和性和开放性。在与异性交往时，不能混淆友谊与爱情这个界限，异性交往有个度的问题。

我们要把与异性交往看作是日常生活中普通的事情，而不要让这种交往太神秘化和特殊化。交异性朋友强调自然和适当，适当是指交往方式的大众化，忌讳神神秘秘，注意交往不要越过友谊的界限。

与异性朋友的交往是正大光明的，不能像见不得人似的，没必要有不好意思的心理负担。

比如交谈时，即使别人故意躲出去，也不必去关门。在集体食堂里，在会议室，在茶社或舞场上，都应该大大方方地坐在一起。无论别人是否注意，都应该谈笑自如。

千万不要为躲避人言，故意装着素不相识，连个招呼也不敢打，也不要碰到熟人，马上就借口分开，这样反倒弄巧成拙，授人以柄，引起别人怀疑和议论。友谊关系的异性交往要淡化性别意识，强化的是朋友之情。

**(4) 道德规则**

在交往中要理智地把握自己，要懂得自我保护，千万不要被殷勤利诱和花言巧语所迷惑。要遵守社会公德和正确的行为规范，以健康的动机、友善的态度和庄重的行为与对方交往，而不做任何损害对方的事情，从而赢得对方的尊重与友谊。

**(5) 延交规则**

我们可以想方设法成为对方配偶的好朋友，如果自己有爱人的话，最好也把对方介绍给自己的爱人，成为共同的朋友，如果是这样，肯定于人于己都有好处。

当今社会，青年女子在生活与工作中与男人接触越来越多，自然会令一些男人心动神移，生非分之想。你可能一直在为不能与男性建立正常友谊而烦恼，那现在让我来教你一些有用的办法吧！

1、恭维对方，给对方一个响亮的称呼。

有一位女子，相貌出众，在一家公司负责产品销售策划。一次跟某公司经理谈判之后，经理悄悄主动邀请她："小姐，晚上一起夜宵，好吗？"

她不得不按时赴约。见面后，经理喜出望外，两人边吃边谈。女子竭力向经理劝酒，滔滔不绝地向她介绍公司的发展计划，并不断赞扬这位经理，称他是一位有修养、有气质、讲信用、受人尊敬的现代企业家。

经理颇为得意，故作谦虚：“你过奖了。”最后两人以共舞一曲而告终。以后这位经理再也没有骚扰过她。给对方一顶“高帽子”，在心理上满足了对方的虚荣心，这样既给了对方面子又维护了自己的尊严。

**2、盯着某个地方，或者愣一下神。**

有个漂亮姑娘，追求他的男孩子总是很多，她出差也遇到异性的纠缠。对付这些纠缠，这位女孩自有办法。

当对方口若悬河说个没完没了的时候，她自顾自地盯着某个地方发呆，或者当对方说得最起劲的时候，她会蓦地问一句：“对不起，你刚才说什么？”

对方即使有天大的侃兴，也会被她这种消极的态度打消下去。纠缠自然也被摆脱了。

**3、明确拒绝，让对方清楚你的态度。**

对待自己不爱的人前来求爱，当然不能哄骗求爱者，也不要违心地接受对方的求爱，应该明确地拒绝，让求爱者了解你的态度。

若是因为不喜欢求爱者，甚至是厌恶求爱者，便对他（她）的求爱甚为反感，而随意挖苦、辱骂，这种对求爱者的伤害是极不道德的。

拒绝自己不爱的人求爱，切不可讲那种侮辱人格的“心里话”，要说真诚、友善、婉转，使对方容易接受的肺腑之言。

**4、摆脱纠缠，又不失礼节。**

有一个女话务员，几次接到一个陌生青年的电话骚扰。有一天，他在电话里说自己很喜欢唱歌，并随即唱起了“对你爱、爱、爱不完。”

这位女话务员说：“用户同志，为了节约你的电话费，你的爱到此为止。”

要是想要纠缠你的是你的同事或是认识的人。在你们的谈话过程中，你可以不时地看看表，使对方以为你还有别的事，而不好意思继续打搅你；你还可以站起来随便走一走，以此示意对方你无意闲聊下去。

为了不至于显得不礼貌，你可以借口取烟、拿饮料等，而且最好是在对方侃兴正浓的时候。为了表明你对交谈缺乏热情的态度，你还可以采用“低调”谈话方式，有一句没一句的或者谈话不搭茬，对方定会感到无聊，主动提出告辞。这些都是摆脱异性纠缠的好办法。

总之，不管采用上述哪种方法，都应力争做到既达到摆脱对方纠缠的目的，又不失礼仪。

## 第4节 善于把浅交变成深交

朋友是一把伞，没有朋友就像雨中无伞独行，唯有默默承受雨淋心头的那份伤痛。朋友是一种心的交流，在语言的撞击中你或许能得到意想不到的快乐。

我们都需要朋友，朋友可以给我们帮助，与我们共事困难和快乐。但交朋友也是一门学问，善于处理，就能让我们和朋友之间的友谊不断加深，不善处理，好朋友也会成为敌人。我们该如何让自己与朋友的关系由浅入深，建立深厚的友谊呢?

### 1. 注意交朋友的误区

许多人在交友时，常常因为不知道如何正确处理关系，而陷入一些误区，发生一些不该发生的事情，从而使我们的朋友关系发生恶化。我们应该注意哪些误区呢?

**（1）言谈不慎**

也许你与朋友之间无话不谈，十分投机。也许你的才学、相貌、家庭、前途等令人羡慕，高出你朋友一头，这会使你不分场合，尤其与朋友在一起时，会大露锋芒，表现自己，言谈之中会流露出一种优越感，这样会使朋友感到你在居高临下对他说话，在有意炫耀、抬高自己，他的自尊心会受到挫伤，不由得产生敬而远之的想法。所以，在与朋友交往时，要控制情绪，保持理智平衡，态度谦逊，虚怀若谷，把自己放在与人平等的地位，注意时时想到对方的存在。

**（2）彼此不分**

朋友之间最不容易注意的是对朋友的物品处理不慎，常以为“朋友间何分彼此”，对朋友之物，不经许可便擅自拿用，不加爱惜，有时迟还或不还，一次两次碍于情面，不好意思指责，久而久之会使朋友认为你过于放肆，产生防范心理。

实际上，朋友之间除了友情，还有一种微妙的契约关系。以实物而言，你和朋友之物都可随时借用，这是超出一般人关系之处，然而你与朋友对彼此之物首先有一个观念：这是朋友之物，更当加倍珍惜。注重礼尚往来的规矩，要把珍重朋友之物看做如珍重友情一样重要。

**(3) 过于散漫**

朋友之间，谈吐、行动理应直率、大方、亲切、不娇揉造作，方显出自然本色。但过于散漫，不重自制，不拘小节，则使人感到你粗鲁庸俗。也许你和一般人相处会以理性制约，但与朋友相聚就忘乎所以，或指手画脚，或信口雌黄、海阔天空，或在朋友言语时肆意打断，讥讽嘲弄，或顾盼东西，心不在焉。

也许这是你的自然流露，但朋友会觉得你有失体面，没有风度和修养，自然会对你产生一种厌恶、轻蔑之感，改变了对你的原来印象。所以，在朋友面前应自然而不失自重，热烈而不失态，做到有分寸，有节制。

**(4) 随便反悔**

你也许不那么看重朋友间的某些约定，对于朋友们的活动总是姗姗来迟，对于朋友之求当时爽快应承，过后又中途变卦。

也许你真有事情耽误了一次约好的聚会或没完成朋友相托之事，也许你事后轻描淡写地解释一二，认为朋友间应当相互谅解、宽容，区区小事，何足挂齿。殊不知朋友们会因你失约而心急火燎，扫兴而去。

虽然他们当面不会指责你，但必定会认为你在玩弄朋友的友情，是在逢场作戏，是反复无常、不可信赖之辈。所以，对朋友之约或之托，一定要慎重对待，遵时守约，要一诺千金，切不可言而失信。

**(5) 强行索求**

当你有事需求人时，朋友当然是第一人选，可你事先不作通知，临时登门提出所求，或不顾朋友是否情愿，强行拉他与你同去参加某项活动，这都会使朋友感到左右为难。他如果已有活动安排不便改变就更难堪。

对你所求，若答应则会打乱自己的计划，若拒绝又在情面上过意不去。或许他表面上乐意而为，但心中却有几分不快，认为你太霸道，不讲道理。

所以，你对朋友有求时，必须事先告知，采取商量的口吻讲话，尽量在朋友无事或情愿的前提下提出所求，同时要记住：己所不欲，勿施于人。

**(6) 不识时务**

当你上朋友家拜访时，若遇上朋友正在读书学习，或正在接待客人，或正和恋人相会，或准备外出等，你也许自恃挚友，不顾时间场合，不看朋友脸色，一坐半天，夸夸其谈，喧宾夺主，殊不知人家早已如坐针毡，极不耐烦了。

这样，朋友一定会认为你太没有教养，不识时务，不近人情，以后便想方设法躲避你，害怕你再打扰他的私生活。所以，每逢此时此景，你一定要反应迅速，稍稍寒暄几句就知趣告辞，珍惜朋友的时间和尊重朋友的私生活如同珍重友情一样可贵。

**(7) 用语尖刻**

有时你在大庭广众面前，为炫耀自己能言善辩，或为哗众取宠逗人一乐，或为表示与朋友之“亲密”，乱用尖刻词语，尽情挖苦、嘲笑、讽刺朋友或旁人，大出其洋相以搏人大笑，获取一时之快意，竟不知会大伤和气，使朋友感到人格受辱，认为你变得如此可恨可恶，后悔误交了你。

也许你还不以为然，会说朋友之间开个玩笑何必当真，殊不知你已先损伤了朋友之情。

所以，朋友相处，尤其在众人面前，应和蔼相待，互敬互慕互尊，切勿乱开玩笑，用恶语伤人。

**(8) 过于小气**

你可能在择友交友时，认为朋友的友情胜于一切，何必顾虑经济得失。这种思想使你与朋友相处时显得过于拮据，事事不出分文，或患得患失，唯恐吃亏。

对朋友所馈慨然而受，自己却一毛不拔，这会使朋友感到你视金如命，是个悭吝之人。所以朋友之交，过于拮据会显得悭吝小气，而慷慨大方则显得豪爽大度，它会使友情牢固。

**(9) 大肆渲染**

你可能由于虚荣心或荣誉心所驱，也可能交友心切，认为交友越多，本事越大，人缘越好，往往不假选择考察，泛认知己，患“好交症”。

此时，朋友已在微微冷笑，认为你是朝三暮四的轻佻之人，不可真心相处，结果你会失去真正的朋友。所以，朋友之交，理应真诚相待，感情专一，万不可认为泛交会使自己显赫。

**(10) 一意孤行**

是朋友就要同舟共济，对好意之计应认真考虑，妥当采纳。也许你无视这点，每遇一事，一意孤行，坚持己见，无视朋友之见，依旧我行我素，结果自己吃亏，朋友受累。

这必定使朋友感到失望，认为你太独断专横，不把朋友放在眼里，是个无为多事之人，日后渐渐疏远你。所以你在遇事决策时，应多听并尊重朋友意见，理解朋友的好心，即使难以采纳的意见，也要说清楚，使人觉得你在尊重他。

### 2. 遵循交朋友的原则

友谊是人一生当中最珍贵的财产，朋友的赠与是一生最珍贵的礼物。在一个人的成长路上我们会交到各种的朋友，从互不相识到一起谈天说地，朋友间的了解也会一步步加深。那么我们在交朋友的过程中，应该遵循一些什么样的原则呢?

**（1）全面了解自己**

交友应该从你自己的实际情况出发，先对自己做一个全面的了解，再去交往朋友。不但要对自己的职业、现在的生活方式以及自己的理想追求有清楚的把握，还要了解自己的性格，优缺点，了解自己的爱好、生活习惯以及自己现有的知识、涵养和自己的整体素质等。

总之，在对自己有一个充分了解与把握的基础上，结合自己在实际生活中的需要，结合自己的理想与追求，去选择朋友。

**（2）尽可能了解对方**

想在你完全了解对方以后，再决定是否与他进一步交往，这是不现实的。但是，你可以利用你能想到的条件和渠道，尽可能更多的了解对方。

一般而言，在你与某个人成为朋友之前，双方只能算是认识的人，在双方只是彼此认识的期间，就是了解对方的一个有利的时机。

在这个过程中，不管你采取什么方式或方法，最好不要让对方知道你在试图了解他，否则的话，他会尽量遮掩自己的一些情况，或者干脆拒绝与你来往，那么这将是一个最糟的结果。

**（3）要理性交往**

你在选择朋友和与朋友交往的过程中，应该时刻以理性的思维来指导自己的行动，不可感情用事。在你还未尽可能多地了解对方之前，最好不要因为个人的感觉而草率的决定是否与之交往。

更确切地说，就是不要因为对方给你留下了好印象，就置其他于不顾而主动去接近对方，也不要因为对方给你留下了一个坏印象，而不再与之来往。

因为一个人在你心目中的形象是会随着时间的增多，认识的加深而改变的，因此保持理性的头脑交友非常重要。

**（4）准确定位**

在择友并交往了一段时间过后，就应当对你的朋友作出适当的定位，比如根据你与你的朋友之间的关系进行定位，即按照知己型、亲密型、一般型的划分等。

对自己的朋友进行适当的定位，对于稳固你的人际关系网络、促使你交往更多的朋友或者定位后采取进一步的措施，都有积极的意义。

### 3. 保持健康的朋友关系

朋友是我们人生中最宝贵的财富之一，珍惜朋友也就是珍惜自己的人生。真正的朋友应该是贴心、知心和互相关心的。那么我们该如何保持朋友间的健康关系呢？

**（1）用时间培养**

在你想要发展一段关系时，你要投入足够的时间。感情是很微妙的，有时候新发展的一段友情，新结识的一个很投缘的朋友，会在慢慢地疏远和淡忘中消失，那种“君子之交淡如水”的友情，是在有深厚的感情基础的条件下完成的，如果一开始你不投入时间去维系，那么会失掉很多宝贵的情感和朋友。

**（2）懂得分享**

我们要和善、热情，懂得分享别人的痛苦和欢乐，注意倾听别人说话，多听有助于我们了解别人、理解别人、与别人沟通，富有同情心，愿意帮助别人，这样的人，别人乐意交往。

**（3）培养共同兴趣**

友谊是建立在我们与朋友共同兴趣基础上的，一个不会唱歌、不会跳舞、不爱画画、不爱活动的人是不会有朋友的。我们要努力培养自己广泛的兴趣，在参加各种各样的活动时和朋友建立深厚友谊。

**（4）信任朋友**

古人说：信人者，人恒信之。所以说我们要想获得朋友的信任首先要相信朋友，真正做到以诚相待才是和朋友相处的根本。

**(5) 大度做人**

人非圣贤，孰能无过，在这个世界之上完人是不存在的，所以我们要包容朋友大原则之外的错误和缺点，真正做到严于律己，宽以待人，发现别人的优点才能真正和朋友相处，也才能交到真正的好朋友。

**(6) 患难与共**

朋友就意味着欢乐共享，苦难同担，也就是说我们和朋友之间的友谊不是靠甜言蜜语来维系的，真正的友谊是经得起时间和环境的考验的。

**(7) 取长补短**

因为每个人身上都有闪光点和胜过自己的地方，如有人见多识广、思维敏捷、处事沉着，有人办事老练、处事果断。这些都是值得我们学习的。

如果朋友有过，那我们不仅要引以为戒，还要帮助，不能护短包庇，互相真心爱护，珍惜友谊。这样结交的朋友，才是真正的朋友。

**(8) 尊重别人**

尊重别人就是要求我们尊重他人的意愿与想法，自己犯了错误时应立即承认并且大方道歉，不要为自己的不当行为找借口，这样可以避免许多不必要的误解与麻烦。珍惜别人的时间，守信守时，也是尊重他人的表现，也是现代人的修养之一。

**(9) 不要过于谦虚**

我们每个人都有自己独特的态度和行为方式，有独特的人格。我们在与别人相处时，虽然要对别人的需要持迁就、随和的态度，但这并不意味着要放弃一切，没有了自己。

处世也要有主见，不随便附和别人的意见。与朋友有不同看法时，可以不脱离现实表达自己的观点，说“不”、“对不起”。即使因为坚持正确的东西而得罪了别人，也可坦然置之，更不可为讨好别人而牺牲自己。

**(10) 用心交往**

对朋友要真诚，心无城府，肝胆相照，坦率直言。也就是要讲真心话，倾谈人生、前途和未来，倾吐欢乐和痛苦，这样交往能增进了解，增进友谊，有利于双方进步。

**(11) 珍惜友谊**

我们有的人交友像蜻蜓点水，或黑瞎子掰苞米，不能深入，满足于泛泛之交，或者见异思迁，喜新厌旧，忽视朋友的情感，以自我为中心，有的搞实用主义，需要时是朋友，用不着时成路人，一旦有点矛盾就翻脸变敌人。不管在什么时候，都要与人为善，珍惜友谊，我们要明白：有很多良友，胜于有很多财富。

人的幸福来源于有一个幸福的家庭、一份自己喜欢的工作，和几个知心的朋友，所以发展、维持好的人际关系是很重要的，从现在开始，寻找并珍惜你的亲密朋友吧！

交朋友看起来不难，可是真做起来，还真是不容易。你是不是曾经有过半途而废的友谊，是不是与曾经关系很好的朋友反目成仇了，现在让我教你一些最简单的方法吧，相信你一定会交上真正的好朋友！

1、与朋友肝胆相照

和朋友相处，彼此要讲究知心，讲究坦诚，讲究肝胆相照。双方以真实的言语、真实的感情交往，摒除利害关系，拥有手足般的义气情谊，能相知相惜，相互关爱，彼此扶助，就是真正的肝胆相照了。

2、宽容是友谊的基石

一个宽容的人必定有很多朋友，而这些朋友就是他财富的一部分。当我们被一个朋友伤害时，我们要把它写在易忘的地方，让风来抹去它，如果我们得到了朋友帮助，我们要把它刻在心灵的深处，那里任何风都不能抹灭它。

3、倾听朋友的诉说

当你的朋友遇到挫折、碰上烦恼，他便要找到一个发泄情感的对象，而你作为朋友，能够真诚、耐心地倾听对方的诉说，就是为朋友开了一个情感的发泄口。

朋友在向你诉说的过程中，你要耐心的倾听，而且适时地插上一两句真挚的安慰话，或是为朋友出谋划策。

不过当朋友在你面前哭诉时候，一定要有耐心，千万不要打断他。要知道，此时无声胜有声，你要做的就是静静地守在一旁，让他有份安全的感觉便可以了。

也许朋友的情感就会因此而步出沼泽，他会觉得有你这样的朋友才是真正的依靠。这样，朋友的情感会加深，友谊更会与日俱增。

### 4、求人情要适可而止

朋友之间互相帮助是理所当然的，不过求人情要适可而止。你求人一次，人家帮了你，倘若你一而再、再而三，得寸进尺，那么，朋友对你这样的人便会生厌，如此，朋友之间的关系就难以为继了。至于不考虑对方的承受能力，为了满足自己的需要，搞友情强制，这就更使朋友反感了。

### 5、在朋友最需要时到场

当今社会，谁也不能保证自己万事不求人，因此人们遇到难处总渴望得到别人的帮忙。所以，作为朋友，在别人需要你帮助的时候，一定要及时到场并真诚地伸出手去帮朋友一把，助朋友渡过难关。

即使这个人已经许久都没和你联系了，或者是你们的联系很淡，但只要你仍然相信他是值得交往的人，或者你认为自己有能力帮助他，那么你就应该伸出你的手，拉他一把。因为，越是这样他越会将你的恩情牢记一生。只要把握好这一交际原则，朋友与你的友谊将会日益加深。

## 第5节 不要因多疑丧失掉友谊

多疑是指我们神经过敏、疑神疑鬼的消极心态，它是对人、对事物在没有进行客观的了解之前，主观地假设与推测，是非理智的判断过程。

具有多疑心态的人往往带着固有的成见，喜欢通过想象把生活中发生的无关事件凑合在一起，或者无中生有地制造出某些事件来证实自己的成见，于是就把别人无意的行为表现，误解为对自己怀有敌意。多疑往往会造成我们友谊的丧失，从而既伤害别人也伤害自己。让我们学会信任，赢得友谊吧！

### 1. 认识多疑与信任

现代心理学研究表明，多疑是一种心理疾病，属于偏执型的性格缺陷。

多疑症患者一般是在儿童时代受到严厉对待或遭受不幸，与别人在感情上慢慢疏远，又由于缺乏感情交流，逐渐发展到对一切人都不信任。

得了多疑症后，往往自视清高，心胸狭窄，神经过敏，怀疑一切，遇事爱往坏处想，总认为人人都在与自己作对，在向自己耍阴谋诡计。

别人对我们说的可能是一句非常平常的话，可是我们会再三品味言外之意。别人面带笑容地问候我们，我们却认为他们不怀好意，笑里藏刀。

我们有时甚至捕风捉影，听风是雨，别人咳嗽一声，开颜一笑，都认为是别人冲着自己而来，从而引发怒火，产生出攻击性的言行。

同事间开个小玩笑，我们也怀疑是在影射自己，看见别人低声说话，会猜测是在议论自己，生活中碰到点小麻烦，事业上遇到点小挫折，也归罪于有人在整自己。甚至别人好心好意帮助我们，我们也猜度别人用心不良。

不仅在外面是这样，我们在家也是这样，我们对爱人和亲友的忠诚，也无端怀疑，像侦探似的跟踪调查。

多疑心态一旦形成，相对就比较顽固，它是导致偏执性人格障碍的温床，需要警惕。

但是，我们单纯的多疑，只有在一定的情景下，才会疑心生暗鬼，以主观想象代替客观事实，才会产生愤恨甚至报复心理，而在其他没有诱发情景的时间里，一般不会产生多疑心态，完全能像常人一样心态平静地生活。

**2. 去除多疑的方法**

我们的多疑心理，让我们在家不能与亲人感情和睦，在外不能与同事融洽相处，弄得周围人际关系紧张。而且多疑症患者自己的日子也不好过，整天处于心理紧张之中，长期为不良情绪所困扰，缺乏真诚的亲情、友情和爱情。我们该如何克服自己的多疑心理呢?

**（1）认清原因**

多疑心理产生的原因，往往和我们对自我消极的暗示有关，所以我们平时要注意避免对自己过多的消极心理暗示，不要一开始与人交往，就在心里说："这个人可能很坏，他一定在骗我。"这样只能让我们失去得到朋友的机会。

**（2）认识危害**

我们要认识到无端猜疑的危害及不良后果。英国哲学家培根说过："猜疑之心犹如蝙蝠，它总是在黑暗中起飞。这种心情是迷陷人的，又是乱人心智的。它能使人陷入迷惘，混淆敌友，从而破坏人的事业。"

**（3）学会宽容**

我们认识了多疑的危害，就要果断地克服多疑，要用高度的理智、宽阔的胸怀、友善的态度对待他人，只要我们的心广大如天地，虚旷如日月，就不会为这些小事而斤斤计较，无端猜疑了。

**（4）自我暗示**

当你猜疑别人看不起你，在背后说你坏话，对你撒谎的时候，你心里可以不断地反复地默念“我和他是好朋友”、“他不会看不起我”、“他不会说我坏话”、“他不会对我撒谎”、“我不该猜疑它”、“猜疑人是有害的”、“我讨厌猜疑”等。

这样反复多次地默念，就能克服多疑的毛病。心理学家证明，从心理上厌恶它，在观念和行动上也就随心理的变化而放弃它了。

**（5）开诚布公**

交换意见，坦率地、诚恳地把猜疑问题提出来，心平气和地谈一谈，只要你以诚相待，襟怀坦白，相信疑团是会解开的。

**3. 做到信任的要诀**

我们一旦失去了对别人的信任，我们也就会失去友谊，一旦失去了对世界的信任，那我们就只能面对一个充满孤独、遗憾的人生。所以信任别人，就是信任自己。我们只有学会信任别人，才能拥有一个幸福、快乐、而没有遗憾的人生。我们平时该如何做到信任别人呢？

**（1）消除疑心**

不要对我们身边的每一个人都设有一道永远无法跨越的鸿沟，因为人性大多都是向善的，而欺诈只属于一小部分。人之初，性本善，我们不要总以别人会欺骗自己为由不信任别人，这样只会把彼此之间孤立起来，从而感受不到友谊的快乐与温暖。

**（2）学会鼓励**

我们要学会称赞别人获得的成果，称赞如同阳光，缺少它我们就没有生长的养分，你的称赞永远都不会多余。仔细观察别人，那样你就会发现别人做的好事。当你表示赞许的时候，你要充分说明理由，这样你的称赞就不会有谄媚之嫌。

**（3）换位思考**

你要试着从别人的立场上分析事情。在你怀疑别人的时候，你首先最好问一下自己：他这样做是出于什么原因？理解一切意味着宽恕一切。

**（4）更加理性**

在发生矛盾的时候，你要保持平静，你首先要倾听对方的意见，努力寻找双方的一致之处，你还要用批评的眼光看待自己，向对方保证考虑他的意见，并对他给予自己的启发表示谢意。

**（5）学会宽容**

闹误会，有矛盾，在朋友之间也是常有的事。我们要宽宏大量，不斤斤计较。既使朋友做了对不起你的事，只要他能认识改正，也应不计前嫌，一如既往，保持友谊。常言道：大度集群朋，是很有道理的。

**（6）以诚相待**

真诚的交往，不但指我们彼此的诚恳交心，还包括真诚地指出对方的缺点，提出诚恳的批评。坦诚的交换意见，这是对友谊的考验，能使友谊更加巩固。

总之，信任是友谊的桥梁，也是我们保持友谊的关键。朋友之间要相互信任。我们共同生活在阳光下，彼此间十分需要这份信任。它像空气对于生命一样重要。有了信任，思想间才能交流，心灵间才能沟通，人与人之间才能合作。让我们多一些信任吧！这样，你就会收获许多意想不到的喜悦！

朋友们都知道，《三国演义》中，周瑜因为心胸狭窄，多疑致死，可见多疑是不利于身心健康的。你现在是不是很想知道自己是不是有多疑的毛病呢？让我来给你进行一个小测试吧！现在请用“是”、“否”来回答下面的问题。

1、最近你老觉得有人在领导面前说了你的坏话吗？

2、你认为每个人做每件事情都是有目的的吗？

3、你认为中国至少有一半人在逃税吗？

4、如果确定谎言不会被戳穿，那么很多人都会毫不犹豫地骗人吗？

5、你很难信任别人吗？

6、你不喜欢借东西给别人，因为很多人根本不会把东西还回来吗？

7、当同事使用你的电脑时，你心里很不愉快，因为你电脑里有些东西不喜欢让人看到吗?

8、你经常查对银行账单吗?

9、付完账后，你总是清点找回来的零钱吗?

10、当服务员把你的行李放到你看不到的地方时，你总是会担心它们的安全吗?

11、如果自己做出一副很傻的样子，那么肯定有很多人马上来骗你吗?

12、觉得自己找不到的东西，肯定是被别人拿走了吗?

13、在陌生的城市问路时，你总担心被人骗吗?

14、如果对方取消了约会，你总是会费尽心思地猜测原因吗?

15、每个人都有诚实的时间和撒谎的时间吗?

每道题选“是”计0分，选“否”记1分，现在看看你有多少分，然后再向下看。

**得分在0分至4分**：你是个非常容易对别人产生信任感的人，你会把你的信任建立在一个非常薄弱的基础之上，这样你很容易获得友谊。当然，你可能会因此而常常失望。有时候，有的人会利用你这种天性而故意欺骗你。不过，像你这样的人会活得比较快乐，而获得的朋友的信任度也相当高，这反过来也会让有些朋友无条件地信任你，从而让你的人际关系变得简单。能坚持这样的心态，未必不是一件好事。

**得分在5分至9分**：你觉得你对人有着中肯的认识，自己常常觉得自己的判断都是对的。实际上，审慎的态度也常常让你判断准确，而又不失去机会。但是，你的内心其实相当怀疑人的天性，所以很多时候你常常小心翼翼，有些患得患失的感觉。在对待朋友方面，你的信任中常常带有怀疑，因此在别人眼中你显得深沉，最后能成为你的朋友的人，都是经过精挑细选确定不会对你造成伤害的人。

**得分在10分以上**：很显然你天性多疑，处事小心，而且你觉得自己相当精明。这种精明的态度能够让你避免人生中的许多陷阱，而对于你的家人和朋友来说，这种精明也许就是一种负担。有时候你把你的经验和判断传授给朋友，而他们觉得这是一种很麻烦的负担，为此许多人必须小心翼翼地应付你，以免让你觉得受到了伤害。有时候，由于这种态度，你也会失去一些人际关系，甚至会造成不必要的心理负担。

# 第6节 虚伪是一种不健康的心理

虚伪心理是指我们在对待朋友时，表现出来的一种掩盖事实真相、满足私欲、骗取信任的心理活动，是一种消极的个性心理特征。由于这种人常常喜欢说谎作假，所以往往使人厌烦。

须知只有真诚才能受到别人的欢迎，赢得别人的信任，从而获得更好地发展。

## 1. 认识虚伪与真诚

人都有两面性，虚伪与真诚。人之所以虚伪，是因为他尝到了虚伪的甜头。因为虚伪者的表现是他不费多大力气就能迅速给别人以美好的感觉。

溜须拍马、投其所好者似乎都有虚伪之嫌，但是社会少了这些人还真不行。人们之所以厌恶虚伪，是因为你认为自己被欺骗了。

但是虚伪者欺骗了一时，欺骗不了一世。即使虚伪者的表演再逼真，随着时间的推移也会露出真面目，更别说我们有能力分辨真伪、虚实了。

真诚，诚信老实。诚信是荒原上流淌的一汪清泉，诚信是寒冬腊月傲放雪中的一枝梅花，诚信是夜晚行路时前方的一盏不灭的灯火，诚信犹如春天的第一缕阳光令人向往。

诚信可以创造奇迹。老实人常在，老实人有好报，老实人是社会的脊梁。如果没有老实人踏踏实实的做事、认认真真的钻研，那么我们的国家就很危险了。

如果你很真诚，你的信誉将极速上升；但是，如果你是个虚伪的人，你的信誉将飞速下降。我们不能缺少宝贵的信誉，不管你是富翁还是穷人，你必须要先拥有信誉，不然，你会失去很多东西。

拥有信誉，你先要做到真诚。对有信誉的人，人们用尊敬的目光看你；没有信誉的人，人们会用怪异的眼光瞟你。所以说，我们最需要拥有的就是信誉。

我们都有真诚与虚伪两面性，为什么这么说呢？因为我们谁也不敢说自己一生一世从来没有过一点儿虚伪，也不敢说自己一辈子光做虚伪的事儿，没有一点儿真诚的时候。

有人打过这样一个比方，我们的真诚与虚伪就像数轴上的正数和负数，真诚是正数，虚伪是负数。正数加负数可以是正数也可以是负数，就看你是真诚的时候多还是虚伪的时候多了。

当你走完一生的时候，是愿意得个正数呢，还是愿意得个负数呢？你自己算算吧！

### 2. 去除虚伪的方法

虚伪欺骗心理是人们普遍痛恨的一种不健康心理。仔细分析不难看出，虚伪欺骗的实质就是不真诚。用虚假的言语或行动掩盖事实真相，满足私欲，骗取信任，使人上当受骗，既害人又害己，是一种极不道德的心理行为。那么在现实生活中，我们该怎样克服这种不健康的虚伪心理呢？

**（1）认清原因**

认清自己产生虚伪心理的原因，才能根据不同情况，采取不同的措施，克服自己的虚伪心理，从虚伪中走出来。

虚伪欺骗心理产生的原因是相当复杂的，我们有时常常有一些不合理的需要，并且在需要得不到满足时，不能正确调整就会产生虚伪。

如我们有些人喜欢自我炫耀，在长期得不到重视或遇到挫折时，就会认为这是社会错了，而不是自己的需要不合理，渐渐地就会与社会格格不入，以不真诚的态度对待自己、他人和社会。

结果，虚伪欺骗就慢慢地进入了我们的性格当中，逐渐形成了一种较为固定的心理活动和行为方式。因此，在不合理的要求得不到满足时，虚伪欺骗心理就乘虚而入了。

错误的动机也能让我们产生虚伪心理。如我们与人交往的时候都是有一定动机的，但是如果我们交往动机不良，即不是为了获得友谊，不是为了得到帮助，而只是为了某方面不正当的私利而和别人交往的话，就很难用真诚、守信的态度对待别人，也就不会有朋友和事业上的伙伴。

当然，家庭、学校、社会的一些不良因素，也会对我们的虚伪心理形成起到促进作用。

知道了这些不良因素，我们平时就要有意识地抵制这些不良因素的形成，提高自己的免疫力。

**(2) 要量力而行**

言而有信，要求我们做到不轻易许诺，量力而行，做不到的事要婉言谢拒；一旦许诺，就要尽最大努力去办。答应了别人而又不做，不仅会丧失信用，而且还会耽误别人的大事。

**(3) 借东西要还**

在我们的交往中，尽量减少借钱借物的事情发生。如果情况特殊借了，要记住及时归还。如果归还他人的钱物遇到困难，应当详细说明理由，并求得对方的谅解。如果不小心损坏了借来的东西，应主动向它的主人说明情况，并尽力弥补。

**(4) 勇于承担错误**

不论你的出发点如何，在任何时候都不应该撒谎、骗人；不要为自己的过失和错误寻找借口;应主动承认错误,勇敢地承担因此造成的不良后果,并以此为鉴。

**(5) 要维护自尊**

自尊是指珍视、尊重自己，不向别人卑躬屈膝，也不容许别人歧视、侮辱我们自己的一种心理活动，是一种指向自我的尊重。把自尊和敬人结合起来，才能真诚守信地对待自己和别人。

维护自尊，要以自信为前提，也就是要在相信自己，承认现实的基础上，客观、真诚地观察事物、分析事物。自信的人，真诚守信，不出尔反尔，敢于纠正自己的错误，因此，不自卑，也不会虚伪欺骗。

**(6) 用良心监督**

当我们处在维护自我尊严的过程中时，内心会深深地体会到真诚守信的巨大魅力，我们的内心就会产生一种渴望，希望别人也能用真诚、守信的态度对待我们。也就是说，我们会自觉地约束自己，正确地评价自己，把真诚守信看作是一种责任和义务。如果出现了虚伪的心理，产生了欺骗的行为，内心就会很痛苦。这是为什么呢？这就是良心在起作用。

良心就像一只警钟，提醒我们自觉抵制虚伪欺骗心理。良心对不合理的需要、错误的动机起着控制作用，良心在行为进行中起着监督作用，良心对行为的后果起着自我评价作用。

**3. 保持真诚的品格**

我们都喜欢真诚守信的人，并愿意与他们交往。真诚守信是一个人人格、品德的重要标志。真诚守信心理要求人们在对待自己、对待别人和对待事物的时候，要公正坦率，忠诚老实，实事求是，不弄虚作假。那么我们平时该如何保持自己真诚的品格呢？

**（1）用理想导航**

理想是我们心理活动的灯塔，它正确地引导人们用合理的态度认识世界和改造世界，促使人逐渐养成诸如真诚、守信、热情等良好的心理特征，克服虚伪、欺骗、冷淡等不良的心理特征。

同时，理想还是心理活动的动力，是巨大的精神力量，它催促人追求真善美，在实际生活中扬长避短，用顽强的毅力克服自身的缺点和不足。

人生是绚丽的，因为它有理想；青春是美好的，因为它有朝气。没有理想，在漫长的人生道路上就没有方向，就没有伟大的奋斗目标。我们应当把真诚守信作为自己人格理想的重要内容，作为自己毕生所追求的目标。

**（2）要真诚待人**

用我们的真诚对待每一个人，只要我们养成了真诚守信的良好心理品质，并能始终如一地坚持下去，就一定会得到别人的认同、关怀、理解和赞扬。

**（3）良好人际关系**

融洽、丰富的人际关系可以给我们带来美好的享受、愉快的体验和社会需要的满足。良好的人际关系会使我们产生归属感，并从其中获取真实准确的知识和信息，体验到被别人关心、爱护和理解的欢乐，并以更加真诚的态度和守信的行为对待别人。

**（4）训练坚强意志**

坚强的意志可以促使我们真诚守信心理的形成，如果我们有了坚强的意志，就能克服内在的惰性和外界的干扰，能及时调节、控制自己的行为，使真诚守信习惯化。

**（5）培养良好性格**

性格对我们的学习、事业、生活所起的作用是广泛、深刻而持久的，它影响着我们对自己、他人和社会的态度，并使自己的行为习惯化。良好的性格能使我们在态度方面客观、真实、诚恳，在行为上谨慎、积极、主动、热忱。

总之，诚信是为人之本，是真善美的高度统一，是一切德行的基础和根本。由诚而善，有信而亲。真诚守信可以保证我们与人友好相交，赢得别人的信任，取得事业成功。

现在你也许深感信用危机的严重性和危害性。但埋怨没有用，更不能等待。重树社会信用必须靠每个人的努力，要从现在做起，从自己做起，你才能找回真诚守信的自己！

1、学会尊重别人

不要轻易伤害别人的感情，虚伪的撒谎一旦被揭穿，往往是最伤害人心的。

2、三思而后言

如果你所要说的话可能伤害别人的感情，也许最好保持沉默。

3、信守承诺

说到就要做到，如果做不到，就千万别随便许诺。

4、欠别人的一定要还

不管你欠别人什么，一定要还回去，这是我们真诚守信的第一步。

5、与他人共享

一个真诚的人不会为自己编造故事，让真诚从不伪装自己开始。

6、真诚对待自己

你是有良心的，你的虚伪让你不敢面对自己的良心，你用了各种借口来欺骗自己，现在坦然面对自己吧！

7、与真诚的人交往

物以类聚、人以群分，如果你天天与虚伪的人打交道，你会不自觉地也开始虚伪起来。

8、守时

这个就不用说了吧，想想如果你在等待一个不守时的人，你会有什么感受？

让我们告别虚伪，让真诚来到我们身边。

## 第7节 不要让嫉妒的阴云覆盖于心

意大利的菲·贝利在他的《浮士德》中写道：嫉妒是来自地狱的一块嘶嘶作响的灼煤。嫉妒的危害力和破坏力也可从中略见一斑。

嫉妒是一种负面情绪，是指自己的才能、名誉、地位或境遇被他人超越，或彼此距离缩短时所产生的一种由羞愧、愤怒、怨恨等组成的多年情绪体验。它带有明显的敌意甚至会产生攻击诋毁行为，会严重危害我们的人际关系正常发展。

### 1. 认识嫉妒心理的危害

嫉恨是对别人的优势表示为憎恨和嫉妒，是以心怀不满为特征的一种不悦、自惭、怨恨、恼怒甚至带有破坏性的负面感情。古往今来，无论是平民百姓还是帝王将相，因嫉妒导致伤人害己、骨肉相残、家破人亡甚至亡国丧权的事例不在少数。

三国时期的东吴大将周瑜忌诸葛亮之才，千方百计要害死诸葛亮，结果自己被活活气死，死时还仰天长叹"既生瑜，何生亮"，实在可悲！那些为争夺皇位而手足相残的历史事件更是触目惊心。

客观地说，生活在社会群体中的每个人都有嫉妒心理，然而嫉妒心理在不同人的行为中表现不同。

程度较浅的嫉妒往往深藏于我们的潜意识中，根本没有对别人的名誉、地位等施以攻击的想法。当我们的嫉妒程度发展到较深后，就开始表现为忧虑、对自己不满，进而出现故意不去配合工作中比较优秀的合作伙伴的工作，甚至对其进行间接或直接的挑剔、造谣、诬陷等。

非常强烈的嫉妒心理会让我们完全丧失理智，向对方作正面的直接的攻击，希望置别人于死地而后快。这往往会导致毁容、伤人、杀人等极端行为，常会导致害人又害己的不良后果。

并非所有的嫉妒都会逐渐发展到非常强烈的程度，产生极端的行为。不同人格特质的人会把嫉妒情绪控制在某一个阶段，而不让其自由发展。

嫉妒在对别人造成伤害的同时，也能造成我们自己的内分泌紊乱、消化腺活动下降、肠胃功能失调、夜间失眠、血压升高、脾气暴躁古怪、性格多疑、情绪低沉等等。

久而久之，高血压、冠心病、神经衰弱、抑郁症、胃及十二指肠溃疡等身心疾病就会跟随我们嫉妒者了。

由此可见，嫉妒不仅使我们的精神受到折磨，对身体也是一种摧残。因此我们在生活中一定要学会克服自己的嫉妒心理，并代之以一种欣赏、赞美的态度，那会让我们的生活快乐很多，也会让我们得到更好的人际关系。

### 2. 去除嫉妒的方法

嫉妒心理是一种很普遍的心理，嫉妒心理是危险的，其后果往往也是严重的。当然，它的出现也是不可避免的，但是通过自我克服，我们可以把嫉妒心理所带来的危险系数降到最低，这是可以实现的。那么我们嫉妒心理强的人应该怎样消除这种不良情绪呢？

#### （1）提高修养

封闭、狭隘意识使人鼠目寸光，因此，我们应该不断提高自身道德修养，不断地开阔自己的视野，与人为善。

#### （2）认识嫉妒

我们的成功不仅要靠自身的努力，更要靠大家的帮助，嫉妒只会损人损己。

#### （3）认识自我

要准确认识我们自己的长处，不要妄自菲薄。更重要的是要不断剖析、反思自己的行为和心理活动，寻找自己对他人、对某事的评价与处理是否具有不公正、不客观的成分。面对某人某事的时候，准确认识自己的心情和行为的出发点是否理智等。

#### （4）见强思齐

我们不可能在任何时候都比别人强，人有所长也有所短。我们固然应该喜欢自己、接受自己，但还要客观看待别人的长处，这样才能化嫉妒为竞争，才能提高自己。

**(5) 扬长避短**

聪明人会扬长避短，寻找和开拓有利于充分发挥自身潜能的新领域，这样才能在一定程度上补偿先前没能满足的欲望，缩小与嫉妒对象的差距，从而达到减弱乃至消除嫉妒心理的目的。

**(6) 除掉虚荣**

虚荣心是一种扭曲了的自尊心，我们的自尊心追求的是真实的荣誉，而我们的虚荣心追求的是虚假的荣誉。

对于我们的嫉妒心理来说，要面子、以贬低别人来抬高自己正是一种虚荣和空虚心理的表现。单纯的虚荣心比嫉妒心理更容易克服，但从形成的心理机制来看二者又紧密相连。所以，克服一份虚荣心就会减少我们的一份嫉妒。

**(7) 不要自我**

我们往往以自我为中心，不甘处于别人之下，不把别人的成绩看做是对社会群体建设的贡献，而首先看成是对自己的威胁，能跳出自我为中心的圈子，才能摆脱痛苦。

**(8) 将心比心**

嫉妒往往会给被嫉妒者带来许多麻烦和苦恼，换位思考就会收敛我们自己的嫉妒言行。

**(9) 接纳他人**

孔子曰 :“三人行，必有我师焉”。这是劝诫我们要谦虚谨慎，要善于发现别人的优点，并向别人学习，而这样做首先要悦纳他人。悦纳他人需要的是客观、公正的眼光以及与人为善的准则。

**(10) 公平竞争**

竞争应是激励人奋进的过程，而不应成为目标，如果我们把竞争本身看做是目的，便会使人过于看重结果，很容易引发不择手段、不讲规矩的举动。

要明白凡是竞争总有输赢，不要把我们的目的只放在输赢上，而是要同时注重竞争的过程，从中发现自己输或赢的道理，体会竞争的乐趣，形成健康的心理。

**(11) 参加活动**

平时可以积极参与各种有益的活动，嫉妒的毒素就不会滋生、蔓延。

**(12) 自我宣泄**

最好能找知心朋友、亲人痛痛快快地说个够，他们能帮助你阻止嫉妒朝着更深的程度发展。另外，可借助各种业余爱好来宣泄和疏导自己，如唱歌、跳舞、练书法、下棋等。

也许你是一个很优秀的人，你很少嫉妒别人，但却可能会遭遇别人嫉妒的尴尬。这时该怎么办呢？让我来教你一些防嫉妒的方法吧！

1、要反躬自问

对于别人的嫉妒，一方面是客观对待，不庸人自扰；另一方面是善意对待，从冷嘲热讽中发现和吸取对自己有用的东西。

此时不妨冷静思考一下，这些风言风语是怎么被引起的？说得对不对？有些逆耳的挖苦，也可能会说到自己的短处，有时比和颜悦色的批评更一针见血，击中要害。

即使是完全没有根据的风言风语，也不必生气，不妨引以为戒，作为自勉和鞭策。

2、其次要确立自信

俗语说："身正不怕影子斜，脚正不怕鞋子歪。"要相信自己的所作所为是正大光明的，就不会被别人的嫉妒所吓住。否则，自信不足，心存疑虑，庸人自扰，势必忧心忡忡，似乎外界的风言风语都该承受。

3、另外还要豁达大度

要想解脱被人嫉妒的苦恼，最根本的是自己的胸襟要宽，气量要大，不去斤斤计较别人的一言一语，仍旧保持坦诚的态度与人相处。

即使是嫉妒自己的人，也不必疏远，也许别人对你的嫉妒也就随之瓦解，闲言碎语也不再有市场，因为别人都了解你是什么样的人，不实事求是的言论自然站不住脚。

你应该懂得自己所取得的成绩与别人的帮助是分不开的。在取得成功和荣誉时，不要冷落了大家，更不要居功自傲，因为这的确容易招来他人的嫉妒。

相反，真诚地感激大家，让大伙一同分享荣誉，虚怀若谷，就会得到众人的拥护、支持，就不致招来嫉妒了。

## 第8节 自大会使人陷入迷茫

自大就是自以为是，狂妄自傲，目中无人。我们的人生中会遇到各种各样的险境，其中狂妄自大可能是最可怕的一种。当自大占据我们心灵的时候，我们往往身处险峰而高视阔步，只谓天风爽，不见峡谷深，从而失去了理智。

所以我们必须学会谦虚，这样才能让自己不断进步，并有效地规避各种风险。

### 1. 认识自大的害处

自大往往让我们表现得无知浅薄，除了让人轻视外，不可能得到任何好处。

现实生活中我们许多人都多多少少存在着这样一种自大心理，我们常常对现实自我的认识和评价过高，以至形成虚妄的判定，偶有一得一见，便以为自己十分了不起，忘掉了现实中的自我，忘掉了客观社会的要求对自己的制约，开始进行种种美妙的设计。

自大的害处很多，但最危险的结果就是让人变得盲目，变得无知。骄傲会培育并增长盲目，让我们看不到眼前一直向前延伸的道路，让我们觉得自己已经到达了山峰的顶点，再也没有爬升的余地，而实际上我们可能正在山脚徘徊。所以说，骄傲是阻碍我们进步的大敌。

三国时候，祢衡很有文采，在社会上很有名气，不过，他除了自己， 任何人都不放在眼里。容不得别人，别人自然也容不得他。因此，他被杀于黄祖。祢衡短短一生未经军国大事，是块什么样的材料很难断定。在这方面，即使他是天才，傲慢也必招杀身之祸。

关羽大意失荆州，同样是历史上以傲致败最经典的一个故事。可以写成一个关羽的死亡挽歌。其一生忠义，几近完人。只为一个傲字，失地断头。英雄如关羽，尚且骄傲自大不得，我们哪里还有自大的理由。

### 2. 消除自大的方法

平时要多注意自己的言行，如果有了盲目自大心理，要及时对自己作一番全新的评价和估量，将自己从自以为是的陷阱中拉出来，并且重新学习与人相处。那么我们要如何克服自己的狂妄自大心理呢?

**（1）认清原因**

认清原因，才能对症治疗。首先自大心理往往与自我意识发展的特点有关。有些人对认识和评价自我充满了浓厚的兴趣和急迫感，自我认识和评价的水平大为提高，但自我认识和评价的客观性与正确性尚不够，还存在一定程度的盲目性，因此会产生自大心理。

随着我们独立意识、自尊心的发展，常常会导致一种不必要的自负心理。于是自吹自擂、老子天下第一等言行和心理，便在我们身上表现出来了。

自大心理也可能与家庭背景有关。比如我们读书时的成绩好，踏入社会初期的顺利，家人对我们的要求又百依百顺，使我们不知不觉形成了事事以自我为中心，养成了一种不懂得迁就别人及完全不能容忍挫折的性格。

**（2）了解别人**

长期坚持对他人的了解之后，自大者才会从自我世界中走出来，随之自以为是的态度也会慢慢地消失。

**（3）调整动机**

达到或超过优异标准的愿望，是我们个人认真地去完成自己认为重要或者有价值的工作，并欲达到某种理想地步的一种内在推动力量，正是成就动机推动人们在各种行业中奋发图强。我们一定要学会实事求是的评价自己的能力，知识水平，定出符合自己实际能力的奋斗目标。

**（4）善于学习**

要虚心地取人之长，补己之短。诚然，谁都不可能成为无所不能、万事皆通的全才，然而，只要虚心地向别人学习，善于把别人的长处变成自己的长处，那么我们必定会越来越聪明，越来越进步。

人生在世，我们总是要谦虚一些，多一点自知之明为好，而谦虚的前提就是不能自大。现在让我来教你一个快速克服自大的方法吧！

这个方法叫照镜子法。在日常自我估计中，道理总是自己的对，文章总是自己的好，品格也总是自己的高，小的优点放得特别大，大的弱点缩得特别小。

自视高，旁人如果看得没有那么高，我们的自尊心就会遭受大打击，心中就会结下深仇大恨。这种毛病在别人身上，我们就能马上看出，在自己身上，我们却熟视无睹。

所以我们要经常照镜子，这个镜子就是世界，是和我们同类的人。我们如果认清了世界，认清了人性，自然也就会认清我们自己，知道我们自己其实是和别人一样的，都有自己的长处和短处。

如果你能从内心深处认识到自己的不足，能看到别人的优点，自然就能做到谦虚不自大啦！

## 第9节 理解是一种最美丽的情感

理解是一种品味，是对内心的诠释，是对心灵的呼唤；理解也是一种团结，一种力量。

无论是生活还是工作，都离不开这个词。现实中有许多人总是在埋怨别人不理解自己，而自己又何尝理解别人呢？理解是相互的，我们在遇到坎坷的时候，需要别人理解，别人遇到不顺的时候，我们也需要理解别人。

### 1. 认识理解的意义

理解是一种良好的心态，就是要我们用一颗悲天悯人的爱心，平静地接受所遇到的困难与烦恼。有一颗平静的心，才能鉴别人性中的弱点，洞察人内心的波谲云诡、才能具有清浊并蓄、化浊为清的能力。

理解是人类最美丽的一种情感，它让我们懂得站在别人的角度去看问题，把别人的感受当做自己的去感同身受，首先替别人着想，容忍别人和自己不同的地方，容忍别人的缺点和过失，不追究、不计较自己的利害得失，试着帮助对方改正缺点和过失，慢慢地趋向完美。

理解是对亲人的理解、对爱人的体谅、对朋友的忍让，是一种高尚的情操。能够理解别人，才能以宽容的态度包容他人的错误，甚至不注重个人的得失，找到化解矛盾冲突的办法，让自己变得豁然开朗。同时我们也能够得到别人的理解与宽容。

理解是生活和谐的磁场，是一种高贵的精神、灵魂的救赎。它让你远离小我，摒弃私心杂念，成就一个大写的“人”字。学会了理解，你会懂得原谅别人，原谅这个世界。

理解是温暖明媚的阳光，可以融化我们内心的坚冰，让这个世界充满浓浓暖意。理解如甘甜柔和的春雨，可以浇润我们内心的焦渴，给这个世界带来勃勃生机。理解如人性中最美丽的花朵，可以慰藉我们内心的不平，给这个世界带来幸福和希望。

人们需要互相理解！在自己理解了别人之时，也无疑增加了别人对自己的理解。“理解万岁”其实有着双重含义：一是人们需要互相理解，自己得到别人的理解是最幸福的；二是自己要努力去理解别人，理解别人是高尚的。第二种意思尤为重要，需要我们去慢慢体会。

理解是信任与信任之间的一种默契，是一种无声的交流。理解可以缩短两颗心的距离，在你付出的同时你也会获得无上的幸福。因为你照在别人身上的光芒会以百倍的亮度折射到你身上来。

人们需要互相理解！每个人都渴望别人理解的目光，我们知道它的价值，所以珍视它的存在。当自己的同学、朋友有了不顺心的事，我们只要说一句“我理解你此时的心境”，他们就能得到心灵的安抚。

人嘛，难免遇到一些磕磕碰碰的小事，如果我们都能站在别人的角度上，理解其行为，理解别人或许是太冲动、恼怒才有此举措，彼此间互相道歉，就能一笑了之，还会出现为一点小事而打架以至更甚的举动吗？

如果你理解了别人，也会得到别人回敬给你的理解；你只要去理解别人，那么别人同样会来理解你；当我们都能做到互相理解的时候，周围的一切会变得更加可爱，更加美好和明亮。

理解是一座桥梁，理解是填平沟壑的石土。理解是真诚的，互相理解吧！在这个大家庭中，人们是多么需要互相理解啊！

### 2. 做到理解的技巧

理解别人也是需要一定技巧和方法的，不然很容易弄巧成拙，闹出不必要的误会。我们如何才能更好地理解别人呢？

**（1）要有诚心**

要了解别人，其实并不是非常难，通过面部表情、言谈举止和行为变化，我们就能判断对方在思考什么。不过我们要想更深地体会对方的心理，则要求我们具备一定的心理素质，即正直、诚恳和与人和善，这是理解别人和让别人理解的前提。

**（2）学会倾听**

理解别人或让人理解自己的前提是相互了解，这要求我们首先要有愿意和对方结成和发展人际关系的愿望。交往中，要认真听取对方的谈话，真诚地表现出你对他的谈话有极大的兴趣。

有些人十分健谈，一进入交往，就扯开话匣子，摆开龙门阵，只要别人开一个话头，便一直说下去。而当对方说话时，又时常插嘴，要么就干脆不听，东张西望、心不在焉，偶尔来一句："你说什么？"这是很不礼貌的。

在交往中，倾听对方的谈话，对他的话题、内容、说话的姿态、表情、语气表现出兴趣，这是起码的礼貌行为。在人际交往中，不听对方说话，或不让对方说话，无疑是向对方宣布，你是个无足轻重的人，不论你说什么，我都不感兴趣，这又怎能谈到理解呢？

倾听对方谈话，也是表达自己的策略。因为只有这样，你才能有针对性的谈话。

**（3）记住对方**

对于交往不多的人，记住对方的名字及有关情况，是向对方表示关心的一个好办法。有许多伟大人物受到广泛的爱戴，除了他们的政治才能、思想品格外，在交往中，倾听对方、记住对方也是重要的一面。事隔多年，你还能叫出对方的名字，说出对方的一些小事，使对方备受感动，是增进人际之间理解的重要方法。

**（4）平等待人**

平等就是尊重。人在人际交往中要想取得互相理解，首先要互相尊重，包括对别人人格的尊重，对别人能力的尊重，对别人秘密的尊重。

有的人遇事好刨根问底，打听别人的秘密；有的人甚至恶作剧，在大庭广众之下把人的私事抖搂出来，这往往会伤害对方，是不尊重人的表现。

**（5）互相理解**

在人际交往中对人不理解首先表现为对对方的困惑，不明白对方为什么要这样做、要这样说。在更多情况下不理解表现为一种误解。例如：有的人本来是一片好心，你却认为是歹意。有的人本来是帮助人做好事，你却认为是出风头。

不理解的产生主要有两个原因：一是以自己的心度他人之意；二是用不信任、怀疑的心境去看待事物。

要做到相互理解，就要多从对方的立场考虑问题。比如“他为什么这样说”、“假如我是他，我也会这样说吗”。

同时还要对对方的想法、说法、作法表示同情。我们常听到一句很灵验的话：“我一点不怪您，如果我是您，我也会这么想，这么做的。”这句话的核心就是表现出对人的理解。可惜许多人不懂得这一点。

总之，要互相理解，就必须做到真诚、关心、正直、信任。站在别人的立场去思考问题，尊重对方的要求、能力。如果你在人际交往中能注意这些方面，你必定会成为一个受欢迎的人。

友谊的基础是理解，但朋友之间未必都是相互理解的，互相不理解甚至误解是朋友相处常有的事。那么当你陷于朋友不理解而你又不想失去朋友的矛盾中时，你该怎么办呢？

**首先你得大度些，体谅朋友对你的不理解。**生活是复杂的，每个人的生活经历不同，所处的背景也各不相同，难免对事物的认识也产生差异。再好的朋友都会出现不理解，朋友之间需要宽容。总之你的心里要装得下朋友对你的不理解。

**然后你也许该反躬自省了。**既然是朋友，尤其是要好的朋友，一般情况下，他应该是能够理解你的正确行为，如果他这时反而不理解，那么从另外一面恰巧说明我们的行为可能偏离了正确的方向。

可见，不理解未必就是一件坏事，它说不定就像一面镜子，我们可以借此俭省一下我们的行为。当然，如果俭省之后，你觉得你没有什么过错，你可以继续下去，你也没必要为了得到朋友的理解而放弃正确的事。

**最后，学会乐观对待自己和朋友之间的分歧和矛盾。**当朋友不理解时，光是苦恼是没有用处的。你要乐观起来，分析你的朋友为什么会误解你，如果他的主观愿望是好的，你可以主动出击，真诚地同他交换意见。

当你在为他不理解你而生气时，他也许也在为你的某种行为而懊恼，因此你需要主动向他解释。当他最后明白你的心情而不再误解你时，你们之间的友谊将会是另外一番风景。

## 第10节 尊重是连接友情的纽带

哲学家威廉·詹姆士说过："潜藏在人们内心深处的最深层次的动力，是想被人承认、想受人尊重的欲望。"渴望受人喜爱、受人尊敬、受人崇拜，这是人类天生的本性。但是，有取必有予，我们希望获得些什么，也就必须付出些什么。在与朋友相处时，我们希望获得对方的尊重，这就要求我们也要学会尊重对方，这样才能使友情越来越深。

### 1. 认识尊重的相互性

在人们的交往中，自己待人的态度往往决定于别人对我们的态度，就像一个人站在镜子前，你笑时，镜子里的人也笑；你皱眉，镜子里的人也皱眉；你对着镜子大喊大叫，镜子里的人也冲你大喊大叫。

我们要想让朋友尊重自己，首先要学会尊重朋友。尊重朋友也就是在尊重自己。不懂得尊重朋友的人是一个不完美的人。

应该说我们每个人都是有脸面、有自尊心的。自尊心是每个人自我完善的动力，是一个人自知、自爱、自重的条件。人的自尊心和人的脸面一样，是心灵的保护层，一旦受到伤害，就犹如树木的表皮被剥去一样，无法生存。

尊重朋友的自尊心和尊重自己的自尊心一样，即使是朋友存在某些缺点或不足，我们也应当善意的指出，完全没有必要去侮辱、伤害朋友，做不成朋友也不应该成为仇人。

说话做事要留有余地，在待人、处事、接物上，也要力求公平、公正，不能因人而异，显得势利，你在维护朋友自尊心的同时，朋友也会维护你的自尊心。

而有的朋友不是这样，看问题不是一分为二，实事求是，而是以偏代全，往往是只考虑自己，不考虑朋友，只要求朋友，不要求自己，也就是严朋友宽自己，说话办事处处以自己为中心，眼里只有自己没有朋友，总认为自己什么都比别人做得好，看自己总是优点多，看朋友总是缺点多，说到底，这是一种自私的表现，是对朋友的一种不尊重的行为。

朋友之间相处，应当宽宏大量，不应斤斤计较。朋友之间应该是尊重、宽容、体贴、理解，而不是去指责、强迫对方。现实中只有你敬我一尺时，我才有可能敬你一丈。

**2. 洞悉尊重的方法**

朋友之间也要分你我，也要学会尊重，这样的友谊才能长久。我们该如何尊重自己的朋友呢?

**（1）要平等待人**

我们都有友爱和受尊敬的欲望，并且交友和受尊重的欲望都非常强烈。我们渴望自立，成为家庭和社会中真正的一员，平等地同他人进行沟通。如果能以平等的姿态与人沟通，对方会觉得受到尊重，而对你产生好感；相反，如果你自觉高人一等、居高临下、盛气凌人地与人沟通，对方会感到自尊受到了伤害而拒绝与你交往。

**（2）要换位思考**

我们都很清楚自己想从朋友那里获得什么，可是从未考虑过自己是个什么样的朋友。你怎样来提问自己，问题都是明摆着的，你是否体谅别人，你是否肯听别人的话，你是不是个好朋友等。然而，更重要的是，你是不是尊重朋友。

**（3）要懂得自爱**

要想尊重别人就得从自己做起，只有懂得自爱的人才会懂得如何去尊重他人。但是自爱并不是说一见镜子就照，也不是自我吹嘘。自爱是说要爱自己，要了解自己，既知道自己的优点、长处，也知道自己的短处、不足，只有这样，才不会随意夸大自己的优点而看不起别人。

**（4）要学会倾听**

作为朋友，要学会倾听，这是对朋友最起码的尊重。

特别是当朋友遇到挫折、碰上烦恼时，你不仅要耐心地倾听，而且要时不时地插上一两句富有情感的安慰话，抑或为朋友出出点子、想想法子。你要是一脸不耐烦或者心不在焉，怎么谈得上尊重呢?

**（5）不强人所难**

你求人一次，人家帮了你，倘若你太不知趣，一而再、再而三，得寸进尺，那就是对朋友的不尊重，朋友自然也会对你这样的人生厌、生怨。

还有的人，不考虑对方的承受能力，为了满足自己的需要，搞友情强制，这更是不尊重朋友的行为，朋友肯定会反感。

**（6）要学会捧场**

面对鱼龙混杂、变化多端的社会，谁也不能保证自己万事周全不求人，谁也不敢夸口自己终身无危难，因此，人们遇到难处总渴望得到别人的帮忙。所以，作为朋友，在别人需要你帮助的时候，一定要及时到场并真诚地伸出手去拉朋友一把，帮朋友渡过难关。

**（7）给朋友自由**

朋友除你之外，还可能另有交际圈，因此，朋友跟与你意见不合的人交际时，如果你以此责怪朋友，那么，朋友将会左右为难。朋友多半会由此怨而生恨，离你而去。

总之，尊重朋友，就是尊重自己，只有懂得尊重朋友，才能得到朋友的尊重，才能交到真正的朋友。

尊重朋友并获得尊重，是有许多技巧的，现在让我给你讲一些吧！

**首先，在交往中，要热情、真诚。**热情的态度会使人产生受重视、受尊重的感觉。相反，对人冷若冰霜，会伤害别人。如果过分热情，会使人感到虚伪、缺乏诚意。

**第二，要给人留面子。**所谓面子，就是自尊心。每个人都有自尊心，失去自尊心对一个人来说，是件非常痛苦的事。伤害别人的自尊是严重的失礼行为。

维护自尊，希望得到他人的尊重，是人的基本需要。

**第三，允许他人表达思想，表现自己。**当别人和自己的意见不同时，不要把自己的意见强加给对方。当与自己性格不同的人交往时，也应尊重对方的人格和自由。

记住尊重他人才能赢得他人的尊重。

第六章

# 财富意识的心理追求

财富包括自然财富、物质财富、精神财富等，财富是指具有价值的东西。小至个人购物消费，企业的风险决策，大至国家公共政策的制定，社会上林林总总的财富现象，都与心理学有着千丝万缕的联系。

从表面上看，我们人生中大都追求的是物质财富，但事实上，人生追求的永恒目标是生活的快乐与幸福，而不是有更多的金钱。

因为，从“效用最大化”出发，对人本身最大的效用不是财富，而是幸福本身。所以我们要以良好的心态正确地看待财富。

## 第1节 摆脱金钱对心理的奴役

有不少人只知道为金钱而拼命工作，以至一生都在财务困难中挣扎。当然，人生一世没有欲望是不行的，没有金钱也是不行的，但千万不要成为金钱的奴隶。

金钱对于生活来说固然重要，但金钱并不是万能的。如果一个人被金钱蒙蔽了双眼，便会迷失自己。所以要学会摆脱金钱对心理的奴役。

### 1、认识金钱的实质

金钱到底是什么？金钱无非是一个标志，一个工具，是人们用来购买商品的工具，让人们多得到点快乐和权力。然而，有些人却不择手段，竭尽一切方式想要占有它。

有没有想过，我们如此竭尽全力地追求金钱，是为了什么？我们许多人都是在进行着一项出于本能的活动，看到金子，然后占有，而从来不想，霸占着一堆金子有何意义！拥有很多钱财，却又不知如何使用的人，是最不幸的。

钱是好东西，我们大家都喜欢。可是现如今，视金钱如粪土的人已不多见，而千方百计想获得金钱的人，却随处可见。钱可以满足人所有的物质需求和虚荣心，又有谁经得起钱的强大诱惑？又有谁说不喜欢钱？

现在，没钱的人拼命忙着赚钱，有钱的人也照样忙着赚钱。因为，有钱真是太好了，可以想买什么就买什么，想吃什么就吃什么，想穿什么就穿什么。

有了钱，可以住又大又好的房子，可以开又贵又好的车子，可以找又漂亮又年轻的美女，可以鲜活地、高昂地走在别人面前。

俗话说：有钱能使鬼推磨。可见有钱的好处，为了这些好处，许多人成了钱的奴隶。确实，茫茫人群中，沦落为金钱奴隶的人不在少数。为了金钱，有些人不惜以身试法，置身败名裂于不顾，宁愿撞上法律的铁墙也在所不惜。

为了金钱，有些人不惜背信弃义，置友情和亲情于不顾，宁可让良心蒙上一层猪油，让道德沦落到禽兽的地步，也不放弃对金钱的追逐。

唉！都是为了金钱。金钱固然是满足物质需求的必要条件，是财富的象征，成功的标志。但是，生命对物欲要求是有限的，睡三尺之地，坐尺方之垫。钱多钱少，有用就好，何必要跪下做钱的奴隶？

其实，物质与精神的追求是相辅相成的，通过自己劳动，房子住大点，生活过好一点，无可非议。但若让欲念泛滥，为了两个臭钱，连基本的道德与人格都不要，甚至疯狂的变着法的弄钱，这就是被钱奴役了，如果甘心情愿跪下来做钱的奴隶，那你必定会一败涂地，毫无幸福可言。

西方人认为金钱是上帝抛给人类的一条狗，既可以逗人，也可以咬人。金钱本来就有两面性，可以使穷光蛋变成富翁，可以使显赫一时的高官变成囚徒，金钱的温情和残酷在社会上演绎了无数的悲剧与喜剧。

世间好多事，都坏在一个“钱”字上。许多官因它而贪，好官成了贪官；好多人因它而馋，好人变成了坏人。更有甚者，辱良心，坑手足，损友情，皆因一个“钱”字。

有人说钱是“王八蛋”，也有人骂钱是“害人精”。其实，钱是没有立场的，钱是无辜的，关键是你自己的态度。

只要你不为钱所奴役，钱永远比你低下。所以，要么你去驾驭金钱，做金钱的主人；要么让金钱凌辱你，做金钱的奴隶。

钱不是万能的，钱也是身外之物，虽说是好东西，但钱不是生命的一切，不能让钱左右我们的人生。我们生活在世上，不论拥有金钱多少，都要做金钱的主人，而不要沦落为金钱的奴隶！

**2. 摆脱金钱奴役的方法**

我们知道，换取金钱的代价是自由，当我们的人生沦落到为金钱而活时，我们便成了金钱的奴隶，膨胀的金钱需要征服了人的灵魂，而不断地积累财富成了生活的枷锁。我们如何才能不做金钱的奴隶呢？

**（1）学会认识金钱**

金钱仅仅是我们看得到，感觉得到，但未必会是可以依赖的。因为金钱需要你时刻宠爱它，并时刻付出代价的，一旦你不能善待它，它就会离你而去。

在所有的东西之中，金钱的忠诚度是最低的。它可以在你不经意之间，随时从你的控制领域之内逃跑，所以你即使像对待主人那样无微不至的态度去对待它，都未必会降服它，而最终却会成为它的奴隶。

**（2）学会量入为出**

我们不要超越自己的收入水平去花钱，钱财在自己的掌控之中，你就不会成为房奴、车奴，不做房奴、车奴，你就是自己的主宰。

**（3）制订理财目标**

许多人，通常都缺乏价值观的判断，同时也没有什么理财目标，经常随随便便就把辛苦赚来的钱花掉，而当真正急需用钱的时候，才惊觉自己的口袋早已空空如也。

**（4）不盲目去追求金钱**

有些人非常爱钱，也知道钱的重要性，但是只会牢牢抓住钱不放，最终丧失健康与理想，也得不到家庭支持，甚至因为钱的问题产生不可挽回的家庭矛盾。

**（5）不为金钱工作**

不论老板开出怎样的条件，我们都不做违背良心和道义的事情，这样你就是自己工作的主宰。

如果见钱眼开，老板安排的工作，只要自己有钱赚就做，也不管它是否合理合法，最后很可能会因此落入陷阱之中。

**（6）不相信掉馅饼**

现代社会各种诈骗层出不穷，一叠现金置于脚下，我们不捡；手机短信上的几十万抽奖所得，我们不领；一本万利的投资，我们不睬；一夜暴富的发财梦，我们不做。只要我们不相信天上会掉馅饼，不做金钱的奴隶，上当受骗的事也就与我们无缘了！

**（7）不为投资纠结**

永远不要低估自己所遇到的困难，也永远不要高估自己应对困难的能力。你面对困难时的一切资源储备，都有可能会在关键时候掉链子，你所依托并被寄予厚望的力量，都会在瞬间缩水甚至倒戈。

而对别人的尊重就是在给自己储备更多的能量，或者说在为自己未来投资，这些能量和投资会在你面对困难的时候帮助你反败为胜。所以，在你花一些额外的资金得到额外的资源与忠诚的时候，本身就是在为未来储备能量，因而也不需要在内心跟自己纠结。

**(8) 学会知足常乐**

虽然钱会带给人一些安全感，但仅仅是在初始阶段。人对金钱的贪婪总是无止境的，而且只会越陷越深。越来越难以自拔，直到被金钱彻底吞噬。

比如你的汽车难道不需要不断地更换吗？你的房子难道不需要逐渐增大吗？你难道不希望青春永驻、魅力长存吗？你难道不希望自己的父母一直生活在自己身边吗？你难道不希望自己的孩子拥有让你骄傲的教育背景，并在学有所成之后事业有成吗？

对金钱无止境的欲望和追求，如同在沙漠里饮用盐水、沼泽中奋力挣扎，总是会加大心理的焦虑与恐慌，而且越是焦虑与恐慌就越会挣扎，越是挣扎就越耗费体力心力，加速死亡的进程。所以，保留一些不能被金钱买走的东西，学会知足常乐，这是人生的根本和尊严的维系根本。

**(9) 金钱不是上帝**

很多人在经过一系列的波折后，终于有了这样的感悟：金钱能买到床铺，却买不到睡眠；金钱能买到补药，却买不到健康；金钱能买到食物，却买不到胃口；金钱能买到书籍，却买不到知识；金钱能买到钟表，却买不到时间；金钱能买到物质的东西，却永远买不到快乐、幸福和满足。

金钱不是万能的，如果你把金钱当成了上帝，它就会像魔鬼一样地折磨你！不做金钱的奴隶，你才可能成为一个有独立见解、客观公正的人，你才能成为一个活得潇洒的人。

### 3. 驾驭金钱的秘诀

我们要做金钱的主人，而不能被金钱奴役，做了金钱的奴仆。确切地说，金钱是个很好的奴隶，也是个很糟糕的主人。让金钱成为我们忠心耿耿的仆人，否则，它就会成为一个专横跋扈的主人。我们如何才能真正成为财富的主人呢？

**(1) 认清理财目的**

理财固然是为了生财，但这并不等于说，这便是理财的根本目的。财富对于每个人、每个家庭的重要性自然毋庸置疑，但培根曾经说过：“金钱好比肥料，如不散入田中，本身并无用处。”

尽管坐拥大笔财富，却不知如何使用它，不知如何用财富让自己的生活更加完满，为了理财而理财，这不能不说是一种新的误区。

那么理财的要义究竟是什么？理财的目的并不是财富越多越好，数字的堆积除了给我们带来一种所谓的“安全感”之外，并没有太大的意义。

真正的要义在于在拥有同样多的资源的基础上，动用理财这种工具，让我们获得更多享受生活的机会。

比如通过积极的理财投资，让我们的储蓄获得更高的保值增值效果，确保我们在今后丧失收入能力后仍然能够保持较高的生活水平。比如通过合理地分配财富，让我们提前达成各种生活目标，保障这一生中优越的生活。

对于我们来说，辛苦地工作赚钱、积极地投资创富，匆忙之间更需要思考的是，努力追寻财富的根本动力到底在哪里？究竟是为了存折上的数字，还是为了现实中看得见、摸得着的每一分、每一秒？只有彻底认清对财富和生活的观点，才能够让我们走出为理财而理财的误区，必须知道，理财是手段，而不是目的。

**(2) 学会花钱有方**

学习如何花钱，是我们理财的第一步。因为学习如何花钱有时比学习如何赚钱还要难，同样的薪水，经过20年的时间，有人可以用钱滚钱变成千万富翁，有人却还是荷包空空。

事实上，金钱的拥有与支配，只是狭义的财富，但真正的财富，则是广义运用到你可以运用的资源，同时让金钱可以发挥最大的效用。

懂得如何去支配金钱的人，通常在心中有一个长期目标，为了实现这个目标，每天都有动力心甘情愿地做一点牺牲，以完成心中的理想。

**(3) 设定时期目标**

在家庭理财的规划中，我们需要有一个人扮演经济部长，负责管理消费户头，专门缴纳两人所有的共同开支，如水、电、天然气费、房屋贷款等。也要有人担任财政部长，专门负责投资户头，这个户头里的钱，则是用来作为投资理财的用途。

不过前提是，两人必须有共同明确的理财目标。另外，经济部长与财政部长在双方同意的状况下，都可以由同一个人来担任。

现在你是不是在想，如何才能做到不成为钱的奴隶呢？如何实现自己的财务自由呢？现在让我来一步步教你如何做吧！

**第一步，通过回忆来寻找你开启未来财务之门的钥匙。**把时光倒退到能够回忆得起来的最早时刻，人们早期有关金钱的经历：也许表面看起来那些事与金钱无关，却会对你现在对金钱的态度产生直接的影响。

**第二步，正视你的恐惧并建立新的理念。**无论私下还是公开，我们对金钱常常讳莫如深，多数人都不愿承认对钱存在恐惧或担忧。正视这种恐惧，以积极的态度面对金钱，然后才能通向财务自由。

**第三步，对你自己诚实。**诚实地面对你的现实，对比你挣到的钱和花出去的钱，用具体的方法掌管你的财务状况。

**第四步，为你所爱的人负责。**如果你爱你的父母、你的孩子、你的伴侣，就请安排好你的一切，包括疾病和死亡，为他们承担你应尽的义务。

**第五步，尊重你自己和你的金钱。**金钱也是有生命的，你尊重它，它才会愿意和你在一起。尊重自己的金钱，实际上就是尊重自己的表现。

**第六步，相信自己胜于相信他人。**同样的一笔投资，自信的人赚钱，盲从的人亏本，所以你必须相信自己。

**第七步，敞开接受你应该拥有的一切。**解放你的金钱，让它自如地流出去，然后它会源源不断地流向你。

**第八步，理解金钱循环里的潮起潮落。**坦然面对金钱循环中的起伏波动，以积极的心态对待挫折。

**第九步，认识真正的财富。**财务自由的最高境界是拥有一种富足的心态。真正的财富和金钱毫无关系。

## 第2节　从穷困走向致富的心法

脱贫致富是推进现代社会发展的基础工程,是创造幸福快乐生活的重要举措。

可以说，贫穷是我们社会的最大公敌，是我们人生的最大羁绊。追求财富、成功与幸福，不但是人类天生不可剥夺的权利，而且是与生俱来不得放弃的责任和义务。要富不要穷，这是我们每一个人应有的责任和义务。

### 1. 认识贫穷的危害

贫穷，是压在人们头上的一座大山。从杜甫笔下凄惨的“路有冻死骨”，到安徒生童话中可怜的“卖火柴的小女孩”，无不令人垂怜。如果我们的人生天天都在贫穷中奔波，哪有时间谈文明礼仪，哪有力量逐鹿在社会大舞台上，建立理想的人生大厦呢?

为贫穷困扰，就难得成功；为贫穷困扰，就难得幸福。贫穷很可怕，不战胜它，就没有出路。

不管什么人，只有在解决了衣食住行这些最基本的生活需求之后，才有可能去追求别的东西，否则，便会为贫穷所困，为贫穷所累，为贫穷所苦。

在贫困之中，只有为生存挣扎的心思，哪里还会有为理想奋斗的余力呢?

而事实上，即便是把基本的生活需求解决了，要想去追求事业的成功和获取人生的幸福，还需要拥有除了解决基本生活温饱以外的物质基础，即所谓的可以资助人在学习和奋斗过程中所需要的起码的财富。

财富是我们人生奋斗的助推器，它可以为人朝向某一目标奋进提供外力。它可以成为跳板，成为人腾跃的跳板；可以成为舟楫，成为渡河的舟楫。

同样是奋斗，在同样的人生起跑线上，有人乘飞机，有人坐汽车，也有人徒步而行，在有限的生命历程中，谁能率先达到目标显然是不言而喻的。

因贫困而坐不起车的人，在一日千里的现代社会里，可能永远也无法到达理想的目的地。

过于贫穷的人大多因贫穷而失去了成大器的机会和条件。所谓贫困，即因贫而困者也。而那些不为贫所困者，则更有成功之指望。

在西方，能够参加候选的人大都是富翁，雄厚的资财使他们很容易走上获取成功的捷径，也使他们很容易获得冠冕堂皇的人生形象。

特别是在现代社会，不管在哪个领域里获得成功，都需要提早受到良好的教育。而要受到良好教育，就必须解决学费问题、时间问题、精力问题。这是贫困者最容易失去的，而富裕者是不必在这些问题上操心的，只要一心一意地努力奋斗就行了。

生而贫困并无过错，死而贫困才是遗憾。尤其是终其一生，无力消除贫困，创造财富，更是无可宽恕的。

贫困是一种疾病，是一种恶习，如果不是由于懒惰，就是由于无知，最坏的莫过于两者皆具。贫困不单是金钱物质的缺乏，有时也是精神的残缺，所谓“人穷志短，马瘦毛长”即在于此。

有时一个人因为金钱和物质的缺乏，最终会导致信心、勇气、热情、意志和知识的缺失，所以贫困不仅仅是口袋空空。

因此，对穷人施以物质救济，可能会给他造成永久的贫困，只有对穷人给以不断的财富意念及精神激励，才能带来长期的富裕。

财富是我们经过心智和劳力的工作、服务他人、贡献社会的结果。真正的财富是内在的财富，也就是精神的财富。财富的增加不仅可以用作改善生活的资材，尤其应作为贡献社会的工具。

一个人价值的高低，是由其对财富创造的程度，也就是对社会贡献的程度决定的。

人生的幸福，唯有经财富的创造才能达成。一个贫困的人绝对无幸福可言。消灭贫困和创造财富，是我们生活在现代社会里的每一个人责无旁贷的要务。

我们有的是勤奋，有的是智慧，将自身的这些潜能聚焦裂变，我们一定能取得自己的财富与幸福。

### 2. 战胜贫穷的心法

不论有多少赞美贫穷的言论，我们都不得不承认这样一个事实，没有强大的财富后盾，一个人就无法过上真正幸福而美满的生活。我们经常听说有人因为摆脱不了贫穷，怀忧丧志、意气消沉，最后走上绝路。成也贫穷，败也贫穷，关键在于，你是把贫穷当成命运的绊脚石，还是锻炼意志的磨刀石？在贫穷中，你是受苦，还是学习？

**（1）要人穷志不穷**

贫穷并不可怕，糟糕的是我们一直不能抛弃穷人的思维，或是怨天尤人、愤世嫉俗、痛恨富人，如果抱有这些想法，贫穷就会越粘越紧，最后会将你吞噬。

要知道，正念才会给我们带来正面的事物，相反，天天想着贫穷，只会让自己更贫穷。研究一下众多脱贫的个案，不难发现，在贫穷中仍然保持乐观的信念是他们的共通之处。

**（2）正面迎战债务**

债务，是导致我们许多人坠入贫穷的原因。许多人因为遭到朋友讨债，内心充满愤恨，从此一蹶不振，最后被贫穷击败。能够脱贫的人，往往是因为他们能够正视债务问题，并勇于处理，结果反而战胜了贫穷。

**（3）学会订立目标**

有钱人努力让自己变得更有钱，穷人则是一直想着要变成有钱人，换言之，光是想还不够，你必须付诸实际的行动。抛开负面思想，为自己建立目标、制订策略，有计划执行的步骤，而财富就是最后的结果。

**（4）修炼人生哲学**

没有人欢迎贫穷，但是当贫穷来临时，你必须从贫穷中学到一些宝贵的经验，才不至于白白经历这一遭，人生阅历的累积，可以帮助人们更敏锐于寻找突围的机会。能够顺利脱贫的人，往往都是在贫穷中练就了克服逆境的力量。

**（5）激发工作热情**

要想战胜贫穷，就要从事与自己志趣相符的职业。因为志趣相符，才会激发我们的工作热忱，也才能发挥个人潜力，从自己身上找到财富的金钥匙。

**（6）珍惜赚钱机会**

上天起码有一件事是公平的，就是给了每一个人相同的一天24小时。时下出现所谓的穷忙族，是因为他们虽然很忙，但是没有真正把时间花在赚钱上，摆脱贫穷的另一个秘诀，便是做好时间管理，加速赚钱的速度。

检视自己一天的作息，你为赚钱这件事花了多少时间？有时间抱怨自己贫穷的人，是不可能走出贫穷的泥沼的。

（7）抗拒金钱诱惑

摆脱贫穷，不只是要赚钱，也必须抗拒诱惑，守住财富。即使收入很高，却是花钱如流水的月光族，最终还是摆脱不了贫穷的下场。

许多成功脱贫的人士，从贫穷中学到的最大体悟，就是珍惜，珍惜有限的时间、资源和机会，如此一来，就算你输在起跑线，也仍然可以赢在终点。

### 3. 致富的心理技巧

一切的成就，一切的财富，都始于一个意念。这个念头就是实物。当你有固定的目标、坚忍的毅力和炽热的愿望去追求财富时，你的念头是会转化成物质的。在现实生活中，我们该怎么实现自己富有的人生呢？

（1）树立财富意识

当财富意识非常强烈的时候，我们就会被无比强大的意识力量所带动，由无形的意识领域，转化而进入有形的物质世界。

如果有的人告诉你，或者自己在告诉自己，将意识转化成为物质，运用意识的力量去征服物质的世界，这就意味着你向获得财富迈出了最重要的一步。

（2）激发致富欲望

不论你的年龄大小，无论你从事的是什么工作，也不论你有什么特长，有什么本领，在这里需要提醒你的是，强烈的激发并培养自己致富的欲望，对自己来说是十分重要的。

欲望的力量就在于可以使人在强烈的欲望冲动下，把那些不可能的事变成可能，把“自己不行”的卑微感彻底抛开，昂首阔步地走向成功。尤其是在改变经济状况的活动中，欲望越强烈，致富的可能性就越大，离财富的目标也就越近。

（3）时刻想着赚钱

当你身心轻松时，每天不断地记住下面的话：我非常喜欢钱，我爱钱，我高兴地用这些钱。同时，希望能增加几倍再回到我的包里，钱实在是好东西，它会向我钱包里源源不断地流进，我一定要将它用在适当的地方，我为此而感谢它。

这并不是要我们树立拜金主义，而是传达一种致富的理念。在竞争性极强的现代社会里，许多致富机会的把握，往往取决于自己的感觉。

时刻想着赚钱的人，便能捕捉到稍纵即逝的致富灵感，从而比别人捷足先登。一般来说，时刻想着赚钱、想着致富的人，他们的眼光会更为敏锐，他们的决策会更为果断，他们的行动更为迅速。这不仅是被反复证明了的事实，而且也是有科学根据的。

**（4）要树立自信心**

如果我们展示给人的是一种自信、勇毅和无所畏惧的印象，如果我们具有那种威慑人心的自信，那么，我们的财富和事业就可能获得巨大的成功。

如果我们养成了一种必胜信心的习惯，那人们就会认为，我们比那些丧失信心或那些给人以软弱无能、自卑胆怯印象的人更有可能赢得未来，更有可能成为一代富有者。

换句话说，自信和他信几乎同等重要，而要使他人相信我们，我们自身必须展现自信和必胜的精神。

这不是画饼充饥，不是望梅止渴。充分的自信和坚忍不拔的意志，是事业取得成功的一个重要条件。俗话说："这个世界是由自信心创造出来的。"可见，树立坚定自信心对一个人成功创富的重要性。

**（5）一定明确目标**

目标是对于所期望成就的真正决心。目标比幻想好得多，因为它可以实现。每个人知道金钱的用处后，都想发财。但由于没有确定恰当的致富目标，以致使许多渴望致富的人似无头苍蝇撞来撞去，这是造成大多数人不能致富的主要原因。

确立任何目标都要考虑三点：一是目标要有可量度、可调节性；二是目标要有时间性，要在定下的期限内完成；三是目标要有方向性，有方向才能去努力，从而达到成功。

**（6）努力提高财商**

财商就是把现金或劳动转化为能带来现金流和资产的能力。财商是人的智力的一个方面，是智力高的人善于将自己的智慧转化为金钱的一种能力。

训练财商，首先要正视金钱，热爱金钱。要想富，就不要鄙视金钱。金钱是财富的根基，要学会正视金钱，有一种掌握金钱的欲望，才能以积极的心态去创富。

但在创富过程中，不要单纯为了钱而工作，那样会陷入金钱陷阱，无法自拔，最终无法成为富豪。

在谋富过程中，要不断适应新的情况，不断改变自己来适应变化，不要抓住一种方法不放，否则会一败涂地；还要注重财务管理，账务不清同样会导致事业功败垂成。

老板是不会使你成为富翁的，要想成为富翁，就要开创自己的事业。不为别人而工作，让别人为自己工作，借助别人的智慧来为自己创富，这就是财商的成功体现。

用自己的智慧和头脑为自己创富，要把握时机，不盲目投机，以智谋财，巧避风险，这样成功的把握才会更大。

我们每个人都具有致富的才华或潜能，只是你可能还没有意识到这一点。现在让我来教你一些激发潜能，获得财富的方法吧！

1、做好准备

不要事先考虑你“想要说些什么”，张开嘴巴说出来就行；不要做计划，不要在行动前考虑；停止批评自己；养成大声说话的习惯；直接表露喜爱金钱、追求财富。

2、积极尝试

要积极尝试新事物，摒弃一些会对自己个性构成压抑的观点：改变现状，不苟且偷安，因为改变将会带来许多不稳定的未知因素；或认为自己非常脆弱，经不起摔打；如果涉足于完全陌生的领域，会碰得头破血流，这显然是荒谬的观点。

如果改变生活中单调的客观因素，你会感到精神愉悦和充实；相反，厌倦生活则会削弱意志，并产生消极的心理影响，一旦失去了对生活的兴趣，就可能导致精神崩溃。

然而，如果在生活中努力探索未知，坚定必胜的信念，则你的心理一定会更加健康而强大，充满追求财富的信心和能力。

3、寻找安全感

释放财商潜能要寻找到安全感。安全感可以定义为：了解自己能够应付各种局面，包括没有任何外界安全条件的局面。

一些敢于冒险和探索未知财富的人，他们并未事事都预先订好计划，却可能事事走在前面，因为他们有来自内心强大的安全感，勇于尝试新的创富经历，就能使自己不断发展，有所作为，大发其财。

4、运用暗示

暗示是释放人性潜能的重要手段。暗示会产生强烈的心理定势，并引导潜在动机产生行动。

你一定要牢记释放财商潜能的暗示方法，首先必须简捷，你默念的句子要简单有力。

其次要积极。这一点极为重要。如果你说:“我不要没钱”,这种消极的语言会将“没钱”的观念烙在你的潜意识里。因此，你要正面地说：“我越来越有钱。”

还要有可行性，以避免与心理产生矛盾与抗拒。默诵或朗诵自己定下的语句时，要在脑海里清晰地形成意象。

## 第3节 善于将财富变为快乐

当今社会，物质财富的追求已成为我们绝大多数人的人生目标。但如何认识财富，如何在现实生活中把握财富，将直接决定每个人的人生取向。

如果没有正确的财富观，将很难领略到生活中的真善美。就算有了再多的钱，这样的人永远也不会快乐，永远也寻找不到生命的真谛。

### 1. 辩证地看待财富与快乐

当今社会，物质财富的追求已成为我们绝大多数人的人生目标。但如何认识财富，如何在现实生活中把握财富，将直接决定每个人的人生取向。

现实生活中，每天想着加工资，中大奖，做生意赚大钱，常常会为了财富忽视了人间真正的快乐。

而且更加危险的是，人心无尽，更多的人在财富面前贪心十足，表现出动物超出本能的欲望。这一切使我们的社会正逐渐失去温暖，失去人情味。

在物质面前，几乎每个人都难以克制获取的欲望，而更多的表现是多多益善。人心变得生硬、多变、嫉妒、不平衡、缺乏同情心、自私自利、冷漠等。

我们善良的灵魂已无影无踪，成长路途上父母的望子成龙，老师、同学的期望与激励以及社会上提倡的出人头地的实质内容，都以物质、金钱获取的多少作为成就大小的标准。

种瓜得瓜，种豆得豆，我们种下了名利的因，就必然得到贪婪的果。快乐来自于内心，内心已被污染，何谈真正的快乐？大多数人的快乐都是短暂的物质化的假象，我们到哪去寻找失去的真正快乐？

财富带不来真正的安全，金钱买不到真正的快乐，物质够用即可，凡事知足常乐。

让我们的心重新回归到亲情、友情、家庭和睦、子女孝顺、兄弟友爱，少一点算计，多一点帮助，将积德行善、精神愉悦放在第一位，而物质的获得放在水到渠成、顺其自然的位置，我们的人生也许会变得更有价值，更加温暖。

其实，我们人生的欲望是可以调整的。比如考试，你最大努力后的成绩假如是85分，而你期望的成绩是 95分，那么你会不快乐；如果你期望80分，那么85分你是快乐的。

同样的成绩，不同的心情表现，关键是影响你的世俗期望可能是100分，如何调整自身的实际条件与世俗的不合理期望，是我们快乐与否的关键。人生快乐、潇洒与否，家庭安宁、幸福与否，关键就在这里。

如果我们不在财富上比这比那，我们尝试着比比快乐，比比孝道，比比健康，比比人间真正的道义，或与自己比比，是否比过去更开心、更进步？更高的境界是笑看人间风云，淡泊名利，让心如行云、似流水，自由自在，那么我们的人生何尝不是快意的人生呢？

### 2. 认识金钱的真正价值

人类社会发展的历史证明，金钱并不总是和堕落的灵魂、杀人的魔鬼这些丑恶的事物联系在一起的。如果能够正确利用，金钱对任何社会、任何人都是重要的。

金钱是有益的，它使我们能够从事许多有意义的活动。个人在创造财富的同时，也在对他人和社会做着贡献。

随着现代社会的不断发展，我们对生活水平的要求不断提高。现实生活中，每个人都承认，金钱不是万能的，但没有金钱却又是万万不行的，每个人都需要拥有一定的财产。

宽敞的房屋、时髦的家具、现代化的电器、流行的服装、小轿车等，而这些都需要我们用钱去购买。

人们的消费是永无止境的，当你拥有了自己朝思暮想的东西之后，你会渴望得到新的更好的东西。在现代社会中，金钱是交换的手段，金钱就是力量，金钱可用于干坏事，但也可以用于干好事。

亨利·福特、威廉·里格莱、约翰·洛克菲勒、托马斯·阿尔瓦·爱迪生、爱德华·菲伦和朱利法斯·罗森瓦尔德等8人建立了一些基金会，直至今天，这些基金会还有总计10亿美元以上的基金，基金会拨出的金额专用于慈善、宗教和教育。这些基金会为上述事业捐助的金额每年超过了两亿美元。

金钱好吗？我们认为它是好的。

再没有比腰包鼓鼓更能使人放心的了，或者银行里有存款，或者保险柜里存放着热门股票，无论那些对富人持批评态度的人怎样辩解，金钱的确能增强凭正当手段来赚钱的人的自信心，想想吧，你只要钱包里有一张支票，或几扎美钞，你就可以周游世界，买任何钱能买到的东西。

实际生活中的许多事情告诉我们，随着一个人财富的增长，他的自信心也会随之增强。钱好比人的第六感官，缺少了它，就不能充分调动其他的五个感官。

口袋里有钱，银行里有存款，会使你更轻松自在，你不必为别人怎么看你而过多忧虑，如果有人不喜欢你，没关系，你可以找到新的朋友。

你不必为几百块钱的开销而操心，你可以潇洒地逛商品市场，自由地出入大酒店。

常常感到生活拮据的人往往是怕掌握不好收入的人，在职的男人怕被解雇，当他为自己的某种嗜好花了好几块钱时，会有一种犯罪感。因为这笔钱对他的家人来说可以买到其他必不可少的东西，因缺钱而产生的压力阻止他自己想做好的事，他的欲望受到压抑，他被缚住了手脚。

如果你渴望自由，如果你渴望表现自我，就把它们作为赚钱的动力吧！这种动力也是强有力的刺激源。

### 3. 将财富变为快乐的方法

有些时候，剥夺人生快乐的与其说是刀兵相见，不如说是物欲圈套，耗尽我们生命的与其说是穷困的折磨，不如说是琐碎的诱惑。

我们开始总是为了生存和生活的需求而创造财富的，但当个人财富超过了一生的需求时，情况也许就不同了。如果你处理得当，它可能会为你增添无穷的快乐与幸福；如果处理得不好，那么就会变成一种负担，祸害无穷。

**（1）正确认识金钱**

金钱永远只是金钱，而不是快乐，更不是幸福。享誉世界的大富翁洛克菲勒曾经是当地人最痛恨的家伙。为此，洛克菲勒专门雇用了许多保镖，以防止遭到杀害。

但洛克菲勒最后发现，自己毕竟是凡人，他无法忍受人们的仇视，也受不了烦恼、贪婪、恐惧、忧虑的侵蚀。最后，他的医生警告他，必须在退休和死亡之间作一个抉择。

洛克菲勒选择了退休，并按照医生的建议，立下三条规则：避免烦恼、放松心情、注意节食。洛克菲勒遵守这三条规则，因此而挽救了自己的性命。他开始学习打高尔夫球，整理庭院，和邻居聊天、打牌、唱歌等，并开始了快乐的生活。

可见金钱并不等于幸福快乐，甚至还会成为危害我们的工具。

**（2）学会支配金钱**

财富可以换取你所需要的许许多多的东西，你就可以无忧无虑地去尽情享受生活赐给你的幸福。这就是财富给你带来的幸福。

财富能带来幸福而不是等同幸福，这是因为还有一个根本性的怎样使用金钱的问题。也就是说，你要做财富和金钱的主人而不是奴隶，做主人便意味着你是一个真正意义上的大气的人，那么当你在按照自己的意愿去统率、支配财富和金钱时，幸福感才会油然布满你的全身。

**（3）用金钱换自信**

世界上再也没有比钱包鼓鼓的更让人放心了。有了钱，就可以干自己想要干的事业，充满自信心来完成心中的愿望。

很多人在没有钱之时，总是畏畏缩缩，看别人的脸色行事，一旦拥有大量的金钱，马上就容光焕发，恢复到自然的自信状态，生活在无拘无束之中。

**（4）用金钱谋福利**

金钱可以做好事，也可以做坏事，关键是你用之有道，在满足自己的生活所需外，还可以用于公共事业的发展。

当年洛克菲勒在选择退休后，终于有时间自我反省。他开始把数百万的金钱捐出去。最后他成立了一个庞大的国际性基金会洛克菲勒基金会，致力于消灭全世界各地的疾病、文盲及无知。

洛克菲勒把钱捐出去之后，终于感觉满足了，他感觉十分快乐，他已完全改变，完全不再烦恼。他用正确的态度和方法处理和看待金钱，因而他从此成了真正快乐的富豪。

你可能现在已经很富有了，但是你却感觉不到快乐。那现在让我们来教你一些快乐的方法吧！

1、拥抱失败和挫折

人们总是要面对恐惧、悲伤、焦虑等各种或积极或负面的情绪，但抵制自己的情绪会导致挫败感，让人不快乐。

2、快乐需要意义

无论在工作中还是生活中，人们所参与的活动最好既愉快又有意义。如果这一点难以实现，一定要帮助自己寻找一些这样“鱼和熊掌兼得”的“快乐推进器”。

3、头脑说了算

要记住一点，快乐与否在大多数情况下取决于人们的主观意识。比如，人们将失败视为灾难还是一次学习的机会，态度不同，心情自然也不同。

4、越简单越好

人们往往希望在越来越短的时间里完成越来越多的任务，却忽视了“数量会影响质量”，人们可能会因参与过多而牺牲掉自己的快乐。

5、身体也重要

不要忘记一点，身心需要和谐发展，因而坚持锻炼、充足的睡眠、健康的饮食习惯都会对身体和精神健康大有裨益。

6、感激要说出来

人们总是拥有太多“理所当然”。事实上，学会欣赏和感激生活中美好的事物相当重要，不论是人还是事，是美丽景色还是一个微笑。

## 第4节 消除追求奢侈的心理

奢侈往往是与虚荣密切相连的，这是一种很不健康的心理。在现代贫富悬殊的社会环境下，许多人的消费观念越来越没抑制性，可以说达到了一种病态的奢侈程度。这种盲目追求奢侈的心理如果过于膨胀、蔓延，势必会给自己带来极大的危害。

### 1. 了解追求奢侈的原因

现在我国人均国民生产总值在世界上的排名还在一百位以后，可是为什么却是世界上最大的奢侈品国之一，这是什么原因呢？难道现在的中国人真的都很有钱吗？

（1）炫耀心理

在许多人的眼里，奢侈品是一种富贵的象征，一部分人出于一种显示自己的地位和威望的购买心理，以此来炫耀或标榜自己。

（2）情不自禁

那些名牌奢侈品，通过精美独到的广告宣传加上良好的柜台展示，很容易吸引我们，尤其是年轻女性。

大商厦精心布置出的迷人灯光效果，设置在购物场所的广告及播放的画面、音响造成强烈的感官冲击，再加上瞄准顾客求新求奇的触摸欲而特意排列的商品，总叫人容易犯“拿得起”就再也“放不下”的毛病。

（3）享受心理

也有相当一部分人买奢侈品是为了欣赏和享受，这类人通常喜欢追求商品的欣赏价值和艺术价值。

我们在选择商品时，要特别注重商品本身的造型美、色彩美，注重商品对人体的美化作用，对环境的装饰作用，以便达到艺术欣赏和精神享受的目的，而大部分奢侈品可以满足他们的这种欣赏欲望。

**（4）逃避压力**

还有不少人花大笔钱购物是为了在面对痛苦、压力时转移注意力、回避痛苦的一种方式。产生这种现象的深层原因是人际关系的摩擦使人的心理变得异常敏感。

现代人大部分是在职业场合和别人打交道的，这就决定了白领们大部分的人际交往中存在着竞争、利害关系，而他们出于自我保护的目的，必须有所防范。他们变得越来越压抑或敏感，再加上高强度的工作压力，不少职场白领常常会有想逃避的冲动。

尤其对作为感情动物的女人来说，出于逃避痛苦、压力的本能，她们容易成为购物狂。其实，这样最终可能会加剧她们的压力，形成心理失衡的恶性循环。

### 2. 认识奢侈的危害

奢侈是一种极度的浪费。从现代的市场经济发展来说，或许我们很多人会觉得奢侈无可厚非。我腰包里的钱，我愿意怎么花关别人什么事？

如果奢侈只是一部分富人自己发烧，它一定是社会上的一道靓丽的风景。就像人们观赏古代和现代名胜，对它的伟大和壮观发出一两声“啧啧”的赞叹，让人由衷的发自内心的赞赏。

我们或许会像欣赏长城或兵马俑一样对它有感而发或有感而想。但是上层的消费失控行为就像一种病毒，会影响和激发大多数人追求奢华的狂热。

豪华的住所，高档的轿车，名贵的服饰，贵重的家庭用具和一掷千金的美容美发以及高消费的旅游娱乐等。这在我们的心理上造就了一种攀比的风气，形成了人们无节制的炫耀性的消费。

收入的入不敷出相对的捉襟见肘了，有些人却仍然打肿脸充胖子，负债累累的过着奢侈的生活。这样的生活，不能说是一种潇洒，应该说是一种悲哀。这种窘迫的悲哀是由奢侈的病毒传染而导致的。

或许为了生活和工作的需要，你不可避免地要炫耀性的消费，但令人感到悲哀的是奢侈不单单是有工资收入的大人们的事，它的病毒已经侵蚀到了孩子们的身上。

它蔓延的速度不亚于身体上的病毒。几百元一双的高档鞋成了校园的热点，高档的代步车辆成了校园靓丽的风景。它造成了我们青少年犯罪的几率上升，更多的造成了青少年心理上的悲哀和创伤，或许更多的是不求进取和沉迷的堕落。

消费是一种观念，奢侈是一种危害。每个人应该量体裁衣，把自己的财理好后再消费，这样对后代也是一种身体力行的教育。

遏制奢侈的病毒，不要把它传染给孩子们。这不但是一种责任，也是一项造就未来的功德。

### 3.去除奢侈心理的方法

在自己经济条件允许的条件下，或作为犒劳自己偶尔购买奢侈品其实无可厚非，但如果经常不顾自己经济状况血拼、攀比，或把购物作为治疗心理疾病、精神抑郁等症的方法，常在带着奢侈品回家的同时，也带回自己难以承受的账单。怎样纠正过于强烈的奢侈品购买欲望呢?

**（1）少找理由**

如果你经常一边已经对自己的疯狂血拼有悔意，一边又不断地找些冠冕堂皇的理由来让自己安心，如“购物是享受”、“购物有益健康”、“女人就应该对自己好一点”之类，那就应该注意对自己不断找理由的行为喊停了。

**（2）实用第一**

商厦总是在最佳位置，在和人视平线等高的一层货架上摆上新颖的商品，以其醒目的位置吸引人去购买。这时一定不要上当，先买必需的日用品并告诉自己“我先买有用的东西，然后再回来逛”，这样可以使我们克制冲动购买欲，把钱花在有用的东西上。

**（3）少见少摸**

心理学上讲，人的行为动机往往由人的需要、情绪喜好、外部诱因即环境刺激共同起作用。除克制自己的情绪外，要尽量让自己远离环境刺激。例如，当有购买冲动时，可用运动来代替，尽量选择一个远离购买诱惑的环境。实在忍不住要去，也一定要让自己只看不摸。

**（4）只用现金**

用信用卡固然潇洒、方便，但对于那些不甚其力血拼奢侈品的“超购症”患者来说只会让症状更严重。信用卡付款简便，总让人有“没花什么钱”的错觉，还是让钞票过过手，这种真实的感觉可以提醒你，已经花了不少钱了。

你对于奢侈到底持怎样的态度呢？现在让我们来做一下自我检测吧！

假设你之前在银行存了一笔定期存款，现在时间到了，你想解约并买一样东西，你会买什么呢？

A.意大利制造的单人沙发

B.现代艺术石版画

C.办一张某高级健身中心的VIP卡

D.液晶宽屏电视

**如果你选择A**：说明你是从奢侈生活感受奢侈，几年前景气的时候，你就已经带着羡慕的眼光看那些有钱人过着奢侈的生活了，或许当时你暗暗许下心愿，有天你也要出人头地。

就算现在经济不景气，但是你的野心却不曾泯灭。你确定这个月的卡费可以缴完吗？还是脚踏实地比较重要吧！

**如果你选择B**：说明艺术气息让你的心灵倍感奢侈。嗜好等于享受是你的理论，你觉得能尽情地做自己感兴趣的事情就是最大的享受。

你的兴趣在于艺术，你希望为人类的艺术遗产带来贡献，你欣赏美的事物，只要接触到艺术你就觉得非常幸福。所以，就某个层次而言，你或许才是最富有的人。

**如果你选择C**：说明保持身材是你最大的奢侈，你认为金钱会有用完的一天，不过是短暂的拥有，人活着最大的资本就是自己的身体，保持身体健康，进一步锻炼窈窕的体态，对你而言才是最奢侈的享受，其实这样的观念是很好的，不过，过度激进，成为减肥的狂热者，就不太好了。

**如果你选择D**：说明你是爱好和平的现实主义者。你的潜意识提醒你奢侈是罪大恶极的，所以你认为收藏古董、被金钱指使或恣意妄为的奢侈会使人走向灭亡，因此你看不起它，提醒自己要一步一个脚印开拓实在的人生。

其实，有的时候买个奢侈品慰劳一下自己也未尝不可，更是鼓励自己的好方法呢！

## 第5节 不要被赌博的心理所操纵

赌博是指用钱物等贵重物品作筹码下注，以比较输赢的一种不正当的行为。对于赌博的危害，一些人认识不足。有的人认为，“赌博只是一种娱乐而已，大多数人都可以享受赌博的乐趣而不会导致什么问题”。这种认识是极其错误的。大量事实表明，赌博不但会毁灭自己，还会祸及家人。所以我们不要被赌博的心理所操纵。

### 1. 对于赌博的心理分析

赌博成瘾，特别是心理成瘾，是我们堕落的重要原因。这种对赌博活动的渴求，既是一种强烈的内心活动，也是一种慢性病态心理，它强烈地驱使参赌者反复从事赌博活动，并对赌博产生强烈渴求感。特别是网络赌博更容易让我们沉迷其中，不在意自己的输赢。

我们是怎样一步步地堕入赌博心理的泥潭呢？

**（1）凑角**

所有赌徒最初对赌博大多表现出凑热闹式的围观，在观望中使自己的好奇心和寻求刺激的欲望得到满足。

随着我们对赌博规则的熟悉，加上对自己的能力和运气的自信，所以逐渐滋生出跃跃欲试，亲自体验的冲动，在别人的怂恿和“凑角儿”的召唤下，我们便半推半就地参与其中，走出了赌徒堕落的第一步。

虽然所有走了第一步的人不一定都会成为赌徒，但所有赌徒都是从第一步开始的。要避免成为赌徒，关键在于把握自己不开戒，不要有第一次经历。

**（2）贪财**

赌博与钱和利是分不开的，我们都抱着想赢钱、多赢钱的心态参赌。一旦赌赢了，我们参赌者在贪婪欲望地支配下收手的情况不多，多数是恋战，以致越赌劲越大。因此，黑社会聚赌头目，在吸引我们新人加入赌局时，有这么一句黑话：“开甜！”意思是让其先赢几次，尝尝甜头瞅准机会拉下水。

(3) 翻本

参赌者如果赌输了，是决不会甘心的，在侥幸取胜心理的支配下，一意孤行地想翻本。翻本有两种结果，可能我们成功了。我们多数参赌者此时会想：“现在运气好，何不乘机大捞一把？”于是由翻本挽回损失变成贪财，想赢和想多赢。

也可能我们失败了，这让我们随着理智感和自控力再次被削弱，不顾一切地想继续翻本，如此恶性循环，最终走向深渊，难于自拔。

(4) 悔恨

当赌博给我们自己、家人带来莫大的痛苦、伤害和羞辱时，当面临人们善意的规劝和有力的帮教时，有的参赌者也会表现出真诚的悔恨，责任感和良知会得到一定程度的恢复，因而痛下决心戒赌。

但是如果我们这时得不到家人、朋友的有力支持，或者不能自我克制，就会在绝望之余放纵自己，破罐破摔，加速堕落的步伐。赌瘾如同毒瘾一样，如果我们悔恨一次，再次参赌，则瘾会更大，陷得更深。

(5) 疯狂

在赌瘾和贪婪欲望的驱使下，参赌者的理智丧失殆尽，自控力严重削弱，有的甚至人性全无，不顾一切地在赌场上搏杀，完全到了不能自拔、不可救药的境地。

在我们完全被赌博心理操纵后，靠单纯的教育、规劝、感化，甚至治安处罚都已经无法挽救了。

### 2. 认识赌博的危害

有的人认为，赌博只是一种娱乐而已，大多数人都可以享受赌博的乐趣，而不会导致什么问题。这种认识是极其错误的。

赌博有哪些重要的危害呢？

(1) 伤性命

赌博成瘾的人往往不分昼夜，不顾饥寒，不断消耗精力，长此以往，控制不住而呈病态赌博，必定会损害我们健康，甚至导致自杀、杀人。有的老人赌博时受到刺激，当场死在赌桌上。

赌博时我们高度紧张，赢钱了就会强烈兴奋、情绪激动，输钱了就会心烦意乱、脾气粗暴，情绪反差极大。长此以往会引起神经系统和心脑血管系统疾病，也容易诱发脑出血和心脏骤停而危及生命。

**(2) 生贪欲**

赌博容易使我们产生贪欲，也会使我们的人生观、价值观发生扭曲，使人妄想不劳而获。

**(3) 离骨肉**

赌博让我们忘记了勤奋工作，忘记了父母妻子的互相疼爱，失去了天伦之乐，只顾自己的豪爽，不顾家人的怨气，至使骨肉分离，妻离子散。

特别是赌博为我们进行各种刑事犯罪活动提供了温床，常常是赢了钱，就要腐化、堕落；输了钱，就要打架斗殴、偷窃、诈骗、贪污。这样会使我们家庭不和以致夫妻离婚，家庭破裂。

**(4) 生事变**

赌博时经常是通宵达旦，盗贼每每乘机偷盗，煤气忘关，常常因此而发生了火灾、中毒事件。甚至歹徒乘机而使计，坏蛋窥伺以为奸。有的因赌博反目成仇，使用暴力。有的造成企业破产。有的因缺赌资而参与偷抢等犯罪活动而锒铛入狱。

**(5) 坏心术**

一旦赌博，我们千方百计地在想要赢对方的钱财，虽然是至亲至朋对局赌博，也必定暗下戈矛，如同仇敌，只顾自己赢钱，哪管他人破产。

**(6) 丧品行**

在赌场之中，我们只是问钱少钱多，易产生好逸恶劳、尔虞我诈、投机侥幸等不良的心理品质。

**(7) 失家教**

赌博最易诱发我们进行父子赌，兄弟赌，亲戚赌，没有长幼、尊卑之分，彼此任意嘲笑，随便称呼。

**(8) 费资财**

开始赌博时，我们气势豪壮，挥金如土，面不改色，到后来输多了因而情急，就把家庭财产甚至集体财产、国家财产作为赌注，必然害人害己。

**(9) 耗时间**

赌博会浪费我们大量的时间，有的通宵达旦，以至于严重影响学习、工作、生活，玩物丧志。

（10）毁前程

法律禁止我们赌博，赌博违反法律法规。违法会受处罚，也将毁掉我们的前程。

3. 消除赌博的方法

赌博是我们的一种习惯性行为，戒赌并不容易，但如果你拥有坚定的意志，则绝对可以应付或克服赌博问题。

我们平时该如何对自己的赌博心理进行自我控制呢？

（1）自我克制

首先我们要避免出席任何赌博场合，培养其他可取代赌博的嗜好，努力打消赌博的念头。

（2）制订限额

如果我们实在不能克制，那就定一个限额，无论你正在赢钱还是输钱，只要赌款达到所定的限额，便立即停止赌博。

（3）手里拮据

我们要严格控制自己现金的流转，限制现金的供应，如制订从银行提款的限额，对手头的现金进行适当分配，不留下过多的钱进行赌博活动。

（4）时时自省

我们出现赌博欲望的时候，要及时提醒自己，并把可能出现的后果写出来，告诉自己，钱是用来买车、买房、娶老婆的，赌输了就要打一辈子光棍！

（5）转移疗法

我们尽量让自己有事可做，心中有牵盼，忙个不停，不至于无所事事只想赌博，实在精力转移不了，我们就只有效仿霍元甲，闭门戒赌。

（6）警示疗法

我们可以效仿古人“头悬梁、锥刺股”，在家里处处布满“戒赌”字画，时时警醒自己。

（7）学会释放

控制精神压力、定时做运动，及学习松弛的技巧，或进行消闲活动，听听音乐、与朋友逛逛街都行，可以借此驱走我们心中的闷气，舒缓紧张的情绪。

**（8）记录心理**

养成记录的习惯，写日记可帮助你了解自己的赌博行为，找出赌博的倾向和模式进行反省。例如，你可能发现，每当你感到苦闷或失落、手上持有现金，或当你需要用钱时便会赌博。这些记录可以帮助你找出抑制赌博的有效方法。

**（9）向人倾诉**

倘若你想找人倾诉你的赌博问题，但又不习惯面对面或不愿向你认识的人倾诉，你可以通过电话，向心理医生和社会学家表白你的感受或商讨戒赌问题。

现在让我们好好想一想，自己是否已成为病态赌徒，如果我们不能确定，那不妨试试回答以下问题，相信你很快就会知道自己现在的心理状态了！

1、你是否曾赌博的时间比你预先估计的长？

2、你是否曾赌博到身无分文？

3、你是否曾因赌博而失眠？

4、你是否曾因把薪金及储蓄用于赌博而不能付清账单？

5、你是否曾尝试过戒赌而不成功？

6、你是否曾考虑为得到赌本而不惜犯法？

7、你是否曾向人借钱以筹措赌资？

8、你是否曾因赌博输钱有忧郁及自杀想法？

9、你是否曾在赌博后感到后悔？

10、你是否曾用赌博去解决经济问题？

你的答案怎样？若你有3个以上答案是“是”的话，请小心！你有可能是病态赌徒！现在就想办法戒掉吧！

## 第6节　善于把贪财变成知足

俗话说："贪字头上一把刀。"这道出了"贪"的严重危害性。贪财是一种顽疾，一个贪求厚利、永不知足的心理，等于是在愚弄自己。

西方有句名言："神仙都是有弱点的。"可见，无论是英雄也好，平民百姓也罢，都会有自己的人性弱点。有弱点并不可怕，可怕的是对人性弱点不能看清它、正视它。

我们现代人被捆绑的一股最强大、最顽固的势力就是贪财。如果我们要在这个世界上得到幸福快乐，就必须从"贪"的境地中解脱出来。

### 1. 认识贪财与知足

金钱成为无所不能的工具，拥有无上的权力，并要将其他的东西挤出去。我们重视金钱的程度，已大大超过了它本身的价值。不只是贫穷的人想赚钱，那些巨富更加想拼命捞钱，虽然金钱只是锦上添花，但仍是拼命去抓取。

至于那些中产阶级人士，则继续花未来的钱。事实上，上帝给予人的生活很简单，并不需要做任何重大的牺牲。可是，我们却感到自己只是勉强达到收支平衡的地步而已，不论是赚取多少，都会有不够的感觉。

现代的社会往往以一个人的收入来评定他的价值，以所拥有金钱的多少来赋予他的地位和声望，所以我们用尽一切手段赚钱，以金钱换得势力、影响力及权力。

知足是贪财的反面，如果我们有了知足的心就不会再贪财了，相反的，不知足的人就可能贪财，因为想要的更多。

只要知道了什么叫贪财，也就知道了什么叫知足。有人认为人的问题不是贪财，而是面对生存的问题。说这话的人是不了解贪财的定义。

其实，贪财的人并不局限于富人，穷人也同样有贪财的问题。不过，贪财在富人身上的表现跟在穷人身上的表现有所不同。

贪财在富人身上的表现往往是贪得无厌，在穷人身上的表现往往是为金钱忧虑，但两者在本质上却是相同的。

有人给贪财下了一个定义：钱总要比现有的再多一点。就像父母对孩子的要求一样，很努力考到80分了，还说希望考得更好，而没有称赞他的尽力而为。

对富人来说，他的钱已经够多了，可能一辈子也花不完，但他却还想再多一点，所以是贪得无厌。对穷人来说，他觉得现在拥有的太少了，不安全，如果再多一点就安全了，所以就为金钱忧虑。

我们要知道，知足才是明智的表现。因为我们空手到世上来，也不能带什么去，只要有衣有食，就当知足。如果我们常常用这句话来提醒自己，就会变得更明智，也就更知足了。

我们去旅游时，会抓紧时间参观名胜，至于住的、吃的、穿的，只要够用就行了，通常不会在旅馆里购置豪华的家具，购买过量的衣物和食品，因为都带不走，不久就要离开那里。

同样的道理，我们活在这个世上几十年，就像一个过客，能够有衣有食不就该知足了吗？干吗还要贪财呢？为何这样简单的道理，却难以明白呢？

原来，自现代以来，人类在科学、技术、工具性知识上都有了进步。但是，在目的和价值的知识上，却大大地退化了。我们只看重那些眼前的、暂时的、物质的东西，却忽略了那些将来的、永恒的、灵性的价值。结果就变得不明智，被贪财所捆绑。

### 2. 克服贪财的方法

贪财是一种顽疾，一个贪求厚利、永不知足的人，等于是在愚弄自己。当认识了贪财是一股捆绑人的束缚力后，我们就得从这种捆绑中得以释放。只要有心克服，就一定能够做到。

我们该如何才能克服自己的贪财心理呢？

**（1）学会自我省查**

我们需要克服的最大障碍，并不是不知有关金钱的教训，而是如何克服不理性的心里恐惧。

我们害怕拥有太少钱，这都是一些真实的感受，需要认真处理，这经常是来自孩童时期的记忆。

有些人是在贫困的环境中长大的,并且直接地体会到了因缺钱而带来的焦虑。

这种经验使我们本能地产生了一种拥有和囤积的病态心理。因此，若要放弃所拥有的东西，实在会惶恐不安。这已经限定了我们对金钱的了解。所以，只有克服了这些感受，我们才能真正克服自己的贪财心理。

**(2) 眼光放得更远**

我们总是习惯于将自己和他人进行比较，并以为自己比别人穷。要改变这种旧习惯，学会以世界公民的角度，看看自己和全人类的关系。事实上，虽然大部分人都曾经遭遇过入不敷出的困难，但我们应该认识到在芸芸众生之中，我们已经是十分富有的人了。

**(3) 改变价值取向**

我们会受金钱势力所捆绑，是因为贪心，因为我们把安全感建立在财富之上，而不是建立在自己的幸福快乐上面。把安全感建立在金钱之上时，实际上是把金钱当做了自己的人生价值，当做了自己的人生目标。当我们缺乏金钱时，就会觉得自己没有价值。

**(4) 要慷慨献爱心**

我们要捐得乐意，一点也不要勉强。施予能帮助我们击败内心那顽强的守财奴心理。只有付出金钱或若干财宝的行动，才能在我们的心里消灭那可恶的贪念。

### 3. 做到知足的秘诀

人们常说：知足者常乐。现实的确如此，所以我们要在取得进步或成功的时候，好好地让自己从心底里知足一把。在生活中，我们必须学会知足常乐。

我们该如何让自己知足呢?

**(1) 自得其乐**

知足是一种美德和智慧，面对各种压力，我们要正视压力，学会自我化解，自我释放，学会苦中寻乐，进而自得其乐。

因为知足，我们会自觉珍惜，并倍加珍惜我们今天拥有的一切，从而更好地把握现在，把握未来。

因为知足，我们会更坦然地面对竞争，在权、钱、色面前心静神定，无牵无挂，在义利的天平上摆准砝码，做到有所求有所不求，有所为有所不为，能为则为，不能为则不为。

因为知足，我们会超然洒脱，虚怀若谷，不必奉承拍马，阿谀应对，更不必做蝇营狗苟、蝇蛆逐臭之事。

也因为知足，我们会懂得许多生活的情趣，从许多不经意的小事中获得美的享受。挥毫泼墨，泛舟江湖，棋盘纹枰，浇花种竹，怡然自得。

**(2) 自娱自乐**

尽管我们平时的工作很繁忙，但要学会从百忙之中挤出宝贵的时间来，在工作之余尽情地自娱自乐。

如果你喜爱运动，那就到体育场上挥洒汗水；假如你喜爱音乐，那可以去唱卡拉OK潇洒一回；倘若你喜爱棋牌，那就去棋牌室里寻找对手；要是你喜爱倾诉，就去找自已的知己或者上网聊天。

因为人总有对某一事物厌倦的时候，多种兴趣爱好交替进行，既能减少厌倦，又能增长知识，提高自身的综合素质，何乐而不为呢？

**(3) 助人为乐**

理性的思考、平和的心态和兴趣的多元化，可以慢慢消除自我心中的压力。我们要学会换位思考，学会关心、帮助他人，学会移情战术。

只有这样，才能设身处地地站在他人的角度，理解他们的苦衷，欣赏他们的亮点，赞美他们的成绩，在赏识、帮助他们的同时愉悦自已的身心，丰富自已的感情。

贪财让我们失去了许多人生应有的快乐和幸福，你是不是正在为走不出自己的贪欲而发愁呢？现在就让我来教你一些有用的方法吧！

1、为已有的感恩

知足的人大多是懂得感恩的人。懂得感恩的人也是蒙福的人，必然会是一个喜乐的人。

2、不为没有的而抱怨

知足的人不会为没有的东西而抱怨。不知足的人常常抱怨，一个喜欢抱怨的人既不会享福，也不会快乐。

3、不与别人攀比

知足的人的满足是根据基本的生活需要，有衣有食他就知足了。不需要跟人攀比。与人攀比的人，总会去找比自己拥有得更多的人，这样就永不会知足了。

4、少要求，多给予

知足的人的另一个特征是少要求、多给予。他学会了“施比受更为有福”的道理。

你一定要记住，一个知足的人是一个明智的人，一个明智的人也是一个知足的人，你只要真正做到了知足，你也就永远不会再贪财，也会发现世界原来如此美好，并找到自己真正的快乐和幸福！

## 第7节 不要被暴富的心理所危害

现在许多人都有一夜暴富的想法，而且很多人把这个想法无限膨大，直至成为自己生命的一部分。

其实有暴富心理的人，往往有投机心理，这是一种幼稚的观念。暴富心理对我们最直接的影响，就是造成我们的赌徒心态。所以我们应正确消除这种心理。

### 1. 认识不正常的暴富心理

圣人孔子早就看到了人心中求富求贵的欲望，并希望用道德自律来约束欲望的膨胀。

但是，并非每个人都能自律，所以许多人在一夜暴富心理的驱使下，走上歧路。

股票、博彩业似乎为我们的暴富提供了这种可能。

许多人带着一夜暴富的心理，在对股市完全不了解的情况下，冒险入市，结果最后血本无归。

陷入赌局的人，几乎都存有暴富的希冀。即便已经既富且贵了，加入赌博还是为了能愈加大富大贵。暴富心态不除，赌博便始终是一种不可抵挡的诱惑。

许多人在暴富心理的驱使下，日复一日、年复一年地为彩票疯狂，期望着自己有一天能够忽然进入亿万富翁行列，结果反而失去了自己原有的一切，包括家庭和健康。

更有许多人因为抱着暴富心理，结果走上了传销的道路、抢劫的道路、贪污腐败的道路，最终害人害己。

暴富心理对我们最直接的影响，就是造成我们的赌徒心态。

什么是赌徒心态？就是做一项投资决策，并没有完全可靠的依据来支撑这个决策的正确性，客观来看，其结果是未知的，做出这个决策就是赌这个结果，一旦赌对了，获得高利润，一旦赌错了，亏损累累。

我们知道，赌徒最大的特点就是违背了实事求是的思想，实事求是要求我们从实际对象出发，探求事物的内部联系及其发展的规律性，认识事物的本质。

认清事物的本质是实事求是的核心内容，赌徒摇色子，开盘之前根本不知道自己色子的大小，无法认清本质，而是赌这个不确定的结果。

审核自己的投资决策是赌博还是实事求是，要摒除主观意愿，用一种客观的态度。

一夜暴富的盛行也必然会造成整个社会的急功近利和浮躁之风的盛行。

一个人的成长、知识文化的获得与积累，必定要经过一个漫长的过程，必定是一点一点、一步一步持续努力的结果。

一旦人们发现富豪的财富不是通过努力和机遇得到的，而是通过非法手段，那可能产生两个后果：一是仇富，进而把对权力、犯罪的恨转化到富人身上；二是通过非正常渠道实现富裕，比如接近权力、违法犯罪等，致使社会致富的正常渠道丧失。

### 2. 克服股民的暴富心理

现在很多人期望通过股票一夜暴富，甚至为了购买股票，不惜卖房卖车，不惜把自己养老的钱、救命的钱都拿出来买股票。

可是我们却忘记了，如果股市暴跌，走得最慢的，或者走不掉的，就是我们这些小股民。

我们该如何克服自己在投资股票时的暴富心态呢?

**(1) 不要欺骗自己**

许多人都存在自欺行为，比如高估自己、狂妄自大，还有典型的贪婪和从众心态。鉴于此，在做每个投资决定时，我们必须谨记，智胜自己。

投资者在做出决定前，一定要先制订一个严谨的投资程序，避免高估自己的能力，随后，搜集与个人意见相悖的资料，并与持相反观点的人讨论，这样能避免我们过度的自我肯定。

**(2) 一定要学会自律**

我们要定期查看个人金融资产，这样可以大大降低受损时逃避现实的心理，克服不敢面对问题的懦弱行为。

处于决策关头时，我们不妨整理一下自己的情绪状态，想想自己是否因为喝了咖啡而兴奋不已?或是因为连续的资本投资报捷而刚愎自用?

最简单的方法是考虑一晚，留待第二天再做出影响深远的决定，在第二天早上仍然能吸引你的选择，才值得研究。

**(3) 善于控制风险**

面对瞬息万变的资本市场，将投资风险限制在我们可控制的范围之内是至关重要的，对于信息有限的一般投资者而言尤为如此。

我国股市相对年轻，投资者应切忌以赌徒心态入市，入市之前，确保资产中充足配置了储蓄、保险等低风险的投资形式。建议投资者分散投资风险，优化投资组合，不要过于注重短期可得利益，而是应该把握未来。

**(4) 做到眼光长远**

永远不要尝试去抓住市场，没有人能够用最低价买入股票，并在最高价位卖出。对于过去的信息不要盲目相信，做投资决策时，不要只是关注过去的业绩，而更应该关注现在，关注未来，收集更多信息。

**(5) 不要轻易从众**

有的投资者有典型的从众心理，容易受某些掌握热门情报的自称是专家的影响。事实上，如果谈论的越多，消息的准确度就越差。

试想一下，如果当卖菜的大妈都在跟你推荐一支股票的时候，你可就要小心了。这时候，就应该把从众行为当成是一个反向信号。

### 3. 克服彩民的暴富心理

在当今拜金主义、享受主义等某些浮躁社会风气的影响下，少数人看到别人成为“大款”、“名家”，就沉不住气，有的利欲熏心，但又不愿意自己付出辛劳，只想暴发致富，不劳而获。

一些商店、生意人则采用摸奖、中奖、有奖销售等经营方式，迎合大众投机浮躁心理。使得更多的人热衷于买彩票、中大奖等，他们热切地参与各种大“赌”、小“赌”，热心于各类大“炒”、小“炒”。

而可悲的是其中不少人不但没有如愿以偿地“发财”，反而是越套越深，越亏越多；当然越亏则越想收回成本，结果会使得部分人不由自主地变得如同赌徒一般，奔走于各种奖票、股票、彩票之中，越陷越深，不能自拔。

有些不法商甚至利用大众的投机赌博心理来操纵市场，他们所谓的摸奖、中奖纯粹是为了吸引顾客。许下的诺言往往无法兑现，致使不少原本想发一笔意外之财的投机顾客大呼上当受骗。

这些投机顾客本想来占点便宜，却没想到强中更有强中手，反而落个“偷鸡不成蚀把米”的下场，或导致其他不良后果。

那些参与地下六合彩买码的人也同样是存在上述投机心理，无非是想发横财，而买码被吹嘘成能一夜暴富的发财之路，而且在各种欺骗的宣传中，它的中奖率比福利彩票和体育彩票要高得多。

所以，我们深信不疑，虽然买码的钱一输再输，但我们依然执迷不悟，想捞回成本，有的直至是输得倾家荡产、家破人亡而仍不罢手。

教训是惨重的，当然，在此我们呼吁社会健全法制、反对不法商的非法犯罪行为。

但与此同时，我们更应该注意的是，自己也需要对自己所存在的某些投机取巧心理进行一番反思，对自我某些浮躁赌博行为进行一些调整。

那么我们该如何做呢？

首先，不要盲从潮流。面对剧烈变化的世界，有人往往自己不知所措，盲目追赶潮流。实事求是地说，流行的也不一定全是好的。

因此，不要看着周围有人买地下“六合彩”，你也盲目跟进。当然，要坚持自己正确的原则、立场还真需要一番勇气！应该是走自己的路，不要随波逐流。

其次，要务实不要投机。浮躁投机者总希望有朝一日，能获一笔意外横财，只想不劳而获地轻易得到一切，不想付出劳动和艰苦代价。其实每一座高楼大厦都是一砖一瓦盖起来的，只有脚踏实地才会有所收获，想投机取巧、偷工减料的话反而欲速则不达。

因此，我们要培养务实精神，从基础工作做起，这才是成功致富的真正捷径。若想靠赌博致富，这只能使自己陷入某些不法分子和庄家的陷阱，到头来损失惨重，与自己最初想发家致富的出发点背道而驰！

要制止私彩等犯罪活动，除社会需要加大打击力度外，我们每个公民须克服自己的某些投机赌博心理，从自我做起。这样才能彻底铲除犯罪分子存在的社会土壤，才能恢复正常的社会秩序。

当然，我们彩民以公益心态购买国家的正规彩票还是可取的，不会影响自己的正常生活，同时又是在为公益事业作出贡献，这是一种积极的心态。持有从众心理，所谓买着玩的彩民，通常也不会出现心理问题。但是长期购买彩票，甚至将购买彩票视作赌注的人就要注意了。

首先我们不能因存在侥幸心理而对中奖的期望值过高，因为彩票中奖与投入之间没有必然联系，所以不能认为自己投入了很多就坚信一定会中奖，以免因为失望而出现严重的心理落差。

我们如果将彩票视作赌注，就更不是健康的心态了，尤其当我们所选的号码越接近大奖反应就越强烈，继续加大投入，甚至不惜血本以求一夜暴富，或者中了小奖就全部拿出来，去买更多的彩票，以期中得大奖。

这样的人一方面会因为投入的精力和财力过多而影响了正常生活，另一方面也会因为对于暴富的期望过高，而出现心理疾病。因此我们彩民在购买彩票时，必须对不中奖的可能性做好心理准备。

总之，妄想一夜暴富、浮躁、投机心理是不良的心理状态，它会促使我们产生一系列盲动、冲动或虚假行为，最后可能造成各种危害。

可以说具有浮躁与投机心理的人似乎是生活在一连串肥皂泡沫之中，尽管费尽心机，最终仍将一无所获。

因此，在目前存在的一些急功近利、浮躁浮夸的社会现实面前，我们必须保持一分宁静和清醒，冷静地分析各种社会现象，在各种潮流面前，不要丧失自我。

你是不是经常梦想着赚钱，赚很多很多的钱？你的暴富心理是不是很强？现在让我们来做一个心理测试游戏吧！现在请回答下面的问题。

一个垂暮的白发老人独自站在高楼的窗前眺望窗外富贵的街道，你猜他在看什么呢？

1. 热恋中的情侣。

2. 停在街道旁的名车。

3. 路旁矮小茂密的树。

4. 不断闪烁的红绿灯。

现在我们来看测试结果

1、选“热恋中的情侣”：你发家的愿望原本就不是出格剧烈，也许只是逗留在想想而已的层面上。因为你太失望，所以你把发家梦想得太复杂，把结果思考得没那么复杂，现在你要做的就是把致富的目标定得低一点，符合实际一些。

你十分注重人际关系，交了很多冤家，是个规范的失望人，性情开畅、坦诚，不发家也没关系，冤家也是一笔珍贵的财富嘛！

2、选“停在街道旁的名车”：财富是你一生最渴望的追求。你是一个拜金主义者，老是在神往和盼望着幸福豪华的生活，你有很好的理财观念和才干，是个很有方法的人，为达到致富的目标，甚至不择手腕，在追梦的路上会一路走“好”！

3、选“路旁矮小茂密的树”：你总把自己的发家梦节制在可以完成的规模内，所以你很少惊喜也很少绝望。

你是个很有抱负的人，老是把目标定得不高不低，能轻易完成。这种做法是十分可取的哦！这就显示出你很踏实，兢兢业业，不声张、不武断，对待下属忠厚而体贴，你将来会是个不错的人才。

4、选“不断闪烁的红绿灯”：你很少做关于钱财的白日梦。你是个规端方矩的人，害怕而懦弱，干事稳重，你一般不会想到靠赌钱或买彩票一夜暴富。

你如果发一夜财很难，可是你可以做一些理财工作，在这方面，你的才干和专长就能发扬出来了，你是依托高薪致富的人。跟你一同糊口会稳中有升，却是个不错的思考对象哦！

# 第8节 炫富是一种极其幼稚的心理

炫富心理是一种不良心态，是一种张扬，也是一种极其幼稚的心理。炫富是对他人的傲慢，炫富会对他人造成压力，是对业已存在的社会矛盾的一种激化。

那么我们应如何学会摒弃这种负面的心理呢？

### 1. 了解炫富的心理现象

我们可以看到，从改革开放之初频频见诸报端的豪奢无比的黄金宴、天价的衣着类消费品和砸汽车、扔钞票等斗富比阔，用超常规的消费现象来炫耀财富的行为层出不穷。

观察一下我们现在的社会，可以看到无数千奇百怪的炫富式消费现象。婚丧嫁娶，名车排成长龙，仪式宴请，挥金如土，极尽奢华；只为找感觉，疯狂购物，处处显出大爷不差钱的形象；不管是否得体，从头到脚奢侈装束，只求别人艳羡的目光；斗富比阔，你有我也有，你牛我更牛。

“烧钱男”、“雅阁女”、“炫富女”，近年来，网络炫富竟成为一种风潮，且有愈演愈烈之势，炫富一族无一例外都“混了个脸熟”，也无一例外都成了网络红人。

“等咱有了钱，喝豆浆吃油条，想蘸白糖蘸白糖，想蘸红糖蘸红糖，豆浆买两碗，喝一碗倒一碗”。从一度流行的手机短信中，也能看出民众对炫富的一种描绘和嘲讽。

社会的炫富心态究竟是怎么产生的呢？

回想几十年前，一部分得风气之先的人，囊括着千百万打工者的剩余价值，乘改革开放之长风，赚得盆满钵满，意气风发地登上了财富之巅，以新时期款爷的身份傲视四方。这些人中最先富起来的一部分在腰缠万贯之时却面临一个难题：钱多得不知道怎样去花。于是就产生了一个新名词：炫富。

想当初，西楚霸王项羽在进入咸阳分封诸侯时，曾说过这样一句名言：有钱了不回家，就像是穿着好衣服在夜里走路。想必这和如今我们许多暴发户的心态差不多。

大部分城市的新贵们在富起来之后不去想如何感恩政府的宽松政策和回报社会的大力支持，只会一个劲地建豪宅、购名车、拥美女，过纸醉金迷的奢华生活。

这一方面圆了自己的豪门之梦，另一方面也大力炫耀了自己的富有。你有钱，我比你还有钱。

尽管我们承认这些富豪们创造了社会财富、繁荣了经济，对国家的发展有过贡献，但是媒体和网络也没有必要对形形色色的富商巨贾大力渲染，把他们褒奖为成功人士，似乎没有钱的统统是失败者。

褒奖和渲染的结果就是我们都想成为富豪，对所谓的上流社会的奢华生活趋之若鹜，可是现实又告诉我们，这是不可能的事。

### 2. 认识炫富的危害

在一些西方发达国家，富翁一般大多乐善好施，反观中国，不少富人对慈善事业出手吝啬、毫无兴趣，但在炫富上却是异常大方，出手阔绰，而炫富也是时下最为热门的话题。

豪华汽车已经成为当今社会财富的象征，而在众多的炫富方式中，组成庞大的豪华车队无疑是最直接，最有效果，吸引观众最多，最能让炫富者产生满足感的方式之一。

在我国民俗中，喜丧二事最为民众所看重。婚嫁迎娶，丧事出殡也就成为一些炫富者炫富的最佳时机。迎娶，出殡又是重中之重。于是，迎娶出殡时遮号牌的车子越来越长，浩浩荡荡，招摇过市，横冲直撞，视交通规则如同虚设，视交警如同无物。俨然一副唯我独尊，风头出尽的派头，其炫富的张扬劲儿极其外露。

炫富、炫贵的现象在我们的社会相当普遍，有钱要臭显摆，有权有势更要臭显摆，甚至通过特殊渠道拿到一张稀有的门票，都会拿出来显摆。开跑车在城里飙车，就是炫耀之一。这种炫耀，使民众的仇富仇官心理更加激化，激化到只要碰上好车，就一律侧目而视。炫富心理是一种不良心态，是一种张扬，张扬是不自信的表现。炫富是为了显示比别人更优越，这本身就是一种不平等的心态，是对他人的傲慢。

有媒体报道中国富人移民有个堂而皇之的理由，那就是中国民众仇富心理严重，没有安全感。诚然，中国社会确实有比较严重的仇富现象，但热衷炫富的富人们有没有意识到仇富现象的出现也有我们自己的原因吗？

其实，富人们刻意炫富是造成民众仇富心理的重要原因之一。刻意炫富，极尽炫耀财富之能事必然导致民众的不平衡感，从而引来民众的积怨。特别是在我们民众普遍认为中国富豪没有多少干净的社会背景下，势必加剧民众的仇富心理。

所以，可以这么说，富人在刻意炫富的同时也点燃了仇富的导火索。如果富人的钱实在多得没有地方放，那就请多做一些慈善事业吧!这样可以减少民众的仇富心理。

**3. 克服炫富的方法**

我们每个人来到这个世界上，都希望自己拥有更多的财富。可是，财富只是人生的手段，不是目的，人生的目的是获得自由。

试想一下，如果我们极其富有，而自己四周都是难以度日、生命垂危的穷人，用嫉妒和仇恨的眼光看着自己，为了安全，我们只能在自己的豪宅四周建起铁栅栏，把自己围在里面，除非保镖在身边，我们不能上任何地方去，那么财富给我们带来了什么呢？是被财富所累，更加不自由。

富人的最大自由，就是被穷人看成普通人，可以像平常人一样，在菜市场、商店转一转而不被人注意，可以在公园里跑步而没有任何安全担忧，在各地旅行被人们平等对待。

富人需要为自己营造一个享受自由的社会环境。当我们通过持续不断的捐赠，兑现对穷人的人权承诺，获得穷人的尊重和平等对待，消除社会对富人嫉妒和仇恨的种子时，我们才能真正享受财富带来的自由。

当人权和产权契约在社会中保持动态平衡，人们失去了以暴易暴的动机，社会才可以长治久安，大家都可以平静地享受生活。

总之，如果我们富人和官员依法办事、依法纳税、认真担负社会的应有责任，力行表率，维护社会的公道正义，通过社会公益慈善事业活动帮助弱势群体，社会就会大大减少仇富、仇官的怨气，更不会产生严重的仇富、仇官的人生恶剧、悲剧。

如果我们每一个公民都遵纪守法、勤奋工作、珍爱家庭、生命和人缘，注重自食其力，追求公益环保健康的生活，社会就会大大减少虚荣不当的炫耀财富、羡慕富有、追求自己无法承受的奢侈生活的习气，更不会发生诱发伤害和堕落糜烂、自暴自弃的人生恶剧、悲剧。

你是不是正在为炫富而苦恼呢？你是不是害怕有一天受到别人的攻击报复？现在让我来教你如何规避这些风险吧！

1、取财有道

别人对自己的仇视，与其说是仇富，不如说是仇腐。某些富豪的财富品质受到置疑，原始积累是在官商勾结和不法经营中完成的，是在对穷人的掠夺、对国家财产的瓜分中巧取豪夺来的，正是这种不正道、不阳光的财富以及过度的消费方式，才是人们所真正痛恨的。

你肯定知道，袁隆平早就是亿万富翁了，不过，民众的评论却打破了仇富的定律，有人表态：“袁老就是买飞机，我们也不眼红。”面对富人袁隆平，为何人们仇不起来呢？根本原因就是袁隆平取财有道和适度使用的财富观。

2、谦卑处世

谦卑是一种智慧，是我们为人处世的黄金法则，只有懂得谦卑，我们才能真正得到人们的尊重，受到世人的敬仰。

3、大智若愚

我们要学会大智若愚，这种甘为愚钝、甘当弱者的低调做人术，实际上是精于算计的隐蔽，它鼓励我们不求争先、不露真相，让自己明明白白过一生。

4、主动吃亏

我们要记住，任何时候，情分不能践踏。我们要知道，山不转水转，也许以后还有合作的机会，又会走到一起。

如果我们处处不肯吃亏，则处处必想占便宜，于是，贪欲日生，骄心日盛，就会有骄狂的态势，难免会侵害别人的利益，于是便起纷争，在四面楚歌之中，又焉有不败之理？

5、不要恃才傲物

当你取得成绩时，你要感谢他人、与人分享、为人谦卑，这正好让他人吃下了一颗定心丸。如果你习惯了恃才傲物，看不起别人，那么总有一天你会独吞苦果！

## 6、放低说话姿态

面对别人的赞许恭贺，我们应谦和有礼、虚心，这样才能显示出自己的君子风度，淡化别人对你的嫉妒心理，维持和谐良好的人际关系。

总之，取财有道，低调做人是富人们处世的一门艺术，只要你够聪明，你一定能够不为财富所累，并赢得自己应得的尊重。

第七章

# 人生成功的心理铸造

所谓人生成功的心理塑造，简明地说，就是人生成功心理学，它是一种积极的感觉，是我们在人生的某个时刻达到自己理想目标之后的一种自信的状态和一种满足的感觉。

我们每一个人都有渴求成功的心态，但每个人对于成功的理解又各不相同，而要想到达成功必须要有良好的心理。

通过对人生成功心理学的学习，可以使人们更好地认识自己、理解他人，能科学地运用一些知识和方法，圆满地解决实际生活中遇到的各种问题，从而以积极的心态面对人生，拥抱成功。

## 第1节 理想是照亮前程的一盏明灯

人生理想是指我们对美好未来的向往和追求，它是人生观的集中体现和核心内容。

理想是航灯，指引船舶航行的方向；理想是曙光，照亮夜行者的路；理想是沙漠中的一眼甘泉，让干枯的行者看到生的希望，理想是一把利剑，帮你扫清障碍；理想是一盏明灯，能为你照亮前程。

### 1. 认识人生理想的意义

我们生活在世界上的每一个人，都有自己的人生理想。有什么样的理想，就有什么样的人生。不同的理想抱负，决定着不同的人生轨迹。那么理想对人生究竟有什么意义呢?

**（1）指路明灯**

如果把我们的人生比作在茫茫大海中的航行，那么，理想就是指明方向的灯塔，是照亮人生的火炬。历史上，许多杰出的人物之所以伟大，之所以为人们所敬仰，缘于他们有崇高的理想。

现实生活中，有的人在“我从哪里来、到哪里去”的感叹中茫然不知所以。像这样没有理想追求的人生，或是只能为私利忙忙碌碌，或是只能在有什么浪头赶什么时髦中随波逐流，或是只能在“今朝有酒今朝醉”中消磨时光，终将一事无成。

**（2）前进动力**

我们的人生道路不可能万事如意，一帆风顺。如果没有崇高的理想，面对困难和风浪，就可能丧失前进的勇气，失去对事业的信心。

生活中常有这样的情况：做同样的工作，有的人坚韧不拔，不折不挠，最后创造出成绩来；有的人一遇挫折便唉声叹气，怨天尤人，打退堂鼓。究其原因，不仅仅在于意志上的差异，更重要的是没有崇高的理想。

事实证明，伟大的目标必然激发起忘我的献身热情和无穷的拼搏勇气，崇高的追求必然带来坚定的信念和顽强的毅力。远大理想所产生的巨大力量，是金钱和物欲的驱动作用所不能替代的。

**（3）精神支柱**

有了崇高理想，我们在人生道路上，才能既经受得住顺境的考验，也经受得住逆境的考验；既经受得住成功的考验，也经受得住失败的考验。不管别人怎么冷嘲热讽、说三道四，或者遇到多么大的压力和打击，都矢志不渝，不改初衷。

两千多年前的古人孟子说：生活富裕时不能骄奢淫逸，生活贫寒时不能动摇志向，强暴面前不能屈膝变节。要做这样的硬骨头，就必须有崇高的理想。

**2. 设计人生理想的方法**

理想是人生前进的总方向，可是许多人却往往因为找不到这个方向，最终徘徊不前，迷失在自己的人生道路上。我们该如何规划自己的人生理想呢？

**（1）要想象人生**

有很多规划理想的人生的方法，但是最好的方法是想象当你真正知道所要的东西的内在和外在后，那是什么样子，你有什么感觉。

**（2）理想具体化**

可以很简单地开始，想象在将来的某一天，例如：2020年1月1日，你正在做什么。把日常的事情具体化：你住在哪里？和谁在一起？这一天有多忙碌？你看起来怎么样？和他人在一起的时候你表现如何？你们的关系怎么样？

在你的规划中，人生中的方方面面都应该包括进去，如职业、朋友、家人、物质环境、健康、个人成长、金钱、娱乐、消遣和其他有意义的事物。如果你的人生中很有意义的部分没有包括进来，再加一个类别或者替换一个类别。

**（3）重视细节**

一旦你知道了自己想要什么，很有必要把每一个目标分解成更小的每一天的目标。例如，如果你希望明年是健康的，能把马拉松跑下来，那么你今天就去跟当地体育馆签约，开始有规律地进行，或者找到当地的赛跑团体加入进去，然后开始小规模的跑步活动，直到跑步成为你生活的一部分。

当然，要使梦想成真，不只是做身体锻炼，为了达到健康的目标，你还必须要有健康的饮食，睡眠好而且睡眠充足等。

**（4）现实起来**

计划后的生活遇到阻碍的一个重要的原因是完全无法做到：当你把人生计划的每一个大目标细分的时候每一个类别都大得难以忍受。这个时候保持动力，不要苛求自己，真的很重要。

如果你还在要求自己在30分钟的时间里完成4个小时的工作量，那么不要沮丧，要现实些。你可能发现如果一天做一件事，就比你想的做得要快，并且可以超前于计划并找另外的一件事情来做。

**（5）灵活起来**

生活中的另一个讨厌之处是没有预料到的曲折：这就要求你的计划灵活到可以实施的程度。根据生活给予你的条件，用不同的方法来做到灵活。

你要控制好你的计划，而不是让计划来控制你。每月、每季度、每年的回顾对于保证计划适应于生活中真实发生的事情很有用，这种预防系统可以帮助你用最好的方法预见和处理没有预料到的情况。

**（6）不怕改变**

如果你要改变计划中的某一部分，行不行？没问题。只要有必要，你无数次重新设计你的计划都没有关系，因为这是你的计划。回到设计板前重新考虑，你可能会意识到改变其中的一点会影响到其他的部分，而不仅仅是改变这一点。

重要的是你要记住，这是你的人生，任何事情都有可能发生，所以如果重新设计也不理想，就想象一下你想成为什么样子，然后马上开始行动。

**（7）对自己诚实**

不管你计划什么，都必须要适合你，这点很重要。如果你把没有能力做到的事情和不想做的事情都纳入到你的计划，那么你必须回顾一下你想要什么，坦诚地接受你确实能够完成预设行为的可能性有多大。

生活总在变化，你怎样适应这些变化，在追求理想时你怎么表现，这些对于实现理想生活的影响是有差异的。在实现梦想的轨迹上，不管生活给你什么，拥有一个计划都能使你有所准备。

总之，我们每一个人都有着自己的人生理想与设计。它们是不同的，是精彩的，是我们奋斗打拼的目标。

人生的真正欢乐是致力于一个自己认为是伟大的目标。我们常说：“人生短暂，我们要过一个充实而有意义的人生。”有意义的人生就是用自己毕生的心血去实现那心中最美好、最远大的理想。

如果生活总在阻碍着你，你对能否拥有想要的生活丧失信心，那该怎么办？或者你连想要什么也无从知晓，因为你对头脑中的每一个想法都感觉不好，那该怎么办？你必须把基本的需要和生活中的实际情形记录下来。

这种情况下，你需要一个顾问来帮助你理清生活中的方方面面，包括你没有看到的和忽视了的。顾问能帮助你认识到你的真实价值所在，帮你指出怎样把它体现在你的现实生活当中。

如果你真的打算找一个顾问，要看看需要什么风格的顾问。大多数的顾问会提供一个免费的咨询，这个咨询就可以在决定在采用之前是否了解到他的性格和工作风格。

## 第2节 成功需要界定好自己的目标

所谓目标，就是要达到的一种状态或者得到想拥有的东西。要想获得人生的成功，首先要有明确的目标，目标有长期目标和短期目标，有大目标和小目标等，倘若没有目标，一切都是空想。同时须知，目标不明确是盲目，目标偏离真理是错误。所以说，一定要界定好自己的目标。

### 1. 目标要排除盲目性

很多人从小到大虔诚地读完中学读大学，读完大学再读研甚至留学出国读研。

但悲剧的是，很多人在拿到他们苦苦追求和默默等待的那张文凭后却发现，我们找不到工作，或者即使找到了工作却远远低于当初的期望值，被工作抛弃，被机会抛弃，被社会抛弃。这其中的原因在哪里？最根本的一点就是我们太盲目，只是在一味蛮干，没有把自己的行动和明确的目标结合起来。

我们每天都感到很忙，但是很多时候却不知道自己在忙什么，没有目标，只是瞎忙，最后才发现自己什么都没有得到。相反，如果我们做事能够有明确的目标，那么就能领先别人半步，将来领先的可能是几十年，差距就会体现得很明显。

所以我们一定要找准自己的位置，始终向自己的目标前进。没有明确的目标，我们就永远到达不了成功的彼岸。

普通人的人生的可悲之处在于，我们仅仅认为自己能够成功，却不能为成功制订相应的目标或计划，没有了目标和计划，做起事来只能东一榔头西一斧，什么事也不能真正成功。

当我们明确了自己的目标后，还要一步一个脚印地朝着目标努力，这样，目标才有可能在不久的将来得到实现。

在向自己的目标迈进的过程中，我们不可能总是一帆风顺的，当遇到难题的时候，绝对不应该一味盲目去干，要多动些脑筋，看看自己努力的方向是不是正确。

正确的方法比盲目的执著更重要。我们应该调整思维，尽可能用简便的方式达到目标。

### 2. 设定目标的方法

在现实生活中，我们许多人整天默默工作，辛勤劳动，但却由于没有设定自己的奋斗方向、奋斗目标，做了一辈子，还是在原有的岗位上工作，用一个词来形容，碌碌无为。那么该如何设定明确的目标计划呢？

#### （1）设定目标

方向就是战略，就是目标，做人做事业都是这样，只有我们的战略明确了，方向正确了，思路清晰了，通过努力，就能达成人生的目标。

有了明确的目标，就已经成功了一半。我们不能天天只在羡慕着别人的成功中生活，白白浪费自己的大把时间。我们一定要沉下心来，为自己设定一个明确的目标。

#### （2）表述目标

使自己能集中精力的最佳办法，是把自己的人生目标清楚地表述出来，说到底，我们每个人都希望发现自己的人生目标，并为实现这个目标而生活。

把人生目标清楚表述出来，能助你时时集中精力，发挥出高效率。在表述你的人生目标时，要以你的梦想和个人的信念作为基础，这样有助于你把目标定得具体可行。

**(3) 分解目标**

清楚表述未来及人生目标之后，你就可以着手制订长期和短期的目标了。

想到什么目标立即写下来，开头不必判断这些目标是否能实现，也别管它们是长期还是短期的。这个阶段重要的是有创意，有梦想。

如果你发现这些目标之中有什么与你的人生目标表述及你将来的理想不相符的，你可以把它去掉，并重新评估你的人生目标表述，考虑改写。

如果你看到你的理想要求你达到另外几个目标，就把这几个也写下来，把目标都记下来后，就可以着手制订成功的战略了。

**(4) 行动起来**

目标已定，接下来就要身体力行的去行动，去实践了。不要让自己苦思冥想规划的目标付诸东流，没有行动的人只配做白日梦。

**(5) 定期评估**

定期评估进展，是跟行动同等重要的。随着你计划的进展，你会发现你的短期目标并未能使你向长期目标靠拢。或者，你可能发现你当初的目标不怎么现实，又或者你会觉得你的中长期目标中有一个并不符合你的理想及人生的最终目标。无论是何种情况，你需要作出调整。你对制定目标越陌生，越可能估计失误，就越需要重新评估及调整你的目标。

有些人会犯的另外一个错误是走到岔道上了。这些人制订了目标，也写下了要达到目标必须做的事情，然后把那些指导方针全忘了。有个办法能防止这种事情发生，你可以把这句话贴在办公室："我现在做的事情会使我更接近我的目标吗?"

**(6) 庆祝胜利**

最后，要抽点时间庆祝已取得的成就，拿破仑·希尔历来相信奖励制度。当你取得预期的成就时，你奖励自己，小成就小奖，大成就大奖。

如果要连续干几个钟头才能完成某项工作，你应对自己说，做完了就休息，吃点东西，或看场球赛。但是决不在完成任务之前就奖励自己。当你取得一项重大成就时，一定要把庆祝活动搞得终生难忘。

你还在盲目地生活着吗？你还在为自己不知道如何做事而烦恼吗？下面是一些有效地方法，通过这些方法，相信你会很快找到自己的方向，走向成功！

**首先你要准备好纸和笔，然后写下自己的所想和要实现的目标。**然后列下实现目标的理由。当你十分清楚地知道实现目标的好处，以及不实现目标的坏处时，你才会立即行动起来，向着自己的方向前进。

**当明确知道目标之后，便要设下明确的实行时限。**因为你如果没有时限来让自己集中注意力的话，便很难检查出自己在不同时间段到底做到什么程度了。

**还有如果你不知实现该目标所需的条件时，如何去实践则会模糊。**比如你想进哈佛大学就读，却不知哈佛的录取标准，则进入哈佛必定有所困难，如果明确知道它的录取标准，则更能按部就班地达到它所要求的标准。再比如你的目标三年内当经理，接下来便把当经理的条件和能力列出来，明确告诉自己就是要成为那样的人。

**然后，你还要列下目前不能实现目标的所有原因，**从难到易排列其困难度，自问“现在用什么办法来解决那些问题”，并逐项写下。列完解答之后，这些解答通常就是可以立即采取的行动，并且十分明确。

**目标明确以后，那就马上采取行动，从现在开始。**你要经常提醒自己，也可以把它们写在纸上，贴到自己最容易看到的地方。

这种提示会在我们的潜意识里形成一个做事的尺度，从而使我们明白自己什么时候该完成什么事情，从而让我们做起事来时刻保持着清醒的头脑，向着自己的目标前进。

总之，只有我们明确了自己前进的方向，才能让自己走得更快更好，少走冤枉路，早日实现成功。当目标确定后，请你马上下决心去努力实现吧！有了目标的指引，你的人生之船一定能够驶向理想的彼岸！

## 第3节 人生最大的遗憾是盲目地追求

就人生来说，自己想要的东西却得不到，固然是一种遗憾。但最大的遗憾，其实是盲目地追求。因为盲目会导致谬误，会葬送许多机会，以至于到最后无法如愿以偿。

人生只有一次，没有人希望自己活得浑浑噩噩。但是，我们若想活出生命的真意，享受神采飞扬、意气风发的生活，就必须依靠自己把握方向，克服盲目地追求。

### 1. 认识盲目追求的危害

很多时候，我们徘徊在人生的十字路口，不知道该向哪个方向走。我们经常以骑驴找马的方式，尝试过几份不同的工作，结果可能都不顺利。

于是，我们决定培养第二专长，参加了一次科技方面的实务研讨会，又觉得学习到的技术十分有限，并不足以帮助自己转职成功。接着，又想要参加公务机关考试，当公务员，也想要自行创业……

这样的场景，很可能是我们在职场上不得意的人所遭遇到的典型问题之一。而问题的关键并不在于到底应该做什么决定，因为他根本还不到做决定的时候。

最亟待解决的问题其实是，我们自己喜欢什么性质的工作，想要获得哪一方面的成就？或者，我们更应该心甘情愿地接受眼前的事实，停止对工作不满的抱怨。

美国作家梭罗说：“我们的生命都在芝麻绿豆般的小事中虚度，毫无算计，也没有值得努力的目标，一生就这样匆匆过去，因此，国家也受到损害！”

书评家亨利·甘拜也有感而发地附和：坏就坏在他们从不停下来检讨一下，究竟那个目标是不是值得？更可怜的是他们根本不知道自己要什么。

研究自己的心理，了解自己的特质，总比搞不清楚东西南北就决定新的发展方向更要紧。先想清楚自己要的是什么，这永远是最重要的事。该怎么做决定，如何做才能成功，和前者比较起来，反而是次要的事情甚至还可以说是旁枝末节的小事呢！

我们要永远记住，成功的人都是在很早的时候就发觉自己真正喜欢做的事情，然后全力以赴。全球首富比尔·盖茨在少年时发觉了自己在撰写程式方面的兴趣，于是投入了毕生的心血，终于在这条路上做出了自己的成绩，获得了人生的成功。

**2. 去除盲目的方法**

在实际生活当中，很多人都会被目的周围的烟雾弹所左右，丧失目标或者看不清目的，变得盲目起来。一个人失去目的就像一艘船失去了航行方向，终其一生也不知道为什么而活，这是一种极大的悲哀！

那么我们该如何克服自己的盲目心理呢？

**（1）不要盲目从众**

心理学的研究发现，在群体活动中，许多人存在着各种从众心理，我们往往在群体的诱导或压力下放弃自己的意见，采取与别人一致的意见。

比如，别人抽烟，自己也学着抽烟；别人上网，自己也跟着通宵达旦；别人说脏话，自己也去模仿；别人穿名牌服装，自己不顾自己的经济实力，也去购买；凡是所谓自己认为时尚的，新潮的，就情不自禁的跟上去，没有自我，没有思考。

在生活中，我们一定要经常用自己的头脑去思考、去分辨、去判断、去行动，不要让别人的头长在自己的脖子上，支配着自己的思维和行动。

**（2）不盲目信广告**

不加分析地顺从某种宣传效应，让广告牵着我们的鼻子走，这是不健康的心态。让我们多一些独立思考的精神，少受一些盲目鼓动，以免上当受骗，这才是健康的心理。

**（3）提高思维能力**

提高我们的创造性思维，能让我们在做事时有自己的独到见解和开拓性意见，提高我们的多向性思维能力，能够让我们对自己现在的行为是否适当提出质疑。可见，提高思维能力对于我们克服做事时的盲目性确实是有效的。

**(4)能够独立思考**

努力培养和提高自己独立思考和明辨是非的能力，遇事和看待问题，既要慎重考虑多数人的意见和做法，也要有自己的思考和分析，从而使判断能够正确，并以此来决定自己的行动。

**(5)坚定理想信念**

一般说来，克服盲目心理主要靠学习科学文化知识，别人的意见和压力并不是我们从众的关键因素，关键的因素是我们的理想、信念和道德观，它从根本上决定着我们是否盲目。

只要我们具有正确的理想、信念和世界观，就不会轻易受到别人不正确观点的影响，也不会因害怕孤立而屈服于压力，甚至为了个人的利益而违心表态，讨好他人。

你是不是正忙得不可开交，如果我现在问你：你到底在忙些什么？到底为什么而忙？你是不是有些迷惘呢？

其实，我们的人生追求很简单，只要在4个层面保持平衡，我们的人生就会完美幸福！

1、生理需求

我们忙来忙去，初衷无非首先是要让生活过得好一些，衣、食、住、行不断改善，身体状况保持良好，工作心情越来越主动、越轻松、越顺利、越称心，这点很容易理解。

2、爱的需求

也就是与自己息息相关的几个关系：爱人、父母、孩子、同事、上级、朋友。

我们是不是应该相互提醒一下，工作忙完了之后，对爱人、父母、孩子、朋友是否还顾得上关照？是否在工作之余，能够真正用心关怀一下这些人生中非常亲密的亲人？

也许他们最需要的并非是你能花多少时间来陪伴他们，也许仅仅是你的一句关怀的问候，或是结婚纪念日的一束玫瑰，或是一段耐心而真诚的谈心，其实爱就是这么简单，只要真心对待，爱与被爱就会不断升华，只要有爱，家庭和事业完全可以双赢。

3、智的需求

人要有不断更新，不断学习的内心需要。只要抱着主动学习的态度，我们就能享受获取新知时的愉悦和幸福。

4、德的需求

这是重要的，同时也是最易被人忽视的。它是我们内心深层次的追求，其实关于这一点也有一个非常简单的衡量标准，那就是当我们百岁之后，静躺于遗体告别会时，我们周边的亲人、同事、朋友、上级、下级、合作伙伴们，他们所给予我们的内心深处的悼词是什么，也许这就是我们人生的终极追求吧！

人生的追求，是一种内心的平静，只有在4个层面保持平衡的人才会拥有圆满的人生。让我们用健康的身体、幸福的家庭、成功的事业、崇高的追求，一起来体会这种内心的平静！

## 第4节 学会克服迟疑不决的心态

迟疑不决就是优柔寡断，畏畏缩缩，遇事缺乏果断的一种心理特征。这是由于缺乏自信和魄力而造成的，这样的人难以成就大事。

须知，如果我们在做事的时候经常瞻前顾后，那就会寸步难行，从而错失良机。而决断能够让我们的人生充满信心，并能够让我们的人生充满力量。

### 1. 认识迟疑不决的危害

计谋之成，决心之下，速度之快，能使智者来不及进行谋划，勇者来不及发怒。我们只有达到这样的坚决果敢，才能稳操胜券。

习惯于迟疑不决的人，会对自己完全失去信心，所以在比较重要的事情面前没有决断的能力。

有些人的优柔寡断简直到了无可救药的地步，不敢决定任何事情，不敢担负任何责任。我们之所以这样，是因为我们不敢肯定事情的结果是什么样的。

我们对自己的决断很怀疑，不敢相信自己有解决重要事情的能力。因为迟疑不决，很多人使他们很多美好的想法归于破灭。

时光易逝，时机易失。如果我们还在迟疑中摇摆不定，那我们就是正在失去美好的东西，正在向失败的边缘滑去。兵贵神速，赶快行动，花开堪折直须折，莫待无花空折枝。

彭德怀也曾说过，成功就在决心，迟疑难成大事，果断地下定决心，就意味着把握了战争的胜利，稍有迟疑就会导致灾难。

无数战例和成功的人士都证明了这一点，拿破仑在滑铁卢战役中迟疑了5分钟，结果战败，被送到了圣赫勒拿岛上，有力地说明了成在决断，败在迟疑这个战争法则。

上兵伐谋，无谋必败，无决心也必败，所以说，无论你有多聪明的脑子，如果你没有决断的能力，是不会取得任何成绩的。

打仗是这样，做其他任何事也都是这样，如果我们过于优柔寡断，是办不了任何事的。一个人怕这怕那，不敢决定事情，不敢担负应负的责任，消极等待会出现什么好的结果，机会就会在你的迟疑等待中消失，你的前途也会在迟疑等待中处于一片渺茫之中。

### 2. 克服迟疑不决的方法

很多时候我们总因迟疑不决而苦恼不已。稍不留神，这又将成为一个恶性循环。迟疑不决，往往是因为缺乏自信和习惯性担心某些潜在的问题。主意不坚和优柔寡断，对于我们来说，实在是一个致命的缺陷。我们有这种弱点的人，就不可能有坚强的毅力。那我们平时该如何克服自己迟疑的习惯呢？

**（1）敢于抉择**

我们要知道，人生最重要的是如何利用做出的选择，而不是选择本身。假如，我们要在两个不同的地方选择去留，只要有正确的态度，无论去哪里，都能创造幸福的。

如果一味地担心自己的抉择是否正确，那么即使是做出了所谓正确的选择，我们也无法真正的面对选择，无法幸福的享受所选择的，我们会在悔恨中失去自己的幸福。

**(2) 培养自信**

缺乏自信，怀疑自己的能力，往往会让我们迟疑不决。只要我们能够增强自信心，就能在重大问题上，做出快速正确的判断，加以选择，就能改善甚至改变自己迟疑的性格。

**(3) 走自己路**

我们很多时候，过于关注别人会怎么评价我们的选择。面临选择时，我们往往会本能地选择一个方向，但总会担心别人对此会怎样评价，这是错误的。

我们可以听取他人的意见，但是，如果真的感觉自己的选择是正确的，那么就该去做。不要太看重他人的意见，毕竟，生活是你的，不是别人的。

**(4) 善于交心**

有时候，迟疑不决如同向下的螺旋缠绕在我们的脑海里，挥之不去。出现这种情况时，我们最好找个自己信任的朋友讨论讨论，但是我们一定要记着，我们只是与朋友讨论一下，只是想有助于澄清问题，能从一个较好的角度去看问题，这样也更容易进行选择，而不是让自己变得迟疑不决。

**(5) 道德指引**

很难做选择时，就想想你的动机。有时我们想采取一些自私的行动，但是良知不容许我们这样做，就造成了迟疑不决。

在这种情况下，善良之举不会让我们遗憾，哪怕这个决定是错误的，自己受到了损害。但是，若仅仅考虑个人利益而决定，往往会让我们后悔不已。

**(6) 分清轻重**

人生短暂，可能很多事情我们都没有时间去做。我们要对家庭、人际、内心世界、运动等都要有一个很清晰的轻重认识，排排次序是很重要的。面临抉择，就能很快的选择重中之重了。

或许，你的老板想要你加班，而且补助也不错，但是你很清楚你最看重的是与家人在一起的时间，那么就会很轻松地立即拒绝了。世界上没有万全之策，不要期望可以为自己的事业奉献一切的同时又可以跟家人共享美好时光。

**(7) 发挥强项**

一个能力极弱的人肯定难以打开人生局面，他必定是人生舞台上重量级选手的牺牲品；成大事者应在自己要做的事情上充分施展才智，一步一步地拓宽成功之路。

**(8) 立即行动**

有些人是语言的巨人，行动的矮子，所以看不到更为实际现实的成功在他身上实现；成大事者是每天都靠行动来落实自己的人生计划的。

**(9) 乐于交往**

我们不懂得交往，必然不会借助人际关系的力量。成大事者的特点之一是善于借力、借热去营造成功的氛围，从而能把一件件难以办成的事办成，实现自己人生的规划。

**(10) 重新规划**

成功只是一个过程，你如果不满足于小成功，就会推动大成功。成大事者懂得从小至大的艰辛过程，所以在实现了一个小成功之后，能继续拆开一个个人生的“密封袋”。

**(11) 知己知彼**

如果我们能够全面地看待他人和自己，就会感觉自己没那么差，而不能全面看待，主要是因为自卑心理作怪或是太在乎别人的想法。其实他人的看法或想法往往存在片面性，只会引起我们不必要的自卑感。

我们要多多学习别人的工作经验，观察他们的长处，避免不足之处，在这方面下工夫，我们就能胜过他们。我们要打起精神再次努力奋斗。相信自己的能力一定能战胜困难，因为人定胜天！多给自己一些鼓励，让大家一起为你鼓劲，让你振作精神，好好奋斗。

**(12) 敢想敢干**

良机已经出现，我们还在迟疑等待什么呢? 还不赶快出击！果断的错误胜过迟疑的正确，我们要把眼光放得远些，做一些别人没做过的，又不容易成功的事情。

我们要有自信心，要相信自己干什么事情都能行，相信通过自己的努力，一定能达到目标的。从心灵上肯定自己能行，自己给自己鼓劲。只要有心理准备，我们就不会为一点困难而退缩，就能充满信心完成任务。

你是不是由于不善于决断，从而经常丧失良机呢？如果是的话，现在让我告诉你一些有效的解决方法吧！

1、尽可能地让生活有规律。

2、注意你的外表。

3、在迟疑的时候，仍然不放弃自己的计划。

4、不要压抑自己的情绪，尤其是愤怒。

5、每天都研究学习一些新的东西。

6、迎接一切可能有的挑战。

7、不要谈论你在某个特殊时期遇到的问题。

8、以德待人，即使是件小事情。

9、尽量以不同的方式对待不同的人。

10、在能力方面，尽量发挥你的全力。

11、记下生命中的美好回忆。

12、做一些从来没有做过的事情。

13、尝试与富有活力又充满朝气的人相处。

14、不要让他人左右你的思想。

15、一旦做了就不要逃避，为自己的构思负责。

上面这些忠告，只要你能够认真实践，就能够变得果断，那时你的生活必将更加精彩！

## 第5节 要改变夸夸其谈的习惯

人生的成功最主要的是来自于务实，而不是口若悬河、夸夸其谈。因为一切事情仅流于口头是无法成功的。

在现实中，许多人喜欢夸夸其谈，总以为自己是天下第一，什么事情都比别人强。夸夸其谈的人甚至会认为自己是全才、通才，是自己行业精英中的精英。

可事实往往正好相反，夸夸其谈的人其实也就只有夸夸其谈的本领而已。

### 1. 认识夸夸其谈的危害

花园荒芜，大家都想修整。但大家只是各持己见，争论不休，而没有一个人真正地去实践，最终花园依然荒芜。

我们各自谈了一大堆理论，互相批评对方，话说得天花乱坠，不会对花园有好处，试想，如果我们中的一个人按照自己的方法去真实地做，花园现在大概已是，鲜花满园了吧！

其实，我们平时为人处世又何尝不是这样。甜言蜜语似口中的糖，能让我们在听说时欢喜，但实则无益。务实如一剂中药，平淡朴素，但在我们困难时却能救我们一命。

成就一件大事，需要的是我们踏踏实实地去做，而不是在这里一遍又一遍地唠叨。

许多人是事后诸葛亮，喜欢自鸣得意地夸夸其谈，却没有真本事，缺乏预见性，别人干时不伸手，别人干完了，却说三道四，妄加评论。干好了，是早就料想到的；干不好，则是风凉话连篇，冷嘲热讽不断，更有甚者抓住人家的错误，横加批判，让干实事的人寒心。

做人应该要实事求是，不要只会逞口舌之强，凡事要脚踏实地，要争千秋，不要只争一时。越王勾践的卧薪尝胆、诸葛孔明的隆中养精蓄锐；多少人的十载寒窗，多少人的生聚教训，都在说明，务实勤劳的人才能成功。

如果我们只学会说空话，而不肯务实做人，就如一棵没有根的树，是很容易枯萎的；又如一栋地基不稳的大楼，随时都有倒塌的可能。

世界竞争日益激烈，归根到底是人才的竞争。而人才就必须少些空谈，多做实事。

我们与其空谈将来的理想，空谈我们祖国的未来，希望为祖国作出贡献，倒不如从现在起，为自己的目标实实在在地做，空谈只是我们失败的借口。

拥有了务实，就拥有实现梦想后的喜悦。在未来的世界里，不要让空谈占据了你生活的全部。务实、肯干，相信你一定会实现自己远大的理想。

### 2. 克服空谈习惯的方法

空谈的人，只不过是在做着自己的那个黄粱美梦罢了。在不切合实际的“魔毯”上飞，最终一定会摔下来。我们的人生的确如此，只有脚踏实地，一点点耕耘，才能一点点收获，梦想并不会因为我们的空谈而实现。

那么我们平时如何做到克服空谈呢？

**（1）看清原因**

从古至今，人类历史上一直存在着喜欢空谈，轻视务实的心理现象。这是因为在我们很多人眼里，空谈轻松容易，务实艰难辛苦。我们感觉空谈没有成本，不用负责，而务实是有风险的，是需要付出的。更主要的是，有些人只有空谈的能耐，但无务实的本事。

**（2）认清危害**

空谈有很多害处，虽然别人一开始可能不知道我们的底细，但是一旦知道，就会失去别人的信赖，大家都会觉得我们不是一个可靠的人，从而与我们疏远。

当空谈者被人识破后，谈得越多会越让人觉得心烦，这样还会破坏我们自己的形象，不利于工作的落实，不利于自己的发展。所以说，空谈是一件害人害己的事，最后的结果只能让我们后悔莫及。

**（3）吸取教训**

空谈并不可怕，可怕的是不吸取教训。只要我们空谈者，从此闭上嘴，多做实事，那么在不久的将来，我们就会成为务实者。自然，成功和荣誉乃至爱情终究也会属于我们。

**（4）树立理想**

我们追求的目标越崇高，对低级庸俗的事物的抵制力就越强。我们树立崇高理想的人应该追求内心的真实的美，应该不图虚名。

自我价值的实现不能脱离社会现实的需要，必须把对自身价值的认识建立在社会责任感上，正确理解权力、地位、荣誉的内涵和人格自尊的真实意义。

我们只有着眼于现实，把自己的理想与国家、民族的前途结合起来，通过艰苦努力，克服前进道路上的困难和障碍，才有可能实现自己的远大理想和抱负。

很多人能在平凡的岗位上做出不平凡的成绩，就是因为有自己的理想，同时做到自知之明。这就是说要能正确评价自己，既看到长处，又看到不足，时刻把缩短现实与理想的差距作为主要的努力方向。

**（5）自知之明**

人生逆境十之八九，不可能事事如意，有某方面达不到自己的要求或自己有某些方面比不上人家，这是正常的事，无需耿耿于怀，更不必用虚假的东西来掩饰。假的终究是假的，被人识穿以后会更加丢人现眼。

**（6）主宰自己**

我们不要过于计较别人怎样议论和怎样看待自己，对于别人的言论和看法，采取接受的态度，对于那些无理的议论，可以不闻不问，置之不理。

我们不能时时处处以取悦别人为目的，把他人的言论作为自己的行为准则，如果那样，就会不知不觉地给自己套上一个无形的精神枷锁，最终只能是不断助长自己的虚荣心理。

**（7）矢志奋斗**

虚假的荣誉不属于自己，它终究会被人遗弃。我们与其追逐一个个转瞬即破的肥皂泡，还不如立下大志，通过奋斗创造出属于自己的荣誉。

经过奋斗得来的荣誉，才是真实的和值得自豪的。

**（8）坚持不懈**

要踏踏实实的学习工作容易，但是要坚持一辈子就不容易。古稀之年的华罗庚常说：“树老易空，人老易松，科学之道，我们要诫之以空，诫之以松，我愿一辈子从实以终。”

华老的这种坚持不懈的务实精神，使他成为我国数学界的一颗璀璨的明星。从华老的身上可以看出：我们确确实实需要务实的精神。

总之，我们不要做整天夸夸其谈，空谈大道理而无所事事的人，我们要多做一些实事，这样人生才会更有意义。1000个“0”顶不上一个“1”，1000个愿望顶不上一次实际行动。我们坚信：空谈不如务实。

你还在别人面前夸夸其谈吗？你还没有认真地做成过一件事吗？假如你已经认识到了自己只会毫无意义的空谈，那么请现在就来认真改正吧！

1、树立正确的人生观

作为一个社会人，你是否活得有价值，最主要的是看你是否尽了力，做了事，而不是看你说了多少空话。人生三百六十行，行行出状元，让我们从现在做起，而不是说起。

2、给自己订计划

每天订个小计划吧！等晚上看到的时候，就可以问问自己完成了没有，如果没有就惩罚惩罚自己。

3、从小事做起

你也许胸怀大志，满腔抱负，但是成功往往都是从点滴开始的，你如果天天只会空谈理想，不去做任何事，必将一事无成。

4、转移注意力

选择你自己除空谈之外最擅长的事情，投入力量，争取有所成就，这样，你的信心就会逐步增强，空谈就会步步退却。

5、增强意志力

当你忍不住空谈的时候，运用意志力自我克制。在这个过程中，要学会自我暗示、自我命令。暗示、命令自己不要随口瞎说，暗示、命令自己把精力调整到学习和活动中去。如果不行，还可以离开现场去访友或逛逛公园。

相信经过你自己的不懈努力，你一定会重塑自己的形象，让别人看到一个全新的你！

# 第6节 自强是一种奋进的力量

自强是指我们对未来充满希望，奋发向上，积极进取的一种精神、一种美德、一种信念、一种境界。

自强是我们中华民族的传统美德，是流淌在中华民族文明血管中的生生不息的血液，是我国人民代代相传的传世之宝。可以说，自强的精神对一个人的成长具有巨大作用。

## 1. 认识自强的本质意义

自强是我们作为一个人活出尊严，活出个性，实现人生价值的必备品质，是我们健康成长，努力学习，将来成就事业的强大动力。

自强不息是我们几千年来熔铸的民族精神，正是这种精神，使中华民族历经沧桑而不衰，备受磨难而更强，豪迈的自立于世界民族之林。

自强是我们通向成功的阶梯，一个人能否取得成功，原因是多方面的，但是自己主观上想不想自强，往往起着十分重要的作用，无数成功者的经历生动地告诉我们，自强品质在人生中的重要意义。

解放后，我国人民继承了自强不息的传统美德，在毛泽东“独立自主，自力更生”口号的鼓励下，取得了社会主义建设的伟大胜利。在发展社会主义市场经济的今天，我们也必须发扬自强的美德，去适应日趋激烈的竞争。

## 2. 做到自强的方法

自知者明，自强者胜。谁的一生都有挫折，自强者只有把挫折当玩具，戏之笑之，淡然视之，最终才能获得人生的真正成功。

我们应该怎样才能让自己自强起来呢?

(1) 学会自立

自强首先要求我们自立，确立靠自己不靠别人的观念，与一味依附别人的奴化心理彻底决裂，与依赖别人恩赐的侥幸心理划开界限，把争取个人利益和幸福，放在自己努力的基础上。

我们自己的利益自己争取，不求别人代办，不求别人恩赐。这是因为，由别人争取来的利益不是真正意义上的个人利益，由包打天下情结形成的依赖关系，最终将转化为依附关系，而形成新的奴役关系。所以，自强规范不但要求自己，也要求别人不越俎代庖。自强要求的自主，是自己对自己负责，自己承担对自己的责任。

把命运掌握在自己手里。当然，我们说的自主绝不是自我封闭，而是强调矛盾的主要方面在自身，主要责任在自身。在争取自身利益时，友谊和援助是次要的，是辅助性的。同时，也只有做到自立自强，才能赢得友谊和援助。

(2) 学会自信

自强的规范要求自信，自己对自己有信心，充分认识自己，相信自己的力量。自信的人才能自主，才不会对别人抱有幻想。依附于别人的人，往往是缺乏自信的人。

信心就是力量，力量来源于信心。人因为失去信心而自我萎缩，人也因怀有信心而自立自强。

自信不是自高自大，孤芳自赏，自信是建立在对自己全面认识的基础上的。自信不是认为自己无所不能，而是对自己克服困难的勇气、信心和毅力的信任，是对自己会做得尽可能好的信任。自信的本质是一种自我宣誓式的决心。

自信不是对别人不信任。相反，充分信任同志，充分信任环境中的人，才会有真正的自信。对周围条件和环境的充分认识和了解，对友谊和支援的尊重，是建立自信的条件。有自信心的人，才会坚持自主意识，坚持对自身潜力的开发。自强规范依赖自信心的支持，自信心是自强规范的必备要素。

(3) 学会自勉

自强规范必然要求我们学会自勉，自己勉励自己，自己鼓舞自己，自己激励自己。也就是自己激发自己的积极性，自己作为自己的动力源，自己开动自己，自我发动。

无论是自主还是自信，必然要落实到行动上，落实到积极奋发向上的人生态度上，落实到充满希望、精神激昂的人生开拓中。

有为的人生哲学，乐观的人生态度，积极的开拓行动，昂扬奋发的精神，才是自强不息的真正含义。不悲观，不颓废，不自弃，调动自己整个生命中蕴含的活动能量，进行人生的创造。

**（4）学会自责**

自强规范要求我们能够自责。自责就是自我责备，勇于承担社会生活中，成与败，得与失，荣与辱，幸与不幸的责任。

自强规范要求我们把成败、得失、荣辱、幸不幸归因于己，不怨天，不尤人，从自身方面找原因。外因是变化的条件，内因是变化的根据，外因通过内因而起作用。

这样的道理虽然我们人人都懂，但是在具体到个人际遇的问题上，特别是遇到不称心、不如意的境况时，有的人就会怨领导，怨同事，怨客观条件，把个人的挫折归因于客观环境，或者由怨而恨，移怒于人，疑人偷斧，徒生猜忌；或者由怨恨转为消沉，自暴自弃，破罐子破摔，自甘堕落而不自知，从而自毁前程。

在困难和挫折面前怨天尤人，是对困难的畏惧和怯懦，是对自己能力的怀疑和不信任，是长他人志气，灭自己威风。这样的认识归因，会使自己产生挫败心理，自我萎缩。自强的人，必是勇于自责的人；勇于自责的人，才能做到自强。

你感受到自己的脆弱了吗？你是不是经常因为不能自强而失去了许多成功的机会？现在让我们一起自强起来吧！

**首先我们要树立远大的理想**，它是自强的航标，因为有了理想，就有了方向，就有了进取精神的不竭动力，要自强，首先要树立坚定的理想，为人生的理想执著追求，是所有自强者的共同特点，真正的强者在树立了目标后，就会不屈不挠的坚持，矢志不移的奋斗，直到成功。

**其次我们要战胜自己**，它是自强的关键，因为每个人都有自己的缺点，自强的人不是没有缺点的人，而是勇于并善于战胜自己缺点的人，人的最大敌人不是别人，而是自己，能战胜自己的人，必定能自强。

我们还要善于扬长避短，它是自强的捷径。因为要想自强和成功，就一定要认识到自己的长处，天赋和兴趣，要知道自己适合做什么，不适合做什么，要发扬自己的长处，避开自己的短处，如果按照自己的爱好来确定努力方向，那么我们的主动性就会得到充分发挥。

自强要从少年开始，只要我们选准航向，战胜自身的弱点，发扬自己的特长，那么我们就能在自强的人生征途中劈波斩浪，抵达成功的彼岸。

## 第7节 善于树立自立的心态

自立就是要扔掉别人的拐杖，培养一种独立的能力，自己的事情自己干，并且要勇于承担自己的责任。只有善于锻炼自己的能力，培养自立的精神，才能从容地在社会中立足。

### 1. 认识自立的重要意义

自立意识是我们从儿童逐步走上成人之路、适应现代社会环境所必须具备的品质。孩子不可能永远是孩子，我们将来必定要走向社会。

未来的生活道路不可能一帆风顺的。我们只有自立自强，才能在未来的生活道路上，敢于搏击生活，主宰自己的命运。

相反，如果我们缺乏自立能力，就会常常表现出没主见，胆怯怕事，依赖性十足，意志薄弱，经不起一点小小的挫折。可见，自立能力对于我们的重要性。

自立作为成长的过程，是我们生活能力的锻炼过程，也是我们养成良好道德品质的过程。在这个过程中，我们要不断地完善自己，学会自立，增强自信，提高法律意识。

我们要逐步学会理解和尊重他人，善于与他人沟通和交往，和谐相处。

我们要积极融入社会，关爱社会，成为一个对自己负责、对他人负责、对社会负责的、能够自立自强的人。

在日常生活中，从小就学会自己做作业、复习功课，不用父母督促、陪伴。学会自己上学，自己的衣服自己洗，在家中打扫卫生、饭后洗碗，独自乘火车去外地。

父母外出时，我们要能料理自己的生活，父母病了，要能陪他们去医院照顾他们。

人生需要自立。从现在起，在父母和老师的帮助下，自觉地学习自立的知识，锻炼自己的能力，培养自立精神，就可以在未来的社会中自立。

**2. 做到自立的方法**

俗话说：自立人生少年始。我们要从小就学会自立，养成各种好习惯。我们该如何让自己自立起来呢？

**（1）克服依赖习惯**

分析一下自己的行为中哪些应当依靠别人，哪些应由自己决定把握，从而自觉减少习惯性依赖心理，增强自己做出正确主张的能力。如自己决定有益的业余爱好，自己安排和制订学习计划等，由依赖转变为自主。

**（2）在思想上自立**

我们要自立，就要树立自立的观念，为自己定一个可行的自立目标，这样我们才能做到有的放矢，实现自己的真正自立。

**（3）要从小事做起**

我们要立足于当前生活、学习中的问题，从我们身边的小事做起，首先把自己的基本日常生活料理好。

**（4）学会不断实践**

同时，我们要大胆的投身到社会实践。因为只有在社会生活中反复的锻炼、不断实践，才能逐步提高我们的自立的能力。

**（5）要增强自信心**

有依赖心理的人缺乏自信，自我意识低下，这往往与童年时期的不良教育有关。如有的父母、长辈、朋友往往说些“你真笨，什么也不会做”、“瞧你笨手笨脚的，让我来帮你做”之类的话。对这些话首先要有正确的心态，然后一条一条加以认知重构，逐渐培养和增强自信心。

**（6）树立奋发精神**

常言说，温室中长不出参天大树。当今社会是开放竞争的社会，我们每个人都要在激烈的竞争中求生存谋发展。因此，要及时调整自己的心态，适应时代变革，拥有健全的人格和良好的社会适应能力。要自觉地在艰苦环境中磨炼自己，在激烈竞争中摔打自己，勇敢地面对困难和挫折。

(7) 培养独立人格

每个人都需要别人的帮助，但是接受别人的帮助也必须发挥自己的主观能动性。很难设想，一个把自己的命运寄托在他人身上，时时事事靠别人指点才能过日子的人，会有什么大的作为。

俗话说得好："滴自己的汗，吃自己的饭，自己的事情自己干，靠人靠天靠祖上，不算是好汉！"这句话充分说明了我们应该自己的事情自己干，勇于承担自己的责任。

朋友，驱走我们的依赖心理，让我们用轻松的脚步走向自立的世界，用自己的双手去创造属于我们自己的世界，让我们以后的人生更加灿烂和美好。

让我们全面地看待自己，让我们的人生充满自立意识，让我们的生活从此与众不同，让我们一起享受自立带给我们的无穷乐趣吧！

测试你是一个能自立的人吗?

今天是你的生日，每年的这一天，你都有会收到来自乡下双亲的礼物。今天下午，你收到礼物，但是没有署名寄件人，不过，你心里有数，他们大概是一时疏忽，忘记写寄件人的住址。如同往常一样，礼物中附有一封父母的信，请问你认为信的内容是什么?

1. 问你有没有好对象，关心儿女终身大事的信。

2. 千万要多注意自己的身体德行，关心儿女健康的信。

3. 偶尔也回来露露脸等，期盼儿女回家的信。

如果你选择了第一个问题：说明你是一个感到自我空虚的人，基本上，你是个害怕孤独的人。你的直觉认为，一旦离家独自生活，便等于失去了自己的住处，对你而言，最重要的是要知道自己真正想做的事是什么，只有向自己真正的目标迈进，才可以耐得住孤独。

如果你选择了第二个问题：反映出你希望受到保护，希望能永远得到父母的关心，宠爱。想必你大概是从小便受到过分的保护，导致长大后仍眷恋着幼儿时期，觉得没有父母的疼爱便生活不下去的人吧！你必须找个适当的时间学习独立，而最快的方法就是谈恋爱，只要有位像父母一样爱你的人守着你，相信你应该可以很快学会独立。

**如果你选择了第三个问题**：可以看出你想让父母伤脑筋，为自己担惊受怕的心理。你可能会搬出去一个人生活之后，又再搬回来，你只是想用不按牌理出牌的举动，让父母伤透脑筋，这是因为潜意识中有恐惧独占父母之爱的缘故，或许在你的幼年时期有和弟妹争夺父母宠爱的经验吧！不管怎么样，你就是想吸引父母对你的关心，建议你可以请父母每天打电话给你，如此一来，你应该就可以安心的继续独立的生活了。

## 第8节 自信是成功的一柄利器

爱默生说：“自信是成功的第一秘诀。”一个人只有使自己自卑的心灵自信起来，弯曲的身躯才能挺直。自卑心理属于我们性格上的一个缺陷。自卑即我们对自己的能力、品质等作出偏低的评价，总觉得自己不如人，悲观失望、丧失信心等。这种心理会对我们的发展产生很多危害。因此我们应该树立自信，拥抱成功。

### 1. 认识自信的重要意义

在社交中，许多人没有自信。我们孤独、离群、抑制自信心和荣誉感，当我们受到周围人们的轻视、嘲笑或侮辱时，我们更加没有自信，甚至以畸形的形式，如嫉妒、暴怒、自欺欺人的方式来表现自己的自卑心理。

我们要学会自信，自信就是自己信得过自己，自己看得起自己。别人看得起自己，不如我们自己看得起自己。

我们常常把自信比作发挥能动性的燃料，启动聪明才智的马达，这是很有道理的。我们要确立自信心，就要正确的评价自己，发现自己的长处，肯定自己的能力。

如果我们只看到自己的短处，看似是谦虚，实际上是自卑心理在作怪。尺有所短，寸有所长，我们每一个人都是平等的，只是分工不同。

我们每个人都有自己的长处和优点，如果以己之长比人之短，就能激发自信心。我们要学会欣赏自己，表扬自己，把自己的优点、长处、成绩、满意的事情，统统找出来，在心中炫耀一番，反复刺激和暗示自己。

当然自信不是让我们孤芳自赏，也不是让我们夜郎自大，更不是让我们得意忘形，而是激励自己奋发进取的一种心理素质，是以高昂的斗志，充沛的干劲，迎接生活挑战的一种乐观情绪，是战胜自己，告别自卑，摆脱烦恼的一种灵丹妙药。

愿朋友们充满自信地去面对生活，面对一切困难，面对新的挑战，创造自己美好的明天。

**2. 提高自信的方法**

我们要记住一句话：没有永远的困难，也没有解决不了的困难，只是解决时间的长短而已。困难与人生相比，它只不过是一种颜料，一种为人生增添色彩的颜料而已。当你遇到困难的时候，不要逃避问题或是借酒消愁，只要你对自己有信心的话，那么什么困难都是难不倒你的。

我们如何才能提高自己的自信心呢?

**(1) 克服自卑**

我们首先要克服自卑的心理，才可能树立自信心。别的人能行，我们也行啊，大家都是人，都有一个脑袋、两只手，智力都差不多。只要努力，方法得当，那么什么事都能办到的。

我们应该正确分析自己的自卑感形成的原因，然后对症治疗。如果是家庭环境造成的，我们应该告诉自己，长辈的挫折不能传递给我们。作为一个正直的人，应该开拓新的人生道路，而不应该总是心灰意冷地龟缩在长辈们留下的阴影里哆嗦。

如果是因为父母错误的教育方式造成的，你就应该树立起自信心，通过自己的努力和勤奋证明自己与别人一样,有头脑,能干,同样可以像别人一样取得成功。

**(2) 朋友帮助**

我们要有意识地选择与那些性格开朗、乐观、热情、善良、尊重和关心别人的人进行交往。在交往过程中，你的注意力会被他人所吸引，会感受到他人的喜怒哀乐，跳出个人心理活动的小圈子，心情也会变得开朗起来，同时在交往中，能多方位地认识他人和自己，通过有意识的比较，可以正确认识自己，调整自我评价，提高自信心。

**（3）暗示自己**

我们要不断提高对自我的评价，对自己作出全面而正确的分析，多看看自己的长处，多想想成功的经历，并且不断进行自我暗示，自我激励："我一定会成功的"，"人家能干的，我也能干，也不比他们差"等，经过一段时间的锻炼，自卑心理会被逐步克服。

**（4）体验成功**

我们要想办法不断增加自己成功的体验，寻找一些力所能及的事情作为试点，努力获取成功。如果第一次行动成功，使自己增加了自信心，然后再照此办法做，获取一次次的成功，随着成功体验的积累，你的自卑心理就会被自信所取代。

**（5）昂首挺胸**

遇到挫折而气馁后，垂头丧气是我们失败的表现，是没有力量的表现，是丧失信心的表现。成功的人、得意的人、获得胜利的人总是昂首挺胸，意气风发。昂首挺胸是我们富有力量的表现，是自信的表现。

**（6）行走有力**

心理学家告诉我们，懒惰的姿势和缓慢的步伐，能滋长人的消极思想，而改变走路的姿势和速度，进而可以改变心态。平时你从未意识到这一点吧？从现在你就试试看！

**（7）坐在前排**

坐在前排能建立我们的信心，因为敢为人先，敢上人前，敢于将自己置于众目睽睽之下，就必须有足够的勇气和胆量。久之，我们的这种行为就成了习惯，自卑也就在潜移默化中变为了自信。

另外，坐在显眼的位置，就会放大我们在领导及老师视野中的比例，增强反复出现的频率，起到强化自己的作用。把这当做一个规则试试看，从现在开始就尽量往前坐。虽然坐前面会比较显眼，但要记住，有关成功的一切都是显眼的。

**（8）正视别人**

心理学家告诉我们，不正视别人，意味着自卑。正视别人则表现出的是诚实和自信。同时，与人讲话看着别人的眼睛也是一种礼貌的表现。

**(9) 当众发言**

当众发言是我们克服羞怯心理，增强人的自信心，提升热忱的有效突破口。这种办法可以说是克服自卑的最有效的办法。

想一想，你的自卑心理是否多次发生在这样的情况下？你应明白：当众讲话，谁都会害怕，只是程度不同而已。所以你不要放过每次当众发言的机会。

**(10) 善于表现**

心理学家告诉我们，有关成功的一切都是显眼的。试着在你乘坐地铁或公共汽车时，在较空的车厢里来回走走，或是当步入会场时有意从前排穿过，并选前排的座位坐下，以此来锻炼自己。

**(11) 保持笑容**

没有信心的人，经常眼神呆滞，愁眉苦脸，而雄心勃勃的人，则眼睛总是闪闪发亮，满面春风。

人的面部表情与人的内心体验是一致的。笑是快乐的表现。笑能使我们产生信心和力量，笑能使我们心情舒畅，精神振奋，笑能使我们忘记忧愁，摆脱烦恼。

学会笑，学会微笑，学会在受挫折时笑得出来，就会提高我们的自信心。

朋友们，人人都能忍受灾难和不幸，并能战胜它们。也许你现在还不相信自己能办到，现在让我告诉你怎么做吧！

**首先对自己抱有希望。**如果你连使自己改变的信心都没有，那就不要再向下看了……要对自己宽容，并使事情看起来容易做到。表现得好像自信十足，这会使你勇敢一些。想象你的身体已接受挑战，显示自己并不是全然的害怕。停下来想一想，别人也曾面对沮丧和困难，却克服了它们，别人既然能做到，你当然也能。

记住：你的生命是以某种节奏前进的，你若感到失意消沉，无力面对生命，你也许会沉至山洼的底部；但是你若保持自信，便可能利用当时正扯你下坠的那股力量，跃出洼谷之外。

记住：夜晚比白天更容易使你感到挫败和气馁。自信多与太阳一道升起。

只有想不到的事情，没有干不成的事情。

我们大多数人所拥有的自信，远比我们想象的更多。

**其次，要静下心来，分析造成这些灾难和不幸的主观和客观的原因，**然后分析哪些是通过自身能改变的？哪些是无法改变的？然后想清楚怎样去改变自己能改变的，不能改变的怎样去解决？

**再次，要行动起来，一点点的去改变，一天进步一点点。**人的成长就是学会怎样解决问题，怎样把目标、梦想转化成一个又一个可以做成的小事情，在这个过程中人不仅获得了自信，也提高了自己的做事的能力。

只要下定决心，就能克服任何心理恐惧。请记住：除了在脑海中，恐惧无处藏身。这样所有的不幸都会迎刃而解，化不幸为幸运，你一定会做到！

## 第9节 创新是增强活力的源泉

所谓创新就是能够想出新点子，创造新事物，发现新路子的一种思维方式，也是一种可贵的精神。它是增强活力的源泉，并能化腐朽为神奇。

在这个多变的时代，如果做不到这一点，即便是拥有了最新的知识，也有可能在激烈的竞争中被淘汰。可以说，创新是成功的动力，没有创新，就没有天才和成功。

### 1. 认识创新的实际意义

我们人类社会的发展史，实际上就是一部创新史。如果没有第一件生产工具的创造，人类至今仍然是茹毛饮血的灵长类动物；如果没有冶铁技术的发明，人类就不能进入农业文明时代；如果没有第一台蒸汽机的发明，人类就不会进入工业文明时代。

我国灿烂的古代文明尤其是举世闻名的“四大发明”曾为世界作出了巨大的贡献，而这些发明如果没有了创新，是不可能产生的。因此，创新能推动社会的发展，更能改变自己的生活，使生活越变越好。

可是在现实生活中，很多人总是喜欢保守，从来不愿接受新事物，对于别人的创新更是嗤之以鼻。然而在日新月异的社会中，保守是无法生活下去的，只有敢于接受新事物，勇于创新，才能很好地适应这个社会。

因此，当我们在日常生活中听到别人说某事“不可能”时，就应该想想，或许这种思想是常规概念下的结论，或许会有办法将这件事圆满地完成。

如果我们认为这件事值得一做，那么就不妨试试，完成几项别人认为“不可能”的事，我们就会发现自己已在不知不觉中步入了成功者的行列。

不求创新、拘泥保守就没有出路，老方法根本不能解决新问题、新情况。因此，我们应该时刻提高自己创新的意识和能力。

当我们改变以往对自己的认定时，很可能就此超越过去所贴在身上的一切标签，展现出一个完全不同的自我。

我们的生命历程就像小河流水一样，想要跨越生命中的障碍，达成某种程度的突破，迈向自己的理想，就需要有放弃旧我的智慧与勇气，用一种全新的方法迈向未知的领域。当环境无法改变的时候，我们不妨试着改变自己。

今天，成功者不是继承型的人，而是创新型的人。因此，让我们学会积极地创新，抛弃以往保守的想法，这样才能大步迈向成功。我们永远要记住一句话：保守使人碌碌无为，大胆创新才能不落俗套，出奇制胜。

### 2. 做到创新的方法

有志者，事竟成，这是创新思维的根本法则，传统的、保守的、禁锢的想法则是创新思维的头号敌人，会冻结你的心灵、阻碍你的脚步、干扰你的发展。那么我们如何培养创新思维、做到开拓创新呢？

#### （1）寻找根源

要克服保守观念，就要找到根源，以便对症下药。一般来说，导致我们保守的主要根源有思想和社会两方面的原因。

从思想方面来说，主要是因为我们缺乏强烈的事业心和责任感，还有骄傲自满，缺乏忧患意识。

在社会根源方面，主要是我们受到传统习惯的影响。喜欢按老方式、老办法、老经验做事，缺乏开放性和创新性。

(2) 大胆行动

我们要想真正克服因循守旧的观念，强化创新意识，不能只停留在口头上，而要落实在我们的日常行动上，着力解决影响我们创新发展的各种问题。

(3) 敢于实践

我们必须牢固树立“实践第一”的观点。社会实践是不断发展的，我们的思想认识也应当不断随之前进，不断创新。一定要坚持科学的态度，摆脱一切不合时宜的思想观念的束缚，大胆尝试和探索，不断开拓进取。

(4) 从实际出发

在我们的日常工作中，我们决不能凭主观愿望和本本上的只言片语行事，更不能照搬照抄旧的思维模式，而应该一切尊重客观事实，这样就可以有效克服自己的保守思想。

(5) 长远眼光

现在的社会日新月异，整个世界正在并将继续发生许多新的变化，如果我们看不到这一点而固步自封，就只能被历史所抛弃。这就要求我们以广阔的眼界去观察和把握世界的主题和发展趋势，顺应历史发展的潮流，抓住机遇，迎接挑战，发展自己。

(6) 接受创意

要丢弃“不可行”、“办不到”、“没有用”、“那很愚蠢”等思想渣滓。一位在保险业中表现杰出的人曾经告诉拿破仑·希尔：“我并不想把自己装得精明干练。但我却是保险业中最好的一块海绵。我尽我所能去吸取所有良好的创意。”

(7) 实验精神

废除固定的例行事务，去尝试新的餐馆、新的书籍、新的戏院以及新的朋友，或是采取跟以前不同的上班路线，或过一个与往年不同的假期，或在这个周末做一件与以前不同的事情等。

(8) 主动前进

成功的人喜欢问：怎样做才能做得更好？我们可以每周做一次改良计划。

我们可以每天把各种改进业务的构想记录下来，在每周星期一的晚上，花几个小时检视一遍写下的各种构想，同时考虑如何将一些较踏实的构想应用在业务上。

**(9) 求知欲望**

学而创，创而学这是创新的根本途径。我们一定要具备勤奋的求知精神，不断地学习新知识，才能在自主创新中发挥生力军作用。

学习是基础，没有充分的学习就没有真正的创新。学习是我们进行一切活动的基础，也是我们创新的起点。没有知识基础的创新往往是不负责任的胡闹。

**(10) 好奇心盛**

将蒙昧时期的好奇心向求知时期的好奇心转化，这是坚持、发展好奇心的重要环节。要对自己接触到的现象保持旺盛的好奇心，要敢于在新奇的现象面前提出问题，不要怕问题简单，不要怕被人耻笑。

**(11) 质疑欲望**

有疑问才能促使我们思考、探索、创新。因此，我们平时一定要大胆质疑、提出多种解决问题的方案及最佳方法。从多角度培养自己的思维能力。

提出问题是取得知识的先导，只有提出问题，才能解决问题，从而认识才能前进。我们一定要以锐不可当的开拓精神，树立和提高自己的自信心，既要尊重名人和权威，虚心学习他们的丰富知识经验，又要敢于超过他们，在他们已进行的创造性劳动的基础上，再进行新的创造。

**(12) 多加思考**

要有意识的从多种角度去思考问题，比如说你拿到一个问题，这是一个很有争议的问题，那么除了看到现有的解决方式以外，时常想想有没有别的解决方式。然后再好好审视自己的思考结果，看看有没有纰漏。

我们一定不能满足于现成的思想、观点、方法及物体的质量、功用，要经常思考如何在原有基础上创新发明、推陈出新，大脑里经常有“能否换个角度看问题？”、“有没有更简捷有效的方法和途径”等问题。

总之，在日常的学习、工作和生活中，我们要打破传统的观念和思维方式，在实践中树立开放观念，增强创新意识，积极地调整自己的思维和生活方式，善于在广阔的时空中吸纳新思想，以达到正确解决问题的目的。

创意是我们创新思维的果实，但是只有在适当的管理彻底实行之后才有价值。我们一般的创意都很脆弱，如果不好好维护，就会被消极保守的思想破坏殆尽。

现在让我来教你一些管理和发展创意的技巧吧！

**1、创意随时记下来。**

我们每天都有许多新点子，却因为没有立刻写下来而忘记了。一想到什么，就马上写下来。

有丰富的创造性的人都知道，创意可随时随地翩然而至。不要让它无缘无故地飞走，错失了你的思想结晶。

**2、定期复习你的创意。**

把创意装进档案中。这种档案可能是个柜子，是个抽屉，甚至是个鞋盒也可以。从此定期检查自己的档案。其中有些可能没有价值，就干脆扔掉，有意义的才留下来。

**3、培养完善你的创意。**

要增加创意的深度和范围，把相关的联合起来，从各种角度去研究。时机一成熟，就把它用到生活、工作以及你的将来中，以便有所改善。

当建筑师得到一个灵感时，会画一张蓝图；当广告商想到一个促销广告时，会画成一系列的图画；当作家写作以前，也要准备一份提纲。

你要设法将灵感明确、具体地写出来，因为，当它具有具体的形象时，很容易找到里面的漏洞，同时在进一步修改时，很容易看出需要补充什么。

接着，还要想办法把创意推销出去，不管对象是你的顾客、员工、老板、朋友、俱乐部的会员、甚至于投资人，反正一定要推销出去才行，否则就白费力气。

## 第10节 以良好的心态面对挫折

人生在世，谁都会遇到挫折，适度的挫折也并不是什么坏事，它可以帮助人们驱走惰性，促使人奋进。挫折又是一种挑战和考验。

英国哲学家培根说过：“超越自然的奇迹多是在对逆境的征服中出现的。”关键的问题是我们的内心应该如何面对挫折。

### 1. 了解挫折感的原因与表现

我们的个人需要不是任何时候都能够满足的，不能实现，就会产生挫折感，带来消极心理，影响后续目标的产生和实现。挫折的本质是动机不能满足。

我们是否体验到挫折，与我们的抱负密切相关，也与我们对自己所要达到的目标规定的标准密切相关。标准越高，越容易产生挫折。

如果行为结果落于两个标准之间，那么高于标准会产生成就感或满足感，低于标准则造成心理受挫，不管这两个标准是由两个人还是同一个人在不同时期做出的。

我们个人的重要动机受到阻碍时，所感受的挫折会较大；而较不重要的动机受到阻碍时，则易被克服或被别的动机的满足所取代，因此只构成一种丧失的心理感受个人所感受的挫折不大。而动机的重要性又因人而异，因时境而异。所以挫折可以说是一种主观的感受。

挫折感还与我们的期望程度和努力程度有重要关系。如果我们真的很用心，并认为自己一定能成功，又花了大量心血，即使是短暂的受阻，也会让我们产生强烈的挫折感。

我们在遭受挫折后会有理智和非理智的反应。理智反应在心理学上又称积极进取。如我们有的人在受到挫折后毫不气馁、反复尝试。有的人当一种动机和行为经一再尝试仍不能达到成功时，为了满足需要，采取调整目标、降低要求，使之达到。有的人当时的原定目标根本不可能达到时，就会改变原定目标，设置另一个新目标来代替或补偿，或者说谋求新的需要满足来代替原来的需要。

非理智反应在心理学上又称消极的适应或防卫。如有的人在受到挫折后失去信心、勇气，情绪不稳定，患得患失，生理上出现心悸、头昏、冒冷汗、胸部紧缩等。

我们对挫折的容忍力反映了我们对待挫折的态度。我们的一生不知要遇到多少挫折，有的轻微、有的严重，能否战胜它们，很大程度取决于各人的态度。

如果我们的心胸开阔，性格乐观，充满自信，能向挫折挑战，百折不挠，就能取得最后的胜利。如果我们心胸狭窄，性格内向，忧心忡忡，一遇挫折就会一蹶不振，甚至出现行为错乱，失去应付能力，很有可能最后以失败告终。

**2. 消除挫折心理的技巧**

我们要知道，现实和理想是不会一致的，我们随时随地都可能产生挫折。虽然挫折有某些有利性，但总的来说还是弊大于利。

我们平时该如何提高自己承受挫折的心理能力呢？

**（1）要认清失败**

要走出失败的阴影，请明白以下几点：

成功不会轻易而来，失败总是难免的。失败和成功一样，也是一笔财富，失败并不等同平庸，只要你不放弃，你就永远拥有成功的机会。成功和失败都是生活的一部分，它们的不同感觉会让你的人生更加多姿多彩。

失败并不意味着失去一切，失去的东西将会以其他方式补偿给你，失败能给你带来什么呢？

失败给了你一次进行自我反省的机会。失败带给人们的首先是心灵上的震撼，而这种震撼恰好能使你重新认识自己。可能你一直消沉颓废，自己却根本没意识到其中的消极作用，失败的震撼能让你好好梳理自己的心情，调整好自己的状态；可能你骄傲自满，目空一切，不可一世，失败却像一瓢冷水将你从头淋到脚，让你好好反省。

经验和教训是失败送给我们最好的礼物，它们将成为成功的有利条件。有了这些经验和教训，在以后的生活中，我们可以少走许多弯路，节省了成功的成本，从另一个角度看，这又何尝不是一次成功呢？

失败能激发你的勇气，磨炼你的意志。我们如果长期处于安逸舒适的环境中，勇气、意志、雄心就会被安乐的氛围逐渐磨掉，以致失去战斗力，使环境发生变化，常常不攻自破。我们必须随时注意磨炼自己的意志，激发自己的勇气。

失败能使你在安乐的状态中意志更加坚不可摧。勇气的激发和意志的磨炼只能在一次次具体行动中进行，失败就是考验你的时刻。

**（2）有全局观念**

我们要从全局着想，用发展的眼光看待眼前的挫折。那种具有远大理想、能用正确的积极的眼光去看社会、看生活的人，往往更能够承受挫折带来的影响。

**（3）要正视逆境**

生活中有晴天也有雨天，有欢乐也有痛苦。挫折是不能避免的，我们一生必然要与挫折打交道。有人做过统计，发现成名的作家中，绝大多数都经历过坎坷的生活之路。凡成功者，都与挫折进行过无数次战斗。

**（4）要冷静分析**

遇到挫折时应进行冷静分析，从客观、主观、目标、环境、条件等方面找出受挫的原因，采取有效的补救措施。

**（5）要调整目标**

我们要注意发挥自己的优势，并确立适合于自己的奋斗目标，全身心投入工作之中。如果在实施过程中，发现目标不切实际，前进受阻，则必须及时调整目标，以便继续前进。

**（6）要转化压力**

适当的刺激和压力能够有效地调动我们机体的积极因素，我们最出色的工作往往是在挫折逆境中完成的。

**（7）有心理暗示**

在打击来临后，我们要保持冷静、理智的头脑，认真分析挫折产生的原因及眼前的处境，审时度势。眼睛向着理想，双脚踏着现实，努力朝着目标前进。我们可以暗示自己说："这正是考验我的时候，正是体现我生命本色的时候。"

**（8）要认清自己**

"认识你自己"十分重要，我们每个人都有自己的优缺点，应扬长避短，充分发挥自己的优势。五音不全者想当音乐家，色盲想当画家只能徒增烦恼。

**（9）增强容忍力**

挫折容忍力是一个人在面对逆境或遭受打击后，能摆脱不良情绪的影响，使心理保持正常的能力。增强挫折容忍力要求锻炼好身体，多参加社会活动，提高自己的文化素质，完善个性。

**（10）会成功体验**

我们如果经常遭到挫折，对自己的信心就会减弱。若多发扬自己的优点，在自己力所能及的范围内积极取得成功的体验，就能够增强自信心，战胜挫折。

**（11）会精神发泄**

精神发泄又称心理治疗法。我们可以在限制环境下自由发泄受压抑的非理智的情感，以达到心理平衡，及早恢复理智状态。也可以主动找朋友或陌生人倾吐心声、减轻心理压力等。

总之，失败并不像青面獠牙的恶魔一样让人可怕，我们都与它握过手。在我们学习那些坚韧不拔、百折不挠的生活强者时，我们也能将失败像蜘蛛网那样轻轻抹去，只要我们心里有阳光，只要我们抬起不屈的头颅，我们就能说：命运在我手中，失败算得了什么！

挫折心理的自我测试：

1. 公路上发生一起交通事故，警察控制了局势，你：

（1）停下来打听情况，设法帮助；

（2）袖手旁观；

（3）继续走路。

2. 就在你准备出去玩的时候，家里急需你留下，你：

（1）义无反顾地去玩；

（2）非常不情愿地留下来，且满腹牢骚；

（3）留下来，等有空的时候再去玩。

3. 抱怨自己的健康状况，你：

（1）经常；

（2）有时；

（3）从不。

4. 在大街上发现某人不省人事时，你：

（1）赶紧离去；

（2）设法帮助；

（3）找警察或叫医生。

5. 当医生劝你注意休息，改变日常生活习惯时，你：

（1）不予理睬；

（2）减少日常活动；

（3）原原本本地接受。

6. 很不幸，你在某件事上已失败两次，当别人劝你第三次努力时，你：

（1）拒绝；

（2）满腹狐疑地再试一次；

（3）先考虑一会儿，作一番研究，然后再作尝试。

7. 书读到精彩部分时，也到了睡觉时间，特别是第二天学习还需要全力以赴地完成，你：

（1）接着读；

（2）匆匆浏览；

（3）立即合上书，躺下睡觉。

8. 在某次聚会中，突然发现你的上衣或裤子破了，这时你：

（1）赶紧回家；

（2）极力掩饰；

（3）请朋友帮助，以摆脱困境。

9. 当确认自己被跟踪时，你：

（1）撒腿就跑；

（2）停下来和别人说话；

（3）继续向前走，直到有人的地方。

10. 当不幸将多年的积累丢得一干二净时，你：

（1）精神肉体受到极大打击；

（2）向朋友借钱；

（3）耸耸肩，重新开始。

现在我们来看看你回答的结果吧！

回答第一个答案时得10分，回答第二个答案时得5分，回答第三个答案时得0分。你得了多少分呢？

**如果你的分数在50分至100分：**说明不是命运与你作对，而是你缺乏勇气。你应采取措施，使自己不要过分好奇，多疑或胆小怕事，勇于面对现实。

**如果你的分数在25分至45分：**说明你能正视人生，应付自如，希望你能持之以恒。

**如果你的分数在0分至20分：**说明你能完美地处理各种问题，从不向困难折腰，你是命运的主人。

## 阅读后记

为什么每个人的人生都会不一样?

《人生心理学》让我们学会认识自己、接纳自己、肯定自己；更重要的是它让我们搞明白为什么我们会犯错，为什么我与别人的不同，懂得换一个位置去思考问题。只有这样我们才会更懂得自己，更妥善经营自己的人生——因为自己的人生，就是一个被别人认识、了解、成全的人生；同样，你也在认识、了解、成全别人的人生。

当我们遇到困惑和失意的时候，我们不妨记得《飘》中的郝思佳最爱鼓励自我的名言：明天一定会是一个新的一天。当我们在黑暗中摸索前进的时候，我们不妨对自己说：我相信我的明天会更好！

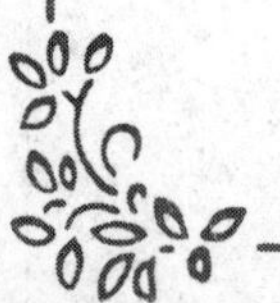